Sally Chamberlaine, Jan Prince

Schritt für Schritt in die Unabhängigkeit

Wie Sie Ihre Klienten aus der Co-Abhängigkeit führen können

Angewandtes NLP

Reihe
Pragmatismus & Tradition
Band 57
Herausgegeben von
Thies Stahl

Sally Chamberlaine, Jan Prince

Schritt für Schritt in die Unabhängigkeit

Wie Sie Ihre Klienten aus der Co-Abhängigkeit führen können

Angewandtes NLP

Aus dem Amerikanischen von Isolde Seidel

Junfermann Verlag • Paderborn
1998

Titel der amerikanischen Originalausgabe: From the Inside Out
Übersetzung: Isolde Seidel
Covergestaltung: Petra Friedrich

Satz: adrupa Paderborn

Die Deutsche Bibliothek – CIP-Einheitsaufnahme
Chamberlaine, Sally:
Schritt für Schritt in die Unabhängigkeit: Wie Sie Ihre Klienten aus der Co-Abhängigkeit führen können. Angewandtes NLP/Sally Chamberlaine, Jan Prince. [Übers.: Isolde Seidel]. – Paderborn: Junfermann, 1998
Einheitssacht.: From the Inside Out <dt.>
ISBN 3-87387-366-4

ISBN 3-87387-366-4

Inhalt

Danksagungen

Ohne die Pionierarbeit von John Grinder, Richard Bandler, Virginia Satir, Leslie Cameron-Bandler, David Gordon, Robert Dilts und John Bradshaw würden die Konzepte und Techniken in diesem Buch nicht existieren. Unser Respekt für ihre Arbeit läßt sich fast nicht mit Worten ausdrücken.

Wir danken Steve und Connirae Andreas dafür, daß sie ein NLP-Training veranstalteten, das unser beider Leben veränderte; ebenso Robert McDonald und Lara Ewing, die neue Vorstöße unternahmen, Co-Abhängigkeit mit NLP zu behandeln. Neben bestimmten Techniken bot Lara immer dann Unterstützung und Inspiration, wenn wir sie am dringendsten brauchten. Dafür werden wir immer dankbar sein.

Mary Shideler, Pat Wagner, Berna Jean Porter, Dr. med. David Muller, Dawn Kairns, Ed Hoskins, Pat Shortridge, Tim Hallbom und Suzi Smith gaben uns wertvolles Feedback zu unseren ersten Entwürfen und ermunterten uns weiterzumachen. Ron Clarke half uns mit der Computertechnik und Michael und Diane Phillips brachten uns auf die Idee, ein Buch über dieses Thema zu schreiben. Christina Boyd und Michael Hammelgarn ermunterten, berieten und unterstützten uns dabei, es fertigzustellen.

Suzi Smith danken wir für ihre Unterstützung und ihre Werbung für das Buch in ihren Seminaren und Trainings.

Viel zu zahlreich, um sie einzeln zu nennen, sind die Freunde, die uns ermutigten und unterstützten. Am meisten danken wir unseren Klienten, ohne die dieses Buch nicht möglich gewesen wäre.

Einleitung

Sie erkennen sie in dem Moment, wenn sie Ihre Praxis betritt, obwohl Sie sie nie vorher gesehen haben. Ihr Gesichtsausdruck entschuldigt sich dafür, Ihre Zeit, Ihren Raum in Anspruch zu nehmen. Ihre Augen blicken verstohlen in Ihre Richtung, dann auf den Fußboden, als ob sie dort nach einer Zuflucht suchen würden. Sie lächelt, lacht und achtet dabei nicht auf sich und ihren Schmerz. Ihr Händedruck ist weich, unbestimmt, wie ihre Gestalt. Ihr ganzes Wesen schreit gleichzeitig: „Helfen Sie mir, ich sterbe!" und: „Vergeuden Sie hier nicht Ihre Zeit; ich bin es nicht wert."

Sie ist Ihre schwierigste Klientin. Sie hat wenig Gefühl dafür, wo sie hin will, und noch weniger Gefühl für sich selbst. Sie weiß besser, was andere über sie denken als was sie über sich selbst denkt; sie weiß besser Bescheid über den Zustand der Familienangelegenheiten als über ihren Gemütszustand, und sie weiß besser, was falsch ist, als was richtig ist. Ihre vertrauteste Erfahrung ist die panische Angst, entdeckt, bloßgestellt, gesehen zu werden. Sie verwendet ihre Energie hauptsächlich darauf, eine Fassade aufrechtzuerhalten, die sie schützen könnte. Sie kommt zu Ihnen wegen Erdung; sie kommt zu Ihnen, um Antworten, Sicherheit, Rat und Liebe zu erhalten.

Ihre Herausforderung als BeraterIn besteht darin, sie sanft und respektvoll zu führen, hin zu einem Verständnis dafür, wie sie lernte, so zu sein, wie sie ist; ihr zu helfen, die nötigen Ressourcen in sich zu finden, damit sie ihre einschränkenden Glaubenssätze und Verhaltensweisen hinter sich lassen kann.

Wie helfen Sie ihr bei dieser Reise?

Schritt für Schritt in die Unabhängigkeit ist eine Schritt-für-Schritt Methode für Berater, die mit co-abhängigen Klienten arbeiten. Für die Demonstration dieser Prozesse werden Sie Norma, einer Klientin, deren Name und Angaben geändert wurden, durch die einzelnen Schritte folgen. Unabhängig von Ihrem therapeutischen Hintergrund werden diese Techniken Ihre Fähigkeit, Co-Abhängigen zu helfen, erweitern.

Ob Sie Co-Abhängigkeit als Krankheit, Modeerscheinung betrachten oder ob sie Ihnen auf die Nerven geht, sie ist ein Thema geworden, mit dem Sie rechnen müssen. Die Bezeichnung ist insofern nützlich, als sie uns ein Etikett für bestimmte dysfunktionale Verhaltensweisen gibt, welche Menschen das Leben schmerzlich statt angenehm erleben lassen.

Dieses Buch unterscheidet sich von anderen Büchern über Co-Abhängigkeit. Es ist ein praktisches Handbuch und Nachschlagewerk mit speziellen Techniken. Sie können Schritt für Schritt an Themen arbeiten wie:

- geringes Selbstwertgefühl
- schwache Grenzen oder Unklarheit über die eigene Identität
- Mangel an Selbstbehauptung
- Beziehungsprobleme
- Depressionen
- Eßstörungen
- Drogenmißbrauch
- Ängste
- Kindheitstrauma

Die in diesem Buch verwendeten Prozesse stammen aus dem Neurolinguistischen Programmieren. NLP ist ein Verfahren, keine Philosophie, und kann in jedem psychologischen Rahmen bequem genutzt werden. Jede der angeführten Strategien wurde erfolgreich in Einzel- und Gruppenarbeit angewandt. Wir möchten Sie bitten, in Ihren Aufzeichnungen über Ihre Klienten die angewandten Techniken und die Reihenfolge der Anwendung zu notieren.

Sie stellen vielleicht fest, daß die Strategien in diesem Buch nicht urteilend und ihrer Art nach nicht präskriptiv sind. Carl Rogers* vertrat die Ansicht, daß der Klient die Ressourcen in sich trägt, um seine eigene Entwicklung bestimmen zu können. Virginia Satir** wies darauf hin, die Individualität jedes Menschen, mit dem sie arbeitete, zu respektieren. Dieses Buch will keine Schablone sein, mit der Sie stromlinienförmige „gesunde" Klienten produzieren können. Wir fordern Sie nachdrücklich dazu auf, diese Techniken zu verwenden, um Ihren Klienten dabei zu helfen, ihren eigenen Weg zu finden, ihre Individualität zu respektieren und ihre Identität auf ihre einzigartige Art und Weise wahrzunehmen.

---

* Carl Rogers entwickelte die klientenzentrierte Therapie, eine Form von Psychotherapie, die nicht diagnostisch und ohne theoretische Basis arbeitet. Er verfaßte die Bücher *Die klientenzentrierte Gesprächstherapie, Die nicht-direktive Beratung, Entwicklung der Persönlichkeit* und *Partnerschule.*

** Virginia Satir (1916-1988) war eine Pionierin im Bereich der Familientherapie und ist als machtvolle Rednerin, Trainerin und Autorin u.a. folgender Bücher *Kommunikation • Selbstwert • Kongruenz, Sei direkt* und *Familientherapie in Aktion* geachtet und in guter Erinnerung.

Joseph Campbells Interpretation der Suche nach dem Heiligen Gral drückt die Essenz dieser Philosophie aus.

„In der wunderbaren Legende aus dem 13. Jahrhundert mit dem Titel La Queste del Saint Graal, wird erzählt, daß die Ritter der Tafelrunde alle einzeln, jeder auf seinem eigenen Roß, von König Arthurs Schloß aufbrachen, wenn sie sich auf die Suche nach dem Heiligen Gral machten. Und jeder einzelne, so wird uns erzählt, ging nun den Weg, für den er sich entschieden hatte; und sie brachen von verschiedenen Stellen in den Wald auf, dorthin, wo er ihnen am dichtesten erschien, so daß jeder einzelne den unbekannten, weglosen Wald auf seine eigene, heldische Art betrat, nachdem er sich aus eigenem Entschluß aufgemacht und die wohlvertraute Gesellschaft und die Tafel von Arthurs hochgetürmtem Hof verlassen hatte." [1]

Das Verfahren in diesem Arbeitsbuch vollbringt keine Wunder, aber es wird Ihnen dabei helfen, Ihre Klienten auf ihrem Weg als „sich entwickelndes Kunstwerk" (a work of art in progress) schneller voranzubringen als jedes andere, das wir kennen.

Anmerkung: Wir verwenden die Pronomina *er* und *sie* im lockeren Wechsel. Die meiste Literatur über Co-Abhängigkeit konzentriert sich auf Frauen, unserer Erfahrung nach kommt sie jedoch bei Frauen und Männern gleich häufig vor.

1 Grundlagen

Leute sagen oft, daß der eine oder andere Mensch sich noch nicht gefunden hat.
Doch das Selbst findet man nicht. Man erschafft es.
– Thomas Szasz

Wie Co-Abhängigkeit entsteht

Co-Abhängigkeit kommt ursprünglich von der Vorsilbe „co", was „gleich, in gleicher Weise" bedeutet und „abhängig, angewiesen sein auf" (engl. dependent), was bedeutet, „sich verlassen auf" (engl. reliant; Anm. d.Ü.). Gewöhnlich bezieht sich das erste „abhängig" auf eine Substanz, wie Alkohol oder Drogen, die das Leben erträglich machen soll. Der Angehörige (Geliebte, Geliebter, Tochter, Sohn, Eltern oder Freund) des „Abhängigen" merkt, daß ihre Beziehung leidet, weil der „Abhängige" der Substanz verfallen ist. Weil der „Co-Abhängige" das Gefühl hat, daß sein oder ihr Glück vom Partner abhängt, startet er/sie den Versuch, dem Abhängigen zu helfen, daß es ihm besser geht. Als Folge davon haben beide immer mehr mit der Substanz zu tun, insofern, als sie Zeit darauf verwenden, die Substanz unter Kontrolle zu halten, an sie heranzukommen oder sie zu vermeiden anstatt sich mit anderen Aspekten ihres Lebens zu beschäftigen. An diesem Punkt werden sie co-abhängig, in gleicher Weise abhängig, und ebenso getrennt von ihren eigenen Bedürfnissen, Wünschen, Gefühlen, ihrem Leben und ihrer Zukunft. In der Psychologie wurde die Bezeichnung co-abhängig ausgeweitet und umfaßt alle Menschen, deren Selbstbild allzu sehr von den Reaktionen anderer beeinflußt oder kontrolliert wird. Der Preis dafür, von ihren eigenen Gedanken und Gefühlen getrennt zu sein, ist, um John Bradshaw* zu zitieren, ein „Loch in der Seele" (a „hole in the soul").

* Bradshaw beschreibt Scham als eine momentane Verlegenheit, die uns an unsere menschlichen Beschränkungen erinnert – daß wir Fehler machen. Scham wird toxisch, wenn uns als Kind gesagt

Co-Abhängige, Süchtige und andere unglückliche Menschen benutzen alle Arten von Substanzen und Tätigkeiten, um die überwältigende Leere, die aus diesem Loch herrührt, zu füllen, verschleiern oder zu vermeiden. Erst wenn sie merken, daß das Loch sie trotz ihrer Bemühungen, es zu stopfen, fortwährend vereinnahmt, suchen sie bei Beratern Hilfe.

Ursprünglich bekamen – zumindest in der landläufigen Vorstellung – Eltern, die ihrerseits ein starkes, sicheres Selbstwertgefühl hatten und für ihren Selbstwert keine Unterstützung von ihrem Kind brauchten, Kinder. Während das Kind aufwuchs, wurde es geliebt, unterstützt und wurde niemals dafür beschämt, daß es in seine Trainingshose machte oder bei grausamen Stiefverwandten war, die nur wenig Liebe für es übrig hatten. Ihm wurde immer wieder gesagt, wie einzigartig, wichtig, klug, liebenswert, talentiert und absolut wundervoll es war, auch wenn es gerade Milch auf dem ganzen Leinentischtuch verschüttet oder teure tropische Fische an die Katze verfüttert hatte. (In solchen Fällen wurde es darauf aufmerksam gemacht, daß bestimmte Verhaltensweisen besser ankommen als andere, aber daß keine seiner Handlungen es weniger liebenswert machen würden als es ohnehin ist.)

Solche Kinder aus dem Traumland wuchsen ohne Löcher, die gefüllt sein wollen, in ihrer Seele auf und brachten als Erwachsene Kinder auf die Welt, die sich, wie ihre Eltern, auf dem Planeten absolut geliebt und glücklich fühlten.

ABER hier ist nicht das Traumland. In Wirklichkeit bekommen Eltern Kinder, die selbst von Eltern aufgezogen wurden, die als Kinder beschämt wurden; Eltern, die hörten, daß sie nichts taugten; Eltern, die ganz im Ernst hörten, daß mit der Peitsche zu sparen bedeutet, die Kinder zu verziehen und die Bestrafung großzügig einsetzten, in der Absicht, respektvolle Kinder aufzuziehen; Eltern, die ohne es zu wissen ihren Schmerz Generation für Generation an ihre Kinder weitergaben. Diese Eltern zeugten die derzeitige Generation, in der ein Mensch, der in einer gesunden, unterstützenden Familie aufwuchs, ein Paradiesvogel ist. Unsere Generation ist eine, in der Menschen mit den „Seelenlöchern“ in 12-Schritte-Programmen zusammenkommen, wie den Anonymen Alkoholikern, Anonymen Co-Abhängigen, den Anonymen Eßsüchtigen und den Erwachsenen Kindern aus Alkoholikerfamilien. Sie tauchen in den Therapiegruppen, psychiatrischen Kliniken und Gefängnissen im ganzen Land auf.

---

wird, daß wir „ein Fehler sind“. Die Verlegenheit wird internalisiert und färbt unsere ganze Identität. Unsere Identität beruht auf Scham (*shame-based).* [1]

Stadien der Persönlichkeitsentwicklung

Der Psychoanalytiker Erik Erikson beschreibt in seinem Buch *Identität und Lebenszyklus* acht Stufen der Persönlichkeitsentwicklung. Er stellte fest, daß bestimmte Schritte in der Persönlichkeitsentwicklung nicht vollzogen werden können, wenn Themen in den einzelnen Entwicklungsstadien unerledigt blieben. Wir heben die Gewohnheiten und Verhaltensweisen hervor, die ein Erwachsener als Ergebnis einer Dysfunktion im jeweiligen Stadium an den Tag legt. Zu wissen, in welchem Entwicklungsabschnitt Ihr Klient den schlimmsten Schaden davontrug, kann Ihnen bei der Entscheidung helfen, worauf Sie sich konzentrieren müssen, um die Vergangenheit aufzudecken und zu heilen. Bitte denken Sie daran, daß sich Menschen bei der Bearbeitung von Themen nicht an eine ordentliche und fortlaufende Reihenfolge halten.

Alter 0-1: Urvertrauen kontra Urmißtrauen

In diesem Stadium muß ein Kind wissen, daß es gefüttert, geliebt, auf den Arm genommen und sauber gehalten wird. Wenn kein nährender und hegender Erwachsener da ist, der dem Kind versichert, daß es in Sicherheit ist und ihm mitteilt, daß es erwünscht ist, wird es die Welt als gefährlichen Ort empfinden. Wenn die Eltern dem Kind in beruhigenden Worten sagen, wie wunderbar, wie willkommen es in seiner Familie ist, es in die Arme genommen wird, wenn es schreit, gehalten, wenn es Angst hat und gefüttert wird, wenn es Hunger hat, dann wird es den Menschen in seiner Umgebung gegenüber offen und vertrauensvoll sein.

Ein Erwachsener, der als Kind in diesem Lebensabschnitt nicht gehegt und genährt wurde, kann:

- eine unnormale, panische Angst, verlassen zu werden, zeigen,
- verzweifelt versuchen, jemanden zu finden, dem er vertrauen kann,
- fordern, daß sich jemand um ihn kümmert,
- glauben, daß er niemals jemandem vertrauen kann.

Klienten, die verzweifelt an destruktiven Beziehungen hängen, die paranoide Tendenzen an den Tag legen, die eß- oder alkoholsüchtig sind, oder die ein übermäßiges Bedürfnis haben, bewundert zu werden, können als Säugling vernachlässigt worden sein.

Alter 2-3: Autonomie kontra Scham

Im Alter zwischen zwei und drei Jahren beginnt ein Kind zu lernen, seine Körperfunktionen zu kontrollieren und seine körperlichen Fähigkeiten und Grenzen zu entdecken. Wenn es bestärkt und mit Respekt behandelt wird, wird es ein gesundes Gefühl für Autonomie entwickeln und ein Gefühl, daß es auf seine Welt Einfluß nehmen kann. Wenn es lächerlich gemacht und kritisiert wird, wenn es versucht zu lernen, seine Blase, Darmtätigkeit und Koordination zu kontrollieren, kann es ein tiefsitzendes Schamgefühl entwickeln: „Ich bin verkehrt."[2]

Menschen, die in diesem Entwicklungsstadium beschämt wurden, können:

- sich oft unwürdig, wertlos und nicht liebenswert fühlen,
- glauben, daß sie kein Recht haben, in der Welt Raum einzunehmen,
- eine Identität aufbauen, indem sie versuchen, für andere unentbehrlich zu sein,
- ihr Recht zu leben nur durch ihre Bedeutung für andere rechtfertigen,
- sich unangemessen und häufig entschuldigen.

Wenn es für Ihren Klienten schwierig ist zu wissen, was er will oder zu den Bitten anderer „nein" zu sagen, wenn er neue Erfahrungen vermeidet oder den Ärger anderer fürchtet, finden Sie die Ursache vielleicht in seinen Erfahrungen als Kleinkind.

Alter 4-5: Initiative kontra Schuldgefühl

Wenn das Kind anfängt, seine eigenen Ideen zu entwickeln und danach zu handeln, dann entwickelt es Initiative. Wenn es in seinen Bemühungen, seine Gedanken und Emotionen auszudrücken, ermuntert wird, wird es eine gesunde Neugier entwickeln. Wird es dafür bestraft, daß es ausprobiert, forscht und experimentiert, wird es sich für seine Handlungen schuldig fühlen und entweder aufhören, etwas zu beginnen oder es heimlich tun.

Erwachsene, die in diesem Stadium gelähmt wurden, können:

- Angst haben, Fehler zu machen,
- sich hilflos und schuldig fühlen,
- zum Beschwichtigen neigen,
- Risiken vermeiden,
- Fehler vertuschen.

Falls Ihr Klient Schwierigkeiten damit hat, seine Gefühle zu identifizieren und auszudrücken, er Angst davor hat, sich Ihnen gegenüber zu öffnen, wenn er zu viel

Verantwortung für seine Beziehungen übernimmt oder wenn er „gefallsüchtig" ist, dann können diese Probleme aus dem Vorschulalter stammen.

Alter 6-11: Fleiß kontra Minderwertigkeit

Dies sind die Jahre, in denen ein Kind beginnt, mit anderen zu wetteifern und sich mit ihnen zu vergleichen. Wenn es im Lernen bestärkt wird und spürt, daß es in der Lage ist, mit seinen Altersgenossen zurechtzukommen, dann wird es motiviert sein, sich aktiv in der Welt zu verhalten. Wenn seine Eltern oder Lehrer es heftig kritisieren oder vernachlässigen, wird es nicht an sich glauben oder für seine Belange eintreten. Es wird das Gefühl entwickeln, allen anstehenden Aufgaben nicht gewachsen und anderen Menschen unterlegen zu sein.

Erwachsene, die in diesem Alter nicht ermuntert wurden, können:

- sich selbst und anderen gegenüber überkritisch sein,
- alle Arten von Wettbewerb meiden oder,
- übermäßig konkurrieren,
- sich unterlegen und unsicher fühlen.

Klienten, die glauben, Dinge perfekt machen zu müssen, die Aufgaben aufschieben, und nicht wissen, wie sie Ziele erreichen können, wurden oft während ihrer Schulzeit nicht ausreichend gefördert und unterstützt.

Alter 12-21: Identität kontra Rollenkonfusion

Während der Adoleszenz bemüht sich ein Mensch darum, seinen Platz in der Welt zu finden und mit den auftretenden körperlichen Veränderungen zurechtzukommen. Der Jugendliche versucht, sich dem anderen Geschlecht gegenüber zu definieren und mit gleichgeschlechtlichen Altersgenossen Beziehungen aufzubauen. Er entscheidet, was er mit seinem Leben anfangen will. Wenn der Jugendliche seine eigenen Träume und Gefühle erkunden darf, seine Meinung ändern und neue Richtungen ausprobieren darf, wird er lernen, sich selbst zu akzeptieren. Wenn die Menschen um ihn herum seine Erkundungen nicht unterstützen und leiten, sondern ihn frühzeitig in eine Rolle pressen wollen, wird er vielleicht versuchen, das Identitätsproblem dadurch zu lösen, daß er destruktiv rebelliert oder ein Chamäleon wird.

Oft kommen Eltern mit ihrer eigenen Rolle in Konflikt, wenn sie miterleben, wie sich die Sexualität ihrer Kinder entwickelt. Väter können sich unbeabsichtigt von ihren Töchtern zurückziehen oder unpassende sexuelle Bemerkungen machen. Beide Eltern können unsicher sein, wie sie mit den Veränderungen, die ihre Teenager gerade erleben, umgehen sollen.

Erwachsene, die ungelöste Probleme aus dieser Altersstufe haben, können:

- Anzeichen von pubertärem Verhalten zeigen,
- sich im Konflikt mit ihrer Identität fühlen,
- Schwierigkeiten haben, sich Ziele zu setzen,
- Identität durch Beziehungen oder äußere Leistungen suchen.

Klienten, die süchtig nach romantischen Beziehungen sind oder ihre Identität auf Besitz, Bekanntschaften oder Leistungen gründen, müssen eventuell für ihren Heilungsprozeß in dieses Stadium zurückgeführt werden.

Obwohl co-abhängiges Verhalten seinen Ursprung in der Kindheit hat, stellen wir häufig fest, daß ein Mensch erst mit Ende zwanzig oder in seinen dreißiger Jahren damit beginnt, sich den Auswirkungen, in einer Familie mit dysfunktionalem Verhalten aufgewachsen zu sein, zu stellen. Vorher versucht der Mensch wahrscheinlich, das „Loch in der Seele" mit einer erwünschten Karriere, einem Haus, Auto, einer Beziehung oder einem bestimmten Körperbild zu stopfen. Wir sehen oft Klienten, die sich immer noch leer, ängstlich und unvollkommen fühlen, selbst wenn sie die Ziele erreicht haben, von denen sie sich Erfüllung und inneren Frieden versprochen hatten.

Klienten, die in die folgenden Entwicklungsstadien kommen, ohne die notwendige Identität aufgebaut zu haben, werden es in ihrem Bemühen um Intimität außerordentlich schwer haben. Indem Sie Ihre Klienten über frühere Entwicklungsabschnitte und über ihre derzeitigen Entwicklungsstadien informieren, helfen Sie ihnen, die Situation aus der Perspektive der Einflußmöglichkeit wahrzunehmen, statt „Kugeln auf dem Billardtisch des Lebens zu sein." (Richard Bandler)

Alter 20-30: Intimität kontra Isolation

Im frühen Erwachsenenalter beginnt ein Mensch, intime Beziehungen einzugehen. Nach Erikson muß erst eine gesunde Identität entwickelt sein, bevor Intimität erreicht werden kann. Wenn die vorangegangenen Stadien positiv durchlaufen sind, kann ein Mensch seine Gedanken, Gefühle, Träume und Erinnerungen mit einem anderen teilen; dann kann er sich in/für Beruf und Beziehungen engagieren.

Wenn er die Kindheitsabschnitte nicht erfolgreich abgeschlossen hat, wird er vielleicht sich selbst oder anderen nicht trauen, unfähig sein, sich in einem Projekt zu engagieren und sich isolieren, wenn er sich bedroht fühlt.

Alter 30-50: Generativität kontra Stagnation

Das mittlere Erwachsenenalter ist die Zeit, darauf hinzuarbeiten, „die Fackel weiterzugeben", entweder durch Kinder oder durch Arbeit. Ein gesunder Mensch hat das Bedürfnis, „dem Leben etwas zurückzugeben" und beteiligt sich am öffentlichen Leben und hilft für einen guten Zweck. Ein psychisch verarmter Mensch wird stagnieren, sich zurückziehen und sich nutzlos fühlen. Er kann sich andererseits aber auch in seine Arbeit stürzen oder ein Alkoholproblem entwickeln.

Alter 55+: Integrität kontra Verzweiflung

Wenn ein Mensch älter wird, beginnt er, sein Leben zu reflektieren. Wenn er die früheren Themen nicht gelöst hat, wird er Bedauern, Groll oder Verzweiflung empfinden. Wenn er ein produktives, ausgeglichenes Leben geführt hat, wird er inneren Frieden empfinden.

2 Das Verfahren: Neurolinguistisches Programmieren (NLP)

Die Entwicklungsstadien nach Erikson helfen Ihnen, die „fehlenden Stücke“ in der Entwicklung Ihrer Klienten zu identifizieren und Ihre Interventionen darauf zu konzentrieren, Ihren Klienten aus der Co-Abhängigkeit zu helfen. NLP bietet Ihnen das Verfahren für spezifische, elegante Interventionen, die das Wohlbefinden des Klienten zum Ziel haben.

Das Neurolinguistische Programmieren wurde während der 70er Jahre von Dr. John Grinder und Richard Bandler an der University of California in Santa Cruz entwickelt. Sie begannen zu untersuchen, warum einige Therapeuten wirkungsvollere Veränderungen herbeiführen konnten als andere. Grinders Hintergrund in Sprachwissenschaften und sein Wissen über Noam Chomskys* Studien über die transformative Macht der Sprache bildeten die Grundlagen für das Meta-Modell, das in Kapitel 5 beschrieben ist.[1] Bandlers Interesse an Gestalttherapie und Computer-Software bildete die Basis für seine mathematische Art, Gedankenprozesse zu analysieren.

Die Begründer des NLP konzentrierten ihre Untersuchungen auf die Familientherapeutin Virginia Satir und den Hypnosetherapeuten Dr. Milton Erickson.** Sie analysierten Satirs Fähigkeit, das nonverbale Verhalten der Klienten zu inter-

* Chomsky ist ein hervorragender Sprachwissenschaftler, der die Theorie der Transformationsgrammatik erweitert hat. Er ist seit 1955 Professor am MIT (Massachusetts Institute of Technology; Anm. d. Ü.) und hat mehrere Bücher über Sprache und Politik verfaßt. Sein Buch *Logical Structure of Linguistic Theory* beschreibt die Tiefenstruktur im Gegensatz zur Oberflächenstruktur der Sprache.

** Dr. med. Milton Erickson (1901-1980) war eine international anerkannte Autorität in Hypnosetherapie. Er gründete die American Society of Clinical Hypnosis und war ihr erster Präsident, er war Gründer und Herausgeber des *American Journal of Clinical Hypnosis* und Autor von über 100 Büchern, Artikeln und Aufsätzen über Hypnose und Kurzzeittherapie.

pretieren und darauf zu reagieren, die Fähigkeit, Rapport aufzubauen und alternative Verhaltensweisen zu generieren. Bandler, Grinder und ihre Kollegen konzentrierten sich auf die Sprachmuster, die Erickson benutzte, um seinen Klienten zu helfen, ihre traumatische Vergangenheit zu heilen. Grinder und Bandler beobachteten, analysierten und modellierten Satirs und Ericksons Verhaltensweisen und konnten so die herausragenden Aspekte der Prozesse kodieren, kopieren und anderen mitteilen.

Grinder, Bandler und andere fanden heraus, daß unsere Wirklichkeit nicht nur durch das geschaffen wird, was uns widerfahren ist, sondern dadurch, wie wir diese Erfahrungen wahrnehmen, kodieren, speichern, interpretieren und sie uns wieder in Erinnerung rufen. Sie entdeckten, daß es einen mächtigen Einfluß auf unser Leben haben kann, wenn wir die Repräsentationen dieser Erinnerungen verändern. Beispielsweise wird ein Klient, dem als Kind ständig gesagt wurde, er sei wertlos, diese Erfahrung wahrscheinlich als Wahrheit verinnerlicht haben. Wenn ihm gezeigt wird, wie er sich von dieser Erinnerung dissoziieren kann, kann er sie objektiver sehen.

Im Bereich Süchte und Co-Abhängigkeit wird NLP immer mehr als ein wertvolles Mittel für Veränderung angesehen.[2] Während die 12-Stufen-Programme die Schritte vorschreiben, die nötig sind, um sich selbst zu verstehen, werden die NLP-Prozesse, die in diesem Buch beschrieben sind, Sie mit Fähigkeiten ausstatten, die Veränderungen zu bewirken, die Ihre Klienten wünschen.

Die Prinzipien

Die folgenden NLP-Prinzipien helfen Ihnen dabei, Ihre Klienten zu verstehen:

1. Die Wirklichkeit eines Menschen basiert auf seinen subjektiven Erfahrungen, nicht auf objektiven Beweisen. Jeder entwickelt seine eigene Landkarte, um die Wirklichkeit abzubilden. Die Landkarte ist nicht das Gebiet.

Noam Chomsky und Edward Hall stellten fest, daß Menschen Information tilgen, verzerren und verallgemeinern, um sie zu interpretieren und in ihrem Kopf zu repräsentieren (wieder präsent zu haben, engl. re-present). Körperliche, soziale und individuelle Beschränkungen begrenzen die Wahrnehmungsfähigkeit. Ein gemeinsames Ereignis kann sehr unterschiedliche Reaktionen bei den Teilnehmern hervorrufen, je nach kulturellen Einflüssen, Erziehung in der Familie, körperlichen Einschränkungen, Wahrnehmungsfähigkeit und früheren Erfahrungen. Ihre Klientin kann beispielsweise auf ein lautstarkes Wortgefecht zwischen Arbeitskollegen mit Entsetzen reagieren, während ihre Freundin das amüsant findet. Ihre Klientin ist vielleicht in einer Familie aufgewachsen, in der Geschrei Gewaltanwendung einleitete, während ihre Freundin die Erfahrung gemacht hat, daß Schreien eine normale und sichere Möglichkeit ist, Frustration auszudrücken.

Es ist ein Unterschied, die Heimat auf der Karte zu sehen oder durch jeden Teil selbst zu fahren. Die Landkarte ist nicht das Gebiet. Für wirkungsvolle Therapie ist es unerläßlich zu verstehen, daß Ihre Klienten einzigartige Landkarten der Welt haben, die von ihren Erfahrungen abhängen und die sich von Ihrer Landkarte unterscheiden.

2. Menschen treffen nach ihrem jeweiligen Wissensstand die beste Wahl.

Was Ihnen als extreme Reaktion erscheinen mag, ist wahrscheinlich die einzige Wahlmöglichkeit, die Ihr Klient in dem Moment wahrnimmt. Auf die Frage, warum ein Mensch dies oder das tat, werden Sie die Antwort bekommen: „Was hätte ich sonst tun können?“ Wir hatten einmal einen Klienten, der mehrere Suizidversuche hinter sich hatte. Er verriet uns, daß das seine einzige Möglichkeit war, Reue dafür zu zeigen, daß er seine Tochter vor einigen Jahren belästigt hatte.

Wenn Menschen wachsen und sich in der Therapie verändern, haben sie häufig wegen früherer Vergehen enorme Schuldgefühle. Indem Sie Ihre Klienten daran erinnern, daß sie nach ihrem damaligen Wissen bestmöglich gehandelt haben, helfen Sie Ihnen dabei, mit der Selbstgeißelung aufzuhören und anders mit der Situation umzugehen.

Wenn Sie im Gedächtnis behalten, daß Ihre Klienten damals und heute nach ihrem Wissen die beste Wahl treffen, hilft es Ihnen, positiv gegenüber Ihren Klienten eingestellt zu bleiben.

3. Jedem Verhalten, Gedanken oder Gefühl liegt eine positive Absicht zugrunde.

Dieser Grundsatz war der Eckpfeiler von Virginia Satirs Arbeit. Wenn Satir die positive Absicht hinter dem destruktiven Verhalten von Klienten identifizieren konnte, konnte sie ihnen helfen, bessere Möglichkeiten zu finden, dieses Bedürfnis zu befriedigen.

June schrie z.B. häufig ihre Kinder an und war beunruhigt, daß sie sich auch zu körperlicher Gewaltanwendung hinreißen lassen könnte, wenn sich nichts änderte. Sie schrie die Kinder wegen geringerer Verstöße an und fühlte sich unmittelbar danach schuldig. Junes Therapeut bat sie, in Erwägung zu ziehen, daß dieses Verhalten eine positive Absicht hatte – daß es eine Art von Kommunikation war. Als June sich überlegte, was das Schreien für sie erreichte, stellte sie fest, daß es zwei versteckte Bedürfnisse befriedigte: ihre Frustration abzubauen und ihrem Ärger auf ihren Mann Luft zu machen, ohne einen offenen Konflikt heraufzubeschwören. June identifizierte ein Muster, in dem ihr Mann den Kindern einredete, ihre erzieherischen Grundsätze zu mißachten, was in ihr ein Gefühl von Machtlosigkeit hervorrief. Sie hatte Angst davor, ihren Mann direkt damit zu konfrontieren, und das Schreien erlaubte ihr, sicher und indirekt mit ihrer Frustration umzugehen.

Wir haben nie ein Verhalten oder einen Glaubenssatz gefunden, der nicht auf irgendeiner Ebene für seinen „Initiator" eine „positive" Absicht hatte. Wir wollen keineswegs andeuten, daß die positive Absicht bewußt ist oder daß sie für den „Empfänger" positiv ist. Auch entschuldigt die Tatsache, daß es auf irgendeiner Ebene eine positive Absicht gibt, destruktives Verhalten nicht. Anzunehmen, daß es eine positive Absicht gibt, hilft Ihrem Klienten jedoch, von einer Position der Selbstannahme über das schädliche Verhalten hinauszugehen und sich direkter und ehrlicher auszudrücken.

Ihr Wissen um zugrundeliegende positive Absichten hilft Ihnen, den Sekundärgewinn auf respektvolle Art zu entdecken und anzusprechen; und das bietet die Gelegenheit, neue Reaktionen hervorzurufen.

In Kapitel 7 ist ausführlich beschrieben, wie diese positiven Absichten hinter co-abhängigem Verhalten aufgedeckt und die Verhaltensweisen, die diese Absichten ineffektiv erfüllen, in gesündere umgewandelt werden können.

4. Wenn das, was Sie tun, nicht funktioniert, probieren Sie etwas anderes. Der Bestandteil mit der größten Flexibilität wird das System am stärksten beeinflussen.

„Ich habe es nicht einmal, ich habe es hundertmal gesagt; aber er ändert sich nicht." Menschen wiederholen ständig Verhalten, das sich als wirkungslos erwiesen hat, weit über jede Logik hinaus. Der Satz: „Wie oft muß ich es dir noch sagen?" muß umformuliert werden in: „Was kann ich tun, um Einfluß zu nehmen?"

Fred z.B. versucht monatelang, seinen Sohn Randy dazu zu bringen, seine Hausaufgaben zu machen. Fred droht Randy alle möglichen Strafen an, falls er nicht jeden Abend lernt, aber Randy zieht sich nur in sein Zimmer zurück und schaltet die Stereoanlage ein. Statt die Situation zu überdenken, brüllt Fred nur jeden Abend lauter. Das funktioniert nicht.

Nach einem Gespräch mit Randys Lehrer entschließen sich Fred und seine Frau, eine neue Taktik auszuprobieren. Zuerst hört Fred einfach damit auf, das zu tun, was er bisher getan hat. Statt dessen fragt er Randy, wie sein Tag war und lädt ihn ins Kino ein. Einige Abende lang verhält Fred sich Randy gegenüber wie ein Freund. Die Beziehung zu seinem Sohn verbessert sich beträchtlich, doch die

Aufgaben werden immer noch nicht gemacht. Fred ist sehr zufrieden mit der Beziehung zu seinem Sohn, deshalb beschließt er, auch weiterhin nicht an ihm herumzunörgeln und spielt in Gedanken verschiedene Möglichkeiten durch, wie er Anreize zum Aufgabenmachen schaffen könnte. Nach einigen Wochen Experimentierzeit entdeckt er, daß Randys Freund Joe ein guter Schüler ist und daß es beiden Spaß macht, die Aufgaben gemeinsam zu machen. Fred konnte erkennen, daß das, was er getan hatte, nicht funktionierte und daß seine Flexibilität bei der Problemlösung ihm dazu verhalf, sein Ziel zu erreichen, nämlich Randy dazu zu bringen, Hausaufgaben zu machen und daß sich außerdem sein Verhältnis zu seinem Sohn verbesserte.

Das Verhaltensrepertoire von Co-Abhängigen beschränkt sich häufig auf ein paar unbefriedigende Arten zu reagieren, gewöhnlich gehören Beschwichtigen oder Anklagen dazu. Geringes Selbstwertgefühl wird aufrechterhalten, wenn man sich machtlos fühlt, d.h. wenig Wahlmöglichkeiten hat. Ein Mensch, der wählen kann, auf viele verschiedene Arten auf Situationen zu reagieren, ist flexibel und diese Fähigkeit gibt ihm Kontrolle über sein Leben. Wenn Sie Ihren Klienten behilflich sind, zu untersuchen, ob ihre Verhaltensweisen ihnen die gewünschten Ergebnisse bringen oder nicht und sie dabei unterstützen, anders zu reagieren, wird das ihr Selbstwertgefühl steigern.

Wenn *Sie* viele Möglichkeiten haben und damit flexibel umgehen, werden Sie mehr bewirken und erfolgreicher sein im Umgang mit Ihren Klienten.

5. Es gibt kein Versagen, nur Feedback.

Wenn Menschen lernen können, ihre erfolglosen Versuche als Feedback statt als Versagen zu sehen, dann können sie die Richtung ändern. Sie wissen dann auch, daß ein Weg von der Liste gestrichen werden kann, wenn er nicht funktioniert. Wenn Menschen ihre Versuche für Versagen halten, werden sie sich selbst kritisieren und zögern, erneut ein Risiko einzugehen.

Es ist besonders wichtig für Sie, sich an diesen Punkt zu erinnern. In der Arbeit mit Co-Abhängigen fühlt man sich leicht niedergeschlagen. Wenn Sie jede „Niederlage“ als Feedback statt als Versagen sehen, wird Sie das dazu inspirieren, eine Reihe von Techniken auszuprobieren.

Auf die Frage, ob er von seinen 9999 Versuchen, bevor er die Glühbirne erfand, entmutigt wurde, antwortete Thomas Edison: „Nein, ich lernte 9999 Arten, wie es nicht funktioniert.“

In der Arbeit mit Klienten empfinden wir die oben genannten Prinzipien als wertvolle Richtlinien. Wenn Sie sich beim Experimentieren mit den Prozessen in diesem Buch an diese Voranahmen über menschliches Verhalten erinnern, werden Sie erfolgreicher therapeutisch arbeiten.

Der Weg

Der folgende Plan erleichtert Ihnen eine schrittweise Annäherung an Veränderungsprozesse.* Dieses Veränderungsmodell kann Sie dabei unterstützen, die überwältigende Menge an Information, die Ihre Klienten präsentieren, in einer Weise zu sortieren, die ein höchst effizientes Vorgehen erlaubt. Wenn Sie mit dem Modell vertraut sind, werden Sie es an Ihre Bedürfnisse anpassen. Vielleicht werden Sie Schritte auslassen, die bei einem bestimmten Klienten nicht relevant sind, zu früheren Schritten des Modells zurückkommen oder einige Schritte mehrmals wiederholen.

1. **Schritt: Bestimmen Sie den gegenwärtigen Zustand Ihrer Klientin.**
2. **Schritt: Helfen Sie Ihrer Klientin, das gewünschte Ziel zu bestimmen und es in einer positiven Aussage zu formulieren.**
3. **Schritt: Bestimmen Sie zusammen mit der Klientin das Ziel sinnlich konkret.**
4. **Schritt: Bestimmen Sie den Kontext, in dem die Klientin das neue Verhalten wünscht.**
5. **Schritt: Bestimmen Sie, wie sich das gewünschte Ziel auf das Leben Ihrer Klientin auswirkt.**
6. **Schritt: Identifizieren Sie, was Ihre Klientin davon abhält, die gewünschte Veränderung jetzt zu erreichen.**
7. **Schritt: Bestimmen Sie, über welche Ressourcen Ihre Klientin bereits verfügt und welche sie sich aneignen muß.**
8. **Schritt: Führen Sie Interventionen durch und wenden Sie Techniken an.**

Wir demonstrieren dieses Modell mit einer fiktiven Klientin. Es ist stark gekürzt, um Ihre Aufmerksamkeit auf den Prozeß zu lenken:

Susanne, 35, ist eine Geschäftsfrau mit einem kleinen Unternehmen, bei der alles zu stimmen scheint – gutes Aussehen, finanzielle Sicherheit, selbstbewußte Persönlichkeit und Unabhängigkeit. Sie ließ sich vor einigen Jahren von ihrem untreuen Ehemann scheiden und hat sich gerade von ihrem Liebhaber getrennt, mit dem sie sechs Monate zusammen war. Zum ersten Mal in ihrem Leben ist Susanne wirklich unabhängig – ihr Unternehmen ist erfolgreich genug, daß sie

* Dieses Modell wurde in Zusammenarbeit von den NLP-Begründern und Trainern Steve und Connirae Andreas entwickelt und wird von ihnen im NLP-Practitioner-Kurs gelehrt. Beide sind angesehene NLP-Trainer.

Schritte auf das erwünschte Ziel zu

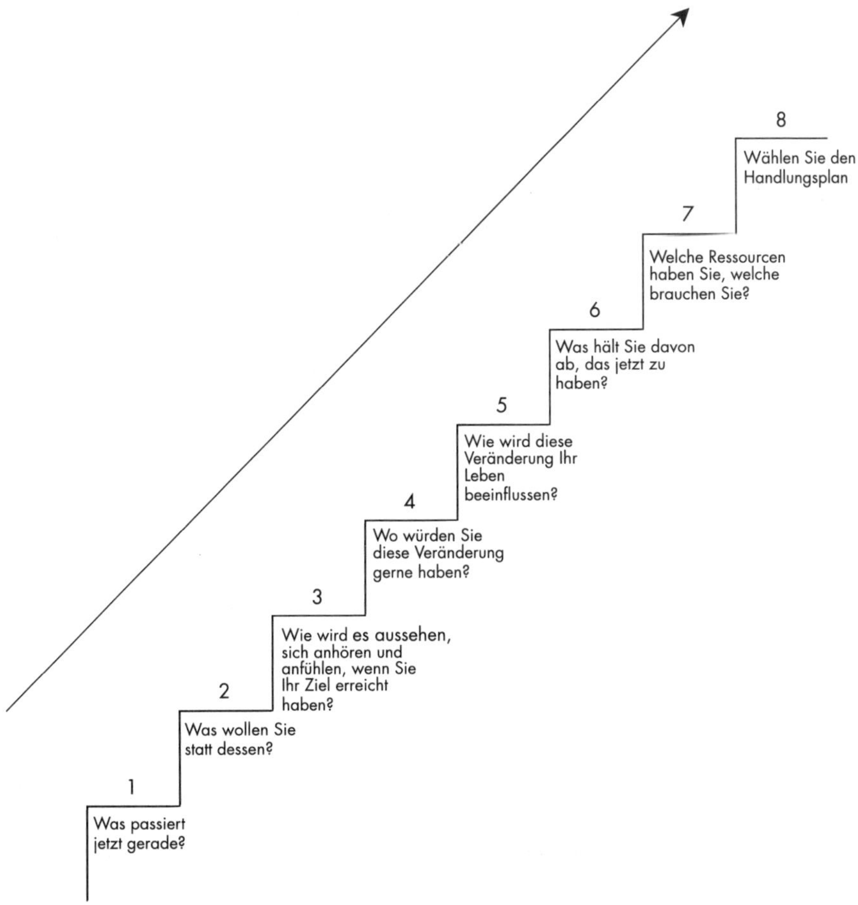

sich nicht 14 Stunden am Tag abrackern muß, um sich über Wasser zu halten. Jetzt, da sie Zeit für sich selbst hat, verspürt sie ein Gefühl von Angst und Leere. Wenn sie Entscheidungen treffen muß, fühlt sie sich wie ein Kaninchen im Scheinwerferlicht eines herankommenden Wagens gefangen. Sie kommt zu Ihnen, weil sie Schwierigkeiten hat und nicht weiß, wer sie ist und was sie will.

1. Bestimmen Sie den gegenwärtigen Zustand Ihrer Klientin.

Sie fragen Susanne, wie die Angst ihr Leben beeinflußt. Was ist ihr Problem, so wie sie es jetzt erlebt?

Susanne deutet an, daß die Angst sie davon abhält, Entscheidungen zu treffen, daß sie nachts nicht schlafen kann und keinen Appetit hat.

Dieser erste Schritt wird Ihnen einen knappen Überblick geben, wie Susanne die Situation erlebt und über einige Auswirkungen, die sie beeinträchtigen.*

2. Helfen Sie Ihrer Klientin, ein gewünschtes Ziel in positiver Formulierung zu bestimmen.

Sie fragen Susanne, wie sie sich statt ihrem gegenwärtigen Zustand fühlen will. Zuerst antwortet sie: „Ich will mich nicht depressiv fühlen."

Um ihr bei einer positiven Aussage zu helfen, fragen Sie: „Wenn Sie die Depression und die Angst überwunden haben, wie würden Sie sich dann gerne fühlen?"

Susanne sagt, daß sie sich als Meister ihres Lebens fühlen möchte. Sie möchte sich zuversichtlich fühlen bei der Entscheidung, ob sie ihr Unternehmen verkaufen soll oder nicht. Sie wünscht sich Selbstrespekt und inneren Frieden.

---

* Zusätzliche Fragen, die Sie vielleicht stellen wollen, könnten sein:
- Haben Sie sich früher je so gefühlt und wenn ja, wie oft?
- Wenn Sie diese Angst kennen, tritt sie in einem Muster auf, z.B. zur selben Jahreszeit? (Sie prüfen die Auswirkung von Jahrestagen oder jahreszeitlich bedingten Störungen.)
- Können Sie irgendwelche Umstände erkennen, die diese Angst ausgelöst haben könnten?
- Haben Sie enge Freunde oder eine Art Unterstützungssystem?

Vielleicht wollen Sie ihr auch helfen, ein Genogramm (s. Kapitel 5: Familiengeschichte) zu erstellen, um irgendwelche depressiven Muster oder ähnliche Störungen in der Familie zu entdecken. Sie könnten auch nach Mustern von außerehelichen Affären bei ihren Vorfahren schauen, nach einschränkenden Glaubenssätzen oder zwanghaften Verhaltensweisen.

Diese Fragen lenken Ihre Klientin in den Bereich der Möglichkeiten und regen ihr Denken an *hin zu* einem positiven Ziel, statt *weg von* einem negativen. Die Leute wissen fast immer, was sie nicht wollen. Die Herausforderung besteht darin, sie dabei zu unterstützen, zu definieren, was sie tatsächlich wollen.

3. Bestimmen Sie zusammen mit Ihrer Klientin das Ziel sinnlich konkret.

Sie fragen Susanne, was sie fühlen, was sie sehen und was sie hören wird, wenn sie ihre Ziele erreicht hat.

Susanne erzählt Ihnen, daß sie sich glücklich und ruhig fühlen würde, wenn sie Meister ihres Lebens wäre. Es würde ihr leichter fallen, Entscheidungen zu treffen und es würde ihr keine Mühe bereiten, zu einer einmal getroffenen Entscheidung zu stehen. Sie kann sich selbst sehen, wie sie zuversichtlich durchs Leben geht und hört sich mit Autorität sprechen. Wenn sie inneren Frieden spürte, würde sie auch weniger Zeit mit Arbeit und mehr mit Spielen und Erholung verbringen.

Da „glücklich und ruhig" keine sinnlich konkreten Beschreibungen sind, unterstützen Sie Susanne dabei, zu bestimmen, was sie sehen, hören und fühlen würde, wenn sie diese Zustände erreicht.

Ihre Klientin zu bitten, ihre Ziele sinnesspezifisch zu bestimmen, macht die Ziele spezifisch und meßbar. Es wurde festgestellt, daß Leute, die ihre Ziele erreichen, sich stets eine komplette Repräsentation ihrer Ziele vorstellen.* Ein anderer wichtiger Punkt, um Erfolg zu garantieren, ist, daß das Ziel von der Klientin angegangen und kontrolliert werden muß. Beispielsweise ist ein Ziel, das davon abhängt, wie sich eine andere Person verhält, nicht wohlgeformt und läßt den Klienten in einer Position der Hilflosigkeit. Wir ermuntern Sie, in den Unterlagen über Ihre Klienten deren definierte Ziele sinnesspezifisch und konkret formuliert festzuhalten und sich im Laufe der Therapie auf diese Ziele zu beziehen.

* Das Buch *Mehr sehen • Mehr hören • Mehr fühlen* von Genie Laborde beschreibt diesen Prozeß der inneren Zielsetzung ausführlich.

4. Bestimmen Sie den Kontext, in dem die Klientin das neue Verhalten haben möchte.

Sie fragen Susanne, wo, wann und mit wem sie sich zuversichtlich fühlen möchte.

Da Susannes Ziele eine veränderte Einstellung statt bestimmten neuen Verhaltensweisen zur Folge haben, werden sie sich auf die meisten Situationen beziehen und innerlich ausgelöst werden müssen.

Die Probleme einiger Klienten werden sich mehr auf das Verhalten beziehen, z.B. zwanghaftes Sich-Entschuldigen. In diesen Fällen identifizieren Sie, wann und zu wem Ihr Klient unangemessenerweise sagt: „Tut mir leid." Zum Beispiel, wenn er versehentlich angerempelt wird, wenn er jemand anderes auf einen Fehler hinweist, wenn er sich krank fühlt, oder wenn er um Hilfe bittet.

5. Bestimmen Sie, wie sich das gewünschte Ziel auf das Leben Ihrer Klientin auswirkt.

Sie fragen Susanne, ob irgendein Teil etwas dagegen hat, daß sie Meister ihres Lebens ist und inneren Frieden empfindet und bitten sie, eventuelle Nachteile ihrer Entscheidungsfähigkeit herauszufinden und verfolgen diese.

Sie erkennt, daß sie, wenn sie entschlossener wäre und ihr Leben unter Kontrolle hätte, als zu unabhängig angesehen werden könnte und für Männer nicht attraktiv wäre.

Dieser Schritt ist entscheidend. Während Sie diese Frage stellen, ist es wichtig, die Reaktionen der Klientin zu beobachten. Unterstützt ihre Physiologie ihre verbale Aussage oder besteht zwischen beiden eine Inkongruenz? Sagen ihre Worte „kein Problem", während sie gleichzeitig ihre Augenbrauen hochzieht? Falls Sie irgendeine Diskrepanz spüren, fragen Sie nach! Oft sind es die unbewußten Bedenken, die Ihre Klienten stolpern lassen. Wenn Sie sich daran erinnern, daß jedes Bedenken eine wichtige Mitteilung ist, die utilisiert werden kann, wird Ihnen dies gestatten, den Einwand aufzudecken und zu berücksichtigen, und darüber hinaus wird dies der Klientin helfen, sich ihrer komplexen Innenwelt bewußt zu werden.

6. Identifizieren Sie, was Ihre Klientin davon abhält, die gewünschte Änderung jetzt herbeizuführen.

Susannes Antwort auf Ihre letzte Frage hat Sie auf ihren Glaubenssatz, entschlossen sein heißt unattraktiv sein, aufmerksam gemacht. Sie fragen, welche anderen Gedanken oder Glaubenssätze sie davon abhalten könnten, zuversichtlich und entschlossen zu sein.

Ihre Fragen enthüllen Susannes Perfektionismus und Mangel an Selbstvertrauen. Dies und der Glaubenssatz, daß Entschlossenheit mangelnde Attraktivität bedeutet, sind ihre größten Hindernisse.

7. Stellen Sie fest, über welche Ressourcen Ihre Klientin jetzt bereits verfügt und welche sie sich noch aneignen muß.

Susanne weiß, daß sie intelligent und beharrlich ist. Sie hat eine rasche Auffassungsgabe und vertraut ihrer Fähigkeit, mit Menschen umzugehen.

Sie entscheiden, daß Susanne ihre einschränkenden Glaubenssätze transformieren, ihr Selbstwertgefühl aufbauen, sich ihre Unvollkommenheiten zugestehen und lernen muß, ihre Ängste und Depressionen in positive Kräfte zu verwandeln.

Dieser Schritt erfordert, daß Sie von Ihrer Klientin die Eigenschaften, die sie schätzt, elizitieren. Sie muß verstehen, daß sie bereits über viele Ressourcen verfügt, die sie braucht, um sich zu ändern. Das verhilft Ihnen beiden zu einer starken Basis, von der Sie ausgehen können. Und was noch wichtiger ist: Es gibt Ihnen eine Vorstellung davon, welche speziellen Ressourcen die Klientin braucht, um ihre Ziele zu erreichen.

8. Wenden Sie Interventionen und Techniken an.

In Susannes Fall wählen Sie aus den folgenden:

Time Line-Prozeß in Kapitel 3, damit sie ihre Zukunft und Vergangenheit als ausgeglichen wahrnehmen kann.

Prozeß zur Änderung von Glaubenssätzen in Kapitel 6, um ihren „Entschlossenheits-Glaubenssatz" in einen für sie nützlicheren umzuwandeln.

Kommunikation mit inneren Teilen und Suche nach dem Ursprung (transderivationale Suche) aus Kapitel 7, um ihr Selbstwertgefühl zu steigern und die Glaubenssätze aus ihrer Kindheit zu transformieren.

Grenzen/innerer Rückzugsort aus Kapitel 8, um sie darin zu unterstützen, ein Gefühl von Sicherheit und Klarheit für ihre Grenzen zu entwickeln.

Die Techniken und Prozesse in diesem Buch können Sie in Verbindung mit denen anwenden, die sich in Ihrer Praxis schon bewährt haben. Dabei kommt Ihnen Ihre Flexibilität zugute. Je nach Klient kann die hierfür benötigte Zeit beträchtlich schwanken.

Wie wir bereits angemerkt haben, kann dieses Modell Ihnen auf Ihrem Weg helfen. Unsere Klienten berichten oft, daß das Definieren von Zielen ihnen erlaubt, ein Therapieende zu sehen. Wir stimmen mit Scott Peck[3] überein, daß „es Zeit ist, die Therapie zu beenden, wenn die Klienten ihr eigener Therapeut geworden sind". Wir glauben auch, daß es für die Menschen vorteilhaft ist mit der Therapie aufzuhören, wenn sie ein bestimmtes Ziel erreicht haben, und sich erst wieder bei Ihnen melden, wenn sie erneut Unterstützung benötigen. Mit den Prozessen, die Sie Ihren Klienten beibringen, werden sie unabhängiger werden und in erster Linie ihre eigenen Therapeuten sein.

Worauf sind Sie aus?

Viele Programme und Bücher über Co-Abhängigkeit geben sich große Mühe, die pathologischen Zeichen genau zu identifizieren, aber tun wenig, gesunde Alternativen zu beschreiben. Daß Sie Ihren Klienten bei der Entscheidung: „Was will ich eigentlich?", helfen, ist ein bedeutender Aspekt im NLP und bereits eine wichtige Intervention. Einerseits ist es wichtig, Ihre Klienten über die Pathologie der Co-Abhängigkeit zu informieren, andererseits ist es ebenso wichtig, sie mit gesünderen Verhaltensweisen vertraut zu machen.

Emotional „gesunde" Menschen:

- haben ein starkes Gefühl für ihre Identität,
- fühlen sich wertvoll und liebenswert,
- betrachten das Leben als lebenswert,
- sind sich ihrer eigenen Gedanken, Gefühle und Wünsche bewußt,
- können mit anderen mitfühlen, ohne von ihnen übermäßig beeinflußt zu werden,
- lernen und passen sich in angemessener Weise an,

- fühlen, daß ihre Existenz eine Rolle spielt,
- sind in der Lage, eine Vielzahl von Rollen anzunehmen – Eltern, Geliebte/r, Freund, Berufstätige/r, Kind.

Wir finden es aufschlußreich und inspirierend, Klienten lebensechte Beispiele von positiven Beziehungen zu geben. Diese Beispiele dienen als Modelle und als Beweis dafür, daß erfüllende Beziehungen sehr unterschiedlich sein können. Wir führen oft die Erfahrungen unserer Freunde an (die Namen sind geändert, um die Anonymität zu gewährleisten), um die zahlreichen Arten darzustellen, wie Leute ihr Leben positiv beeinflussen können. Wir führen auch fiktive literarische oder Filmcharaktere als Beispiele für gesunde Verhaltensweisen an (obwohl es erschreckend ist, wie wenige das sind). Im Anhang sind einige Hinweise aufgeführt, die wir für diesen Zweck herangezogen haben.

Da wir zutiefst davon überzeugt sind, daß man gar nicht genug Wahlmöglichkeiten haben kann, beziehen wir unsere Inspiration und unser Material aus vielen Quellen. Neben NLP verwenden wir Techniken und Ideen von John Bradshaw, Virginia Satir, Melodie Beattie, Cathleen Brooks, Anne Wilson-Schaef und Rokell Lerner. Wir sind auch Nathaniel Branden und Carl Rogers als Quellen zu Dank verpflichtet. Wenn eine spezielle Technik oder Idee einem bestimmten Urheber zugeschrieben werden kann, wird er im Text gewürdigt.

In diesem Kapitel haben wir die grundlegenden NLP-Prinzipien und Ideen beschrieben. In Kapitel 3 definieren wir wichtige Fachausdrücke und zeigen Ihnen die grundlegenden Fertigkeiten, die Sie brauchen, um die Prozesse, die in späteren Kapiteln beschrieben sind, anzuwenden. Wir möchten Sie bitten, die Techniken in der Reihenfolge anzuwenden, die Sie für Ihre Klienten am geeignetsten halten.

3 Terminologie und Prozesse

Die Prozesse in diesem Buch werden für Sie leichter zu verstehen und durchzuführen sein, wenn Sie mit den folgenden Definitionen vertraut sind. Wir empfehlen Ihnen, dieses Kapitel sorgfältig zu lesen, falls Sie nicht mit Neurolinguistischem Programmieren vertraut sind.

Fachbegriffe

Anker

Ein Anker ist ein Reiz, der mit einem bestimmten Gefühl, einer Emotion oder einem Gedanken verbunden ist. (Siehe „Ankern“ im Abschnitt Prozesse.)

Zustände

Der „Zustand“ des Klienten ist die Manifestation seiner emotionalen, kognitiven und physiologischen Erfahrung zu einem bestimmten Zeitpunkt. Sie werden einen Zustand bemerken können, indem Sie Ihren Klienten fragen, wie er sich fühlt und was und wie er über etwas denkt. Wichtiger als das, was der Klient über den Zustand aussagt, ist Ihre Wahrnehmung über die nonverbalen Merkmale des Zustands wie z.B: Atemfrequenz und Atemtiefe; Spannkraft der Haut und Hautfarbe; Muskeltonus; Stimmqualitäten wie Stimmlage, Sprechgeschwindigkeit, Timbre und Augenbewegungen.

Unterbrecher/ Separator

Ein Unterbrecher ist eine Ablenkung von einem bestehenden Zustand. Er kommt in allen Prozessen zwischen und vor den einzelnen Schritten vor, um sicherzustellen, daß die Zustände sauber getrennt bleiben. Dies wird erreicht, indem Sie Ihren Klienten so ablenken, daß sich sein bestehender Zustand in einen neutralen verändert. Zweck ist, die Reinheit der verschiedenen geankerten Zustände zu wahren. Dafür können Sie Ihren Klienten nach der Uhrzeit fragen, ihn auf etwas außen an Ihrem Fenster hinweisen, ihn aufstehen lassen, falls er saß, ihn einen Moment strecken lassen oder etwas anderes, was das Thema wechselt.

Kalibrieren

Kalibrieren bedeutet, auf die physiologischen Manifestationen des Zustandes Ihres Klienten zu einem bestimmten Zeitpunkt zu achten. Die Manifestationen, die mit einer Stimmung, einem Gedanken oder einem Gefühl verbunden sind, zu entdecken, sie sich zu merken und sie zu utilisieren war eines von Virginia Satirs einzigartigen Talenten. Ihre Fähigkeit, Reaktionen zu kalibrieren gestattete ihr, die entscheidenden Informationen zu sammeln, die ihre Interventionen bestimmten.

Die Fähigkeit, die Zustände Ihrer Klienten zu kalibrieren, wird Ihr Wissen und Ihre Effizienz drastisch erhöhen. Zu wissen, wie jemand eine Emotion oder einen Gedanken „ausdrückt", hilft Ihnen, die Wirksamkeit des Ankers zu bestimmen. Diese Fertigkeit erlaubt Ihnen, die nonverbalen Mitteilungen, die Ihnen Ihr Klient in jedem Moment anbietet, zu identifizieren und mit zu verfolgen. Von Ihnen erfordert das erhöhte Aufmerksamkeit Ihrer Sinne. Sie werden feine Unterschiede wahrnehmen wie:

- Hautfarbe – fleckig, blaß, errötet oder bleich etc.;
- Muskeltonus – Falten um den Mund, Bewegungen der Augenbrauen und des Kiefers, volle oder schmale Lippen, Spannungen in der Brust oder den Schultern, Handbewegungen, Augenbewegungen etc.;
- Atemfrequenz und Atemtiefe;
- Haltung: aufrecht oder gebeugt, aus der Balance oder zentriert etc.;
- Stimmqualität – Tonhöhe, Sprechtempo, Lautstärke etc.*

Eine scharfe Sinneswahrnehmung wird gefördert durch das, was Kampfkunst-Trainer einen „weichen Blick" nennen. Das bedeutet, die Augen zu entspannen und den einströmenden visuellen Sinnenreizen zu erlauben, auch Eindrücke aus der Peripherie aufzunehmen, nicht bestimmte Merkmale zu fokussieren. Üben, üben, üben! Wir haben festgestellt, daß unsere Fähigkeit, die nonverbalen Mitteilungen unserer Klienten zu bemerken und zu kalibrieren, im Laufe der Jahre wuchs. Sie werden feststellen, daß sich diese Fertigkeit zu entwickeln lohnt.**

---

* Eine ausführliche Beschreibung über das Kalibrieren von Zuständen bieten die Bücher *Mehr sehen • Mehr hören • Mehr fühlen* von Genie Laborde und *Neue Wege der Kurzzeit-Therapie* von John Grinder und Richard Bandler.

** Steve und Connirae Andreas verwenden in ihrem Practitioner-Training viel Zeit darauf, diese Fähigkeit bei ihren Kursteilnehmern zu entwickeln. Nähere Informationen über NLP Comprehensive und die Ausbildung siehe Anhang.

Kongruenz

Wenn die Kommunikation einer Person kongruent ist, sind die nonverbalen Komponenten – Tonfall, Gesichtsausdruck, Körperhaltung und Bewegungen etc. – alle im Einklang mit den verbalen Aussagen.

Inkongruenz kann auf einen inneren Konflikt hinweisen, d.h. jemand sagt, daß er froh ist, Ihnen zu helfen, aber seine verschränkten Arme und das Zögern in der Stimme teilen das Gegenteil mit.

Wenn Sie in der Lage sind, bei Ihren Klienten oder Bekannten Kongruenz oder Inkongruenz zu bemerken, kann Ihnen das helfen, wichtige subtile Botschaften wahrzunehmen.

Ökologie

Ökologie berücksichtigt den ganzen Klienten: die Auswirkungen der komplexen Beziehungen zwischen allen Bestandteilen im Leben des Klienten. In der Therapie ist ein entscheidender Gesichtspunkt, wie eine neue Verhaltensweise oder Reaktion das empfindliche Gleichgewicht im Leben einer Person beeinflußt.

Irgendwelche „Widerstände", auf die Sie stoßen, sind ein Signal, daß sich ein Teil des Klienten mit der vorgeschlagenen Veränderung nicht wohl fühlt. Es ist wichtig, Ihren Klienten zu bitten, den Einwand zu untersuchen, damit Sie Ihre Interventionen darauf abstimmen können, um den ganzen Menschen zu berücksichtigen und zu respektieren. Falls Einwände nicht respektiert und angesprochen werden, werden die meisten Klienten in ihre früheren Verhaltensmuster zurückfallen.

Repräsentationssysteme

Mit Hilfe der Repräsentationssysteme kodieren und speichern Menschen ihre Erfahrungen, indem sie sie in ihrer Vorstellung wieder erschaffen (wieder präsent machen: *re-present*). Die Erfahrungen der Menschen werden zu Erinnerungen, Gedanken oder Überzeugungen und sind auf drei Arten kodiert: visuell, in Standbildern oder Filmen, auditiv, in Geräuschen oder Worten, und kinästhetisch, in Gefühlen, Emotionen und Empfindungen. Wir alle kombinieren diese Systeme in einer bestimmten Strategie, doch viele bevorzugen eine Art, Information zu speichern und wieder abzurufen. Einige verwenden hauptsächlich (visuelle) Bilder, andere verlassen sich auf ihre inneren Stimmen, wieder andere reagieren auf ihre Gefühle.

Die Gesten, Augenbewegungen und die Sprache, die Menschen benutzen, zeigen, welches Sinnessystem sie zu einem beliebigen Zeitpunkt hauptsächlich benutzen.

Visuell

Augen: nach oben links oder rechts, ins Leere, oder schielen (siehe Abb.)

Atmung: Brustatmung, flach

Tonfall und Sprechgeschwindigkeit: hohe Tonlage, nasal oder angespannt, hastige, schnelle Sprechweise

Muskeltonus: Spannung in Schultern und Unterbauch, schlanker, angespannter Körper

Hand- und Armbewegungen: zeigen mit den Fingern, gestikulieren nach oben

Hautfarbe: blaß oder fahl

Körperhaltung: Schultern hochgezogen, Nacken gestreckt

Auditiv

Augen: Blick geradeaus nach links oder rechts oder nach unten links (siehe Abb.)

Atmung: gleichmäßig in das Zwerchfell oder die ganze Brust, verlängerte Ausatmung

Tonfall und Sprechgeschwindigkeit: klar, (klang)voll, gleichmäßig, rhythmisch

Muskeltonus: gleichmäßige, rhythmische Bewegungen

Hand- und Armbewegungen: Telefonhaltungen, die Hände berühren den Mund oder das Kinn, die Finger zählen, Hände oder Arme verschränkt

Hautfarbe: natürlich

Körperhaltung: hängende Schultern, Kopf zur einen Seite geneigt, der Körper ist leicht nach vorn oder zurückgelehnt

Kinästhetisch

Augen: blicken nach unten rechts (siehe Abb.)

Atmung: tief, in die Magengegend

Tonfall und Sprechgeschwindigkeit: leise, tief, mit viel Luft, langsam, lange Pausen

Muskeltonus: häufige Bewegungen, laxe Haltung

Hand- und Armbewegungen: Handflächen nach oben, entspannt, wenig Gesten

Hautfarbe: kräftige Hautfarbe, errötet

Haltung: Schultern häufig hängend, Kopf fest auf den Schultern, gut zentriert, statisch

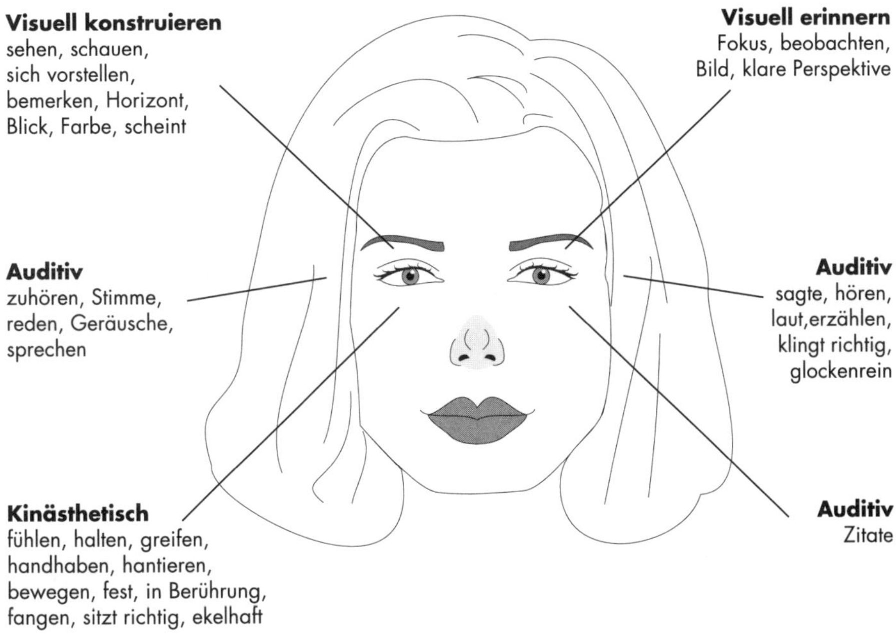

Auf die Repräsentationssysteme hören

Die Worte, die Ihre Klienten verwenden, weisen auch auf das Repräsentationssystem hin, auf das sie gerade zugreifen.

Visuelle Prädikate	**Auditive Prädikate**	**Kinästhetische Prädikate**
Ich kann nicht sehen wie es passiert.	Das klingt nicht richtig.	Ich bin zu starr.
Meine Perspektive ist ...	Ich höre mich selbst sagen ...	Ich stecke fest.
Ich kann mir ein Bild von mir machen.	Das klingt vertraut.	Ich fühle mich wohl.
Die Zukunft sieht düster aus.	Ich sage mir selbst ...	Das paßt.
Das machte alles farbig.	Das muß ich dämpfen.	Du regst mich auf.
Ich habe davon eine unklare Vorstellung.	Das ist laut und deutlich.	Ich weiß das aus dem Bauch.

Das bevorzugte Repräsentationssystem Ihres Klienten zu kennen, ermöglicht Ihnen, Ihr eigenes seinem anzupassen, um seine „Sprache" zu sprechen. In seinem bevorzugten Repräsentationssystem zu kommunizieren kann Ihnen helfen, Rapport herzustellen (s. Kapitel 4). Sicherzustellen, daß die vom Klienten gewünschten Veränderungen in allen drei Systemen vorhanden sind, d.h. daß er (sein Ziel) sehen, hören und fühlen kann, stellt seinen Erfolg sicher.

Andere NLP-Bücher, die das Thema Repräsentationssystem ausführlich behandeln, sind: *Die Struktur der Magie, Neue Wege der Kurzzeit-Therapie, Mehr hören • Mehr sehen • Mehr fühlen.*

Prozesse

Ankern

Das gesamte Buch hindurch werden wir eine NLP-Methode verwenden, die Ankern genannt wird. Ankern ist eine Technik, ähnlich dem konditionierten Reflex, die verwendet wird, um eine bestimmte Erfahrung zu erfassen und wieder auszulösen.

Im Bereich der Verhaltensforschung sind konditionierte Reflexe gut belegt und untersucht. Ein konditionierter Reflex wird geprägt durch eine *wiederholte* Verknüpfung eines Reizes mit einer bestimmten Reaktion. Pawlows Hund, dem beim Klang der Glocke Speichel im Maul zusammenlief, ist ein klassisches Beispiel. NLP geht davon aus, daß die Reaktion auch ohne „Pawlows" Wiederholung auftritt, wenn die wirkungsvollen Bestandteile Intensität und Klarheit des angestrebten Zustandes vorhanden sind und das Timing des Reizes oder Ankers präzise ist. Das ist Lernen beim „ersten Versuch". Post-traumatische Streßreaktionen und phobische Reaktionen zeugen von seiner Wirksamkeit.

Viele Reaktionen werden natürlich „getriggert". Der Geruch eines bestimmten Parfüms kann Erinnerungen an Ihre Lieblingstante hervorrufen. Ein altes Lied zu hören, kann Sie in die Zeit Ihrer ersten Romanze zurückversetzen; die Gänge Ihrer ehemaligen Schule entlang zu gehen, kann in Ihnen Gefühle an die Teenagerzeit wecken.

Ankern gestattet Ihnen als Therapeut, die Gefühle, geistigen Zustände und Erinnerungen Ihres Klienten als Ressourcen zu nutzen. Zum Beispiel möchte Ihre Klientin, daß ihr Mann mit ihr zur Paartherapie geht, doch ihr fehlt das Vertrauen, ihn daraufhin anzusprechen. Sie können sie unterstützen, indem Sie sie sich an eine Situation erinnern lassen, in der sie sich zuversichtlich fühlte. Wenn Sie dann den Zuversichtsanker halten, während Sie sie sich vorstellen lassen, wie sie ihren Mann bittet, mit zur Therapie zu kommen, wird ihr dies das Gespräch erleichtern.

Sie können Anker auch verwenden, um Ihren Klienten zu helfen, alte Imprints zu verändern. Co-abhängige Klienten empfinden gewöhnlich sehr viel Scham, ohne sich an den Ursprung dieses Gefühls zu erinnern. Identifizieren und ankern Sie das Gefühl und bitten Sie Ihre Klientin, mit diesem Gefühl zu Situationen zurückzugehen, in denen sie sich schämte, so können Sie die ursprünglichen Anlässe aufdecken. Dann kann die Klientin Erkenntnisse und Ressourcen zufügen, die ihr ermöglichen, neue Entscheidungen zu treffen und auf ähnliche Reize anders zu reagieren (siehe Reimprinting in Kapitel 9).

Ein Anker kann eine Berührung am Arm sein, ein Geräusch wie Räuspern, ein bestimmter Tonfall, oder ein visueller Reiz wie Kopfnicken oder ein Achselzucken. Ein einfacher Anker, wie wir finden, ist, unsere Klienten an Knie, Hand oder Arm zu berühren; zudem kann er leicht und einfach wiederholt werden.

Um wirkungsvoll zu ankern, müssen Sie:

- sicherstellen, daß Ihr Klient voll in dem erwünschten Zustand assoziiert ist, bevor Sie ankern,
- den Anker setzen, wenn der Zustand seinen Höhepunkt erreicht hat,
- den Anker jedes Mal auf genau die gleiche Art und Weise an der selben Stelle auslösen,
- die Wirkung des Ankers testen, indem Sie den Zustand unterbrechen und dann den Anker wieder auslösen.

Ankern – Überblick

1. **Bitten Sie Ihren Klienten, sich an eine Zeit zu erinnern, als er den erwünschten Zustand empfand.**
2. **Kalibrieren Sie den Zustand.**
3. **Ankern Sie den Zustand.**
4. **Unterbrechen Sie den Zustand.**
5. **Lösen Sie den Anker aus/feuern Sie den Anker.**
6. **Ankern Sie den Zustand für den gewünschten Kontext.**

Ankern – Schritte mit Beispiel

Ed kommt zu Ihnen, weil er sich jedes Mal gelähmt fühlt, wenn sein Chef seine Leistung kritisiert. Er kann überhaupt nicht reagieren und sein Chef interpretiert das als Trotz. Ed möchte sich entspannter fühlen und seinen Chef fragen können, wie er es besser machen kann.

1. Bitten Sie Ihren Klienten, sich an eine Zeit zu erinnern, als er den erwünschten Zustand empfand.
Sie bitten Ed, sich an eine Situation zu erinnern, als er sich zuversichtlich fühlte. Ed bemerkt, daß er sich zuversichtlich fühlt, wenn er mit seiner Frau Probleme bespricht. Er ist dann in der Lage, ihr zuzuhören und sich ressourcevoll zu fühlen. (Die Ressource-Erfahrung muß nichts mit dem Problem zu tun haben. Es kann irgendeine Gelegenheit sein, bei der er den ressourcevollen Zustand erlebte, den er haben möchte, wenn er kritisiert wird.)

2. Kalibrieren Sie den Zustand.
Sie bitten Ed, sich ganz in die Situation zu versetzen, als er das letzte Mal mit seiner Frau Probleme besprach. Beobachten Sie seinen Atem, Hautfarbe, Muskeltonus, um sicherzustellen, daß er wirklich Zuversicht erlebt. Um Ihre Wahrnehmung zu bestätigen, fragen Sie ihn, ob er den Zustand so intensiv erlebt wie während des tatsächlichen Erlebnisses.

3. Ankern Sie den Zustand.
Wenn Sie merken, daß er voll in dem Gefühl assoziiert ist, ankern Sie Ed, indem Sie ihn an einer Stelle berühren, wo Sie die Berührung leicht und angemessen wiederholen können, z.B. am Ellenbogen. Das verbindet die Berührung oder den Reiz mit dem Gefühl.
Wenn sich das Gefühl noch verstärkt, verstärken Sie den Druck Ihrer Berührung, um der zunehmenden Intensität zu entsprechen. Wenn das Gefühl nachläßt, lassen Sie auch mit der Berührung nach und entfernen Ihre Hand.

4. Unterbrechen Sie den Zustand.
Sie lassen den Anker los und lenken Ed von dem Gefühl ab, indem Sie seine Aufmerksamkeit auf die Gegenwart richten. Sie fragen ihn nach der Zeit oder sprechen ein anderes neutrales Thema an. Sie unterscheiden den geankerten von nicht geankerten Zuständen.

5. Lösen (feuern) Sie den Anker aus.
Sie berühren Ed wieder am Ellenbogen und prüfen, ob die Physiologie, die mit dem geankerten, zuversichtlichen Zustand einhergeht, wieder auftritt. Falls nicht, wiederholen Sie die Schritte 1 bis 4.

6. Verbinden Sie den geankerten Zustand mit einem gewünschten Kontext.
Lassen Sie Ed an das nächste Mal denken, wenn er von seinem Chef kritisiert werden könnte, während Sie den Anker auslösen. Achten Sie auf seine Reaktion. Er erscheint zuversichtlicher und berichtet, daß er das Vertrauen, das er braucht, spürt; Sie waren erfolgreich.
Wenn die Ressource nicht ausreichend machtvoll ist, wiederholen Sie die oben genannten Schritte, und ankern Sie dabei andere Gelegenheiten, bei denen Ed sich zuversichtlich fühlte. Fügen Sie diese dann dem ursprünglichen Ressourceanker hinzu. Das wird „Anker stapeln" genannt.

Ankertips für kinästhetische Anker:

A. Berühren Sie jedes Mal genau die gleiche Stelle. (Wählen Sie ein Druckmuster im Stoff, einen Fleck auf der Haut, oder ein anderes Merkmal, um die genaue Stelle zu gewährleisten.)
B. Wenden Sie jedes Mal gleich viel Druck an, wenn Sie den Anker auslösen.
C. Halten Sie den Anker nur, wenn sich der Klient im erwünschten Zustand befindet, und lassen Sie den Anker los, bevor der Zustand nachläßt. (Geben Sie acht, den geankerten Zustand nicht zu „verunreinigen", indem Sie, während Sie den Anker halten, Themen ansprechen, die nichts mit dem Anker zu tun haben.)
D. Sie können die Intensität des Zustandes variieren, indem Sie mehr oder weniger Druck beim Ankern ausüben.

Anker stapeln (Stacking Anchors)

Anker stapeln verbindet viele Ressourcen mit einer geankerten Reaktion oder erzeugt einen zunehmend machtvolleren Ressource-Zustand. Wenn Sie immer an der selben Stelle ankern, jedesmal wenn Ihr Klient sich in eine neue Ressource assoziiert, wie Neugier, Humor, Mitgefühl, dann werden diese Zustände miteinander verbunden.

Um verschiedene positive Zustände auf einmal zu erleben, führen Sie Ihren Klienten für jede Ressource durch die sechs oben genannten Ankerschritte, und ankern dabei jede Ressource an der selben Stelle auf die gleiche Art.

Beispiele für Ressource-Anker stapeln:

Stellen Sie sich vor, Sie arbeiten mit einer Klientin an einem Problem, dem sie sich nicht gewachsen fühlt:

> *Ich muß meinen Chef bitten, mir am Freitag Urlaub zu geben, aber ich habe Angst davor.*

➤ Sie bitten sie, sich an eine Zeit zu erinnern, als Sie sich zuversichtlich fühlte.

> *Denken Sie bitte an eine Zeit, als Sie etwas taten, das Ihnen Angst machte und Sie sich erfolgreich fühlten.*
>
> *Ich sagte meinem Ex-Mann, daß er zwei Tage Zeit hätte, sein Zeug aus der Wohnung zu schaffen.*
>
> *Das funktioniert. Versetzen Sie sich in das Gefühl und ich ankere es.*

➤ Halten Sie den Anker, wenn Sie sehen, daß sich ihr Zustand verändert. Dann bitten Sie sie, diese Ressource (den geankerten Zustand) zu benutzen, um sich das Gespräch mit ihrem Chef vorzustellen.

> *Nichts. Noch zu viel Angst. Mein Mann hat keine Macht über mich.*

➤ Lassen Sie sie an eine andere Ressource denken, die diesmal nützlich sein könnte.

> *Was brauchen Sie noch für dieses Gespräch?*
>
> *Ich glaube, ich brauche das Gefühl, getrennt zu sein. Ich habe das Gefühl, daß mein Chef mich verschlucken könnte.*
>
> *Stellen Sie sich vor, wie Sie aus Ihrem Körper gleiten und sich selbst hier unten sitzen sehen. Während Sie dies tun, werden Sie das Gefühl von Distanz bekommen, das Sie beschreiben.*

➤ Achten Sie darauf, ob die Klientin den Kopf leicht nach hinten neigt und flacher atmet. Wenn sie diesen Zustand erreicht zu haben scheint, erklären Sie ihr, daß Sie ihn an der selben Stelle ankern wie den anderen. Feuern Sie den Anker.

> *Nehmen Sie nun diese Ressourcen mit sich, während Sie sich vorstellen, nach dem Tag Urlaub zu fragen.*

➤ Sie werden einen anderen Zustand wahrnehmen – eine Kombination aus dem ersten und dem zweiten, den Sie geankert haben. Beobachten Sie, wie die Klientin diesen neuen Versuch erlebt.

Das ist besser, aber ich fühle mich immer noch etwas zittrig. So als ob er mir eine Frage stellt und dann bin ich gleich wieder im Keller.
Was könnte Ihnen noch helfen?

➤ Es ist in Ordnung, eine Überzeugungs-Ressource vorzuschlagen, die die Bitte der Klientin als völlig berechtigt darstellt.

Können Sie sich an eine Gelegenheit erinnern, als Sie eine Forderung oder Bitte an jemand stellten, die absolut angemessen war, und sich dabei völlig im Recht fühlten?

Ich bat meinen Sohn, das Zimmer aufzuräumen, nachdem er dort mit seinen Freunden eine Party gefeiert hatte. Im Recht ist untertrieben!

Gehen Sie zu dem Ereignis zurück und fühlen Sie, was Sie damals fühlten. Versetzen Sie sich ganz hinein und erlauben Sie dem Gefühl, sich zu vertiefen, während ich den Anker drücke.

➤ Beobachten Sie, wie sich der dritte Zustand mit den beiden anderen verbindet.

Nehmen Sie nun dieses neue, intensive Gefühl, ressourcevoll zu sein, mit in das Gespräch mit Ihrem Chef.

➤ Beobachten Sie wieder, wie Ihre Klientin diesen Test erlebt.

Oh, das ist gut. Er sieht sogar anders aus.

Sie können beliebig viele Ressourcen stapeln, um die gewünschte Veränderung zu bewirken. Es ist wichtig, nicht „einen Jungen loszuschicken, um die Aufgabe eines erwachsenen Mannes auszuführen". Stellen Sie sicher, daß die gewählten Ressourcen Ihnen für die Aufgabe geeignet scheinen. Je mehr Ressourcen Sie in den Anker stapeln, desto stärker wird die Reaktion sein.

Gleitanker (Slide Anchoring)

Gleitanker sind besonders wirkungsvoll, um zwanghafte Gewohnheiten wie Überessen, Rauchen und Nägelbeißen zu entschärfen. Ein Reiz, der mit der Zwangshandlung verbunden ist, löst eine Kette von Reaktionen aus, die die destruktive Gewohnheit anführen. Das Gleiten des Ankers gibt der ganzen Handlungsabfolge eine andere Richtung.

Gleitanker – Überblick

1. **Ankern Sie den Zustand, worauf sich die Zwangshandlung richtet.**
2. **Unterbrechen Sie den Zustand.**
3. **Identifizieren und ankern Sie einen Zustand von Gleichgültigkeit.**
4. **Unterbrechen Sie den Zustand.**
5. **Identifizieren und ankern Sie einen Zustand von Abneigung.**
6. **Unterbrechen Sie den Zustand.**
7. **Feuern Sie den „Zwangsanker" und gleiten Sie über den Gleichgültigkeits- zum Abneigungszustand.**

Anna bezeichnet sich als „Schokoholikerin". An Süßigkeiten kommt sie nicht vorbei, sogar ein Photo mit Süßigkeiten löst in ihr ein starkes Verlangen nach Schokolade aus. Wenn sie einmal angefangen hat, kann sie erst aufhören, wenn sämtliche Schokolade aufgegessen ist. Ihre Besessenheit hält sie dauerhaft davon ab, ihr Wunschgewicht zu erreichen, auch wenn sie jeden Tag Sport treibt.

Sie zeigen Anna den Prozeß des Ankerns, so daß sie die Kette auslösen kann.

Gleitanker – Schritte mit Beispiel

1. Lassen Sie Anna die Empfindung ankern, die sie veranlaßt, die Schokolade zu essen (den Schokoladenanker), indem sie mit einem Daumen den Handballen der anderen Hand drückt.

2. Unterbrechen Sie den Zustand.

3. Bitten Sie Anna, ein Lebensmittel zu finden, das ihr gleichgültig ist und ankern Sie diese Gleichgültigkeit („Gleichgültigkeitsanker"), indem sie ihren Daumen ungefähr 4 cm vom ursprünglichen „Schokoladenanker" entfernt in ihre Handfläche drückt.

4. Unterbrechen Sie den Zustand.

5. Lassen Sie Anna ein Lebensmittel finden, das sie abstößt, und ankern Sie die Abneigung, indem sie ihren Daumen an ihr Zeigefinger-Grundgelenk drückt, ungefähr 4 cm vom „Gleichgültigkeitsanker" entfernt.

6. Unterbrechen Sie den Zustand.

7. Lassen Sie sie den „Schokoladenanker" drücken, dann rasch ihren Daumen durch den „Gleichgültigkeitsanker" zum „Abneigungsanker" an ihrem Fingergrundgelenk gleiten. Nehmen Sie wahr, wie sich ihr Zustand von Wunsch zu Abneigung hin verändert. Lassen Sie sie diesen „Slide" ein paar Mal wiederholen, wobei sie beim „Schokoladenanker" beginnt und beim „Abneigungsanker" aufhört.

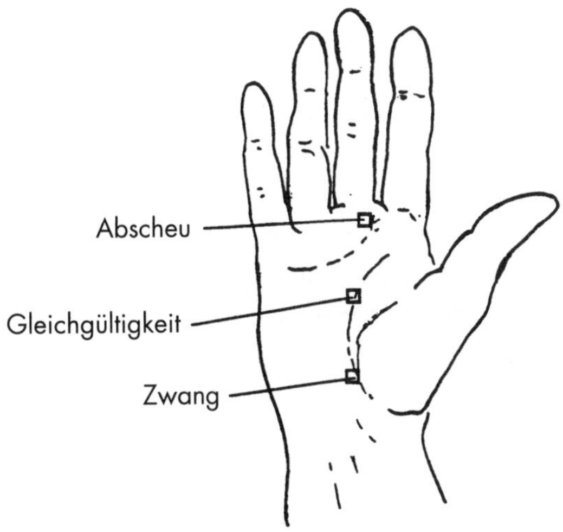

Dieser Prozeß ist eine schnelle und wirkungsvolle Methode, um bei Zwangsgewohnheiten die anfängliche Macht des Auslösereizes zu brechen.

Anker verschmelzen (Collapsing Anchors)

Anker verschmelzen verbindet zwei unterschiedliche Zustände. Dabei werden verschiedene Anker für zwei Zustände etabliert und zur selben Zeit ausgelöst. Das ist hilfreich, wenn Ihr Klient zwei Gefühle oder Zustände wie Verletzlichkeit und Unabhängigkeit in Einklang bringen will.

Anker verschmelzen – Schritte

1. **Identifizieren und ankern Sie einen Zustand.**
2. **Unterbrechen Sie den Zustand.**
3. **Identifizieren und ankern Sie einen anderen Zustand an einer anderen Stelle.**
4. **Unterbrechen Sie den Zustand.**
5. **Lösen Sie beide Anker gleichzeitig aus.**

Die Techniken in diesem Buch verwenden verschiedene Formen des Ankerns, um Veränderungen herbeizuführen. Sie werden diesen Prozeß sehr nützlich finden, auch um Techniken, mit denen Sie derzeit arbeiten, zu verstärken.

Schritte in die Zukunft (Future Pacing)

Future Pacing bedeutet, Ihren Klienten sich ein gewünschtes Ziel vorstellen zu lassen, als ob es schon erreicht wäre. Das erfordert vom Klienten, sich ein unwiderstehliches mentales Bild davon zu machen, wie, wann, wo und mit wem er seine neuen Wahlmöglichkeiten nutzen wird. Future Pacing verallgemeinert und spezifiziert die Veränderungen und ermöglicht, die Ökologie zu überprüfen.

Einfache Aussagen wie: „... und Sie können sich vorstellen, wie diese neue Ressource Ihr Leben in Zukunft bereichern wird ..." werden Ihrem Klienten helfen, seine Lernerfahrungen auf sein Leben zu übertragen.

Immer wenn Sie eine Technik mit Ihrem Klienten abgeschlossen haben, verwenden Sie Future Pacing als Abschlußprozeß, um das Anwenden des gewünschten Verhaltens sicherzustellen.

Umdeuten (Reframing)

Reframing kann wörtlich genommen werden, d.h. einen neuen Rahmen um ein altes Bild ziehen, eine Idee durch eine neue Brille betrachten oder ein „negatives" Verhalten in einem Kontext sehen, in dem es nützlich ist. Z.B. sagt Ihre Klientin vielleicht: „Ich bin einfach zu langsam bei der Arbeit." Sie können es für sie umdeuten: „Oh, Sie nehmen sich die Zeit, gründlich zu arbeiten." Reframing kann Leuten helfen, negative Gedankenmuster in positivere Einstellungen umzuwandeln.

Es gibt zwei Arten von Reframing: *Kontext- und Bedeutungsreframing.* Alle Verhaltensweisen haben in einem bestimmten Kontext ihre Berechtigung. Kontextreframing stellt ein unerwünschtes Verhalten in einen angemessenen Kontext. Z.B. macht sich Mary Vorwürfe, weil sie ihre Kinder anschreit. Sie setzen das Verhalten in einen anderen Kontext, indem Sie sagen: „Wenn Sie in einer Notsituation um Hilfe schreien müssen, werden Sie das gut können." Mary reagiert mit zustimmendem Gelächter. Jetzt kann sie das Verhalten als in bestimmten Situationen berechtigt wertschätzen.

Ein Bedeutungsreframing verändert die Absicht des Verhaltens. Wenn ein Klient jede Handlung von anderen Personen negativ interpretiert, kann das Bedeutungsreframing dieses Muster auflösen. Z.B. interpretiert Joe jede Kritik von seinem Chef als Beleidigung. Sie erweitern seine Sichtweise, indem Sie sagen: „Sie haben Glück, einen Chef zu haben, dem Sie wichtig genug sind, Ihnen Feedback zu geben."

Das Buch *Reframing*[1] von Richard Bandler und John Grinder erklärt diese Konzepte ausführlich.

Sechs Stufen-Reframing (Six Step-Reframing)

Das Six Step-Reframing ist ein formalisierter schrittweiser Prozeß, um die positive Absicht hinter einem Verhalten aufzudecken und neue Wege zu finden, diese Absicht zu erfüllen. Wir beschreiben diesen Prozeß in Kapitel 11.

Zeitlinien (Time Lines)

Zeitlinien beschreiben unbewußte Muster, die Menschen verwenden, um ihre Vorstellung von Zeit zu ordnen. Wenn Sie Ihre Klienten bitten, sich an ein Ereignis in der Vergangenheit zu erinnern, werden die meisten nach links schauen; wenn Sie sie bitten, sich etwas vorzustellen, was noch nicht geschehen ist, werden sie nach rechts gestikulieren und schauen. Doch Zeitlinien sind, ebenso wie Menschen, unterschiedlich.

Zu Beginn muß die Zeitlinie des Klienten (wie der Klient seine Vergangenheit und Zukunft repräsentiert und speichert) eingerichtet werden. Die Zeitlinie kann dann für viele Zwecke verwendet werden, z.B. eine Perspektive für die Zukunft sehen oder die Vergangenheit verändern (s. Reimprinting in Kapitel 9).

Schritte, um die Zeitlinie Ihres Klienten einzurichten

1. Bitten Sie Ihren Klienten, an eine einfache Tätigkeit zu denken, die er täglich wiederholt, z.B. Zähneputzen oder Abendessen. Bitten Sie ihn, sich vorzustellen, wie er das letzte Woche tat.
Beobachten Sie, wohin seine Augen schauen und sich sein Kopf wendet, wenn er diese Erinnerung hervorholt. Vielleicht gestikuliert er auch, um zu zeigen, wo im Raum er diese Erinnerung lokalisiert.
Da diese Information wahrscheinlich außerhalb seiner bewußten Wahrnehmung ist, mag Ihre Frage den Klienten überraschen, aber er wird interessiert sein zu erfahren, wie er Zeit arrangiert. Bitten Sie ihn noch einmal, die oben beschriebene Erinnerung zu lokalisieren.

2. Als nächstes bitten Sie ihn, sich daran zu erinnern, wie er diese Tätigkeit vor einem Monat, vor einem Jahr, vor fünf Jahren, vor zehn Jahren, vor 20 Jahren usw. ausführte.
Er wird sich wahrscheinlich nicht tatsächlich daran erinnern, wie er in der fernen Vergangenheit seine Zähne geputzt hat, aber er kann ein Bild dieser Tätigkeit an der Stelle im Raum konstruieren, die er für diese Zeit vorgesehen hat. Eine andere Möglichkeit, diese Information zu bekommen, ist, sich den Klienten daran erinnern zu lassen, wie er im Kindergarten oder ein kleines Kind war und ihn darauf achten lassen, wo er diese Erinnerung findet. Während Sie beobachten, wie er diese Erfahrungen hervorholt, achten Sie auf seine Augenzugangshinweise und Gesten, damit Sie ihn darauf aufmerksam machen können.

3. Nun bitten Sie Ihren Klienten, sich vorzustellen, wie er dieselbe Tätigkeit morgen, nächste Woche, in zwei Wochen und in entfernterer Zukunft ausführt.
Beobachten Sie wieder seine Augen und seine Gesten, um die räumliche Lokalisierung der Zukunft festzustellen.

Jetzt haben Sie eine vollständige und durchgängige Repräsentation der Zeitlinie Ihres Klienten.

4. Bitten Sie ihn, sich seine Zeitlinie wie eine sichtbare Linie auf dem Fußboden vorzustellen und sich daneben zu stellen, neben seine Gegenwart.
Es hilft, die Zeitlinie in Farbe, mit der Breite, Beschaffenheit und all den anderen Merkmalen, die der Klient wahrnimmt, zu visualisieren. Lassen Sie sich vom Klienten zeigen, wo die Zeitlinie für ihn beginnt und wo die Zukunft ist. Wenn die ganze Linie nicht in Ihr Büro paßt, können Sie Ihrem Klienten dabei helfen, sie bis zu dem Teil, den Sie mit ihm brauchen, „gleiten" oder „aufrollen" zu lassen. Zeitlinien sind erstaunlich flexibel!
Wenn sich Ihr Klient *auf* seiner Zeitlinie nicht wohl fühlt, lassen Sie ihn statt auf der Linie nur daneben stehen. Von da aus kann er sie in Sicherheit betrachten. Wenn er das unangenehm findet, bitten Sie ihn, nur für den Augenblick so zu tun, als ob die Zeitlinie wichtige Information für ihn enthält.

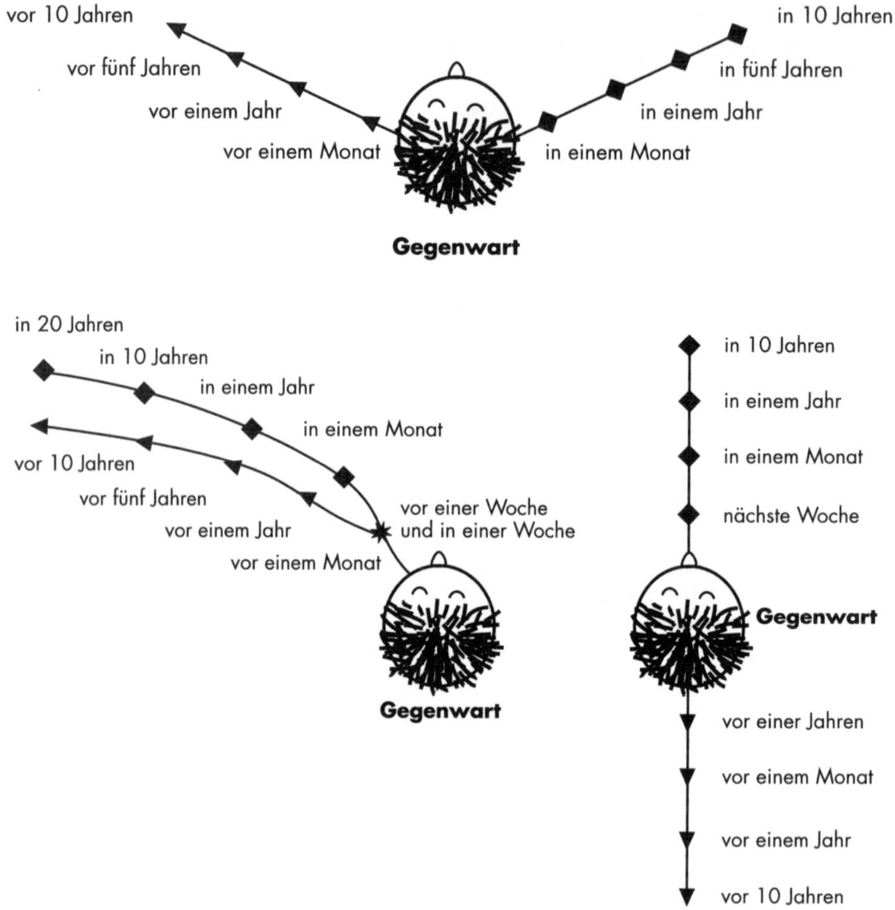

Oben sehen Sie einige Repräsentationen von Gestaltungen von Zeitlinien, die wir kennen. Typischerweise repräsentieren Leute ihre Vergangenheit links von sich mit der jüngsten Vergangenheit nahe bei sich und die weitere entsprechend entfernt. „Letzte Woche" kann ca. 30 cm links von ihnen sein; letzten Monat 60 cm links, vor einem Jahr ein Meter nach links usw. Die Zukunft kann in ähnlicher Weise rechts vom Klienten repräsentiert sein. Diese Anordnung kommt häufig vor, ist aber keineswegs allgemeingültig. Zeitlinien können viele Muster haben und sind für jeden Menschen einzigartig.

Sie können wertvolle Erkenntnisse über Ihren Klienten gewinnen, wenn Sie den Time Line-Prozeß durchführen. Falls er keine Vergangenheit, Zukunft oder irgendeinen anderen Teil seines Erlebens finden kann, gibt es dafür einen Grund. Seien Sie respektvoll und pacen Sie die Realität Ihres Klienten. Erinnern Sie sich an die Frage: „Was hindert Sie daran?" und nutzen Sie sie hier.

Wenn Sie die Zeitlinie Ihres Klienten etabliert haben, können Sie sie verwenden, um ihm über wahrgenommene Hindernisse hinwegzuhelfen.

Eine Zukunftsperspektive entwickeln mit der Zeitlinie – Schritte

1. Stellen Sie Ihren Klienten neben seine Zeitlinie und bitten Sie ihn, sich selbst in fünf Jahren genau so, wie er sein möchte, vorzustellen.
Lassen Sie ihn alle Aspekte seiner selbst in die Beschreibung hinzunehmen: seine Erscheinung, körperliche Gesundheit, emotionaler Zustand, soziale und berufliche Stellung, Lebensumstände, Familie und Freunde. Lassen Sie ihn eine volle, stabile Repräsentation seines zukünftigen Selbst entwickeln – dreidimensional, farbig, lebendig.

2. Lassen Sie ihn auf seiner Zeitlinie fünf Jahre in die Zukunft gehen, in die Person assoziieren, die er dort erschuf und auf das Selbst zurückschauen, das er „in der Gegenwart" stehen sieht.
Bitten Sie ihn, die Erfahrung als sein älteres Selbst zu beschreiben und seine Vorstellung voll zu entwickeln. Ihr Klient sollte sich vollständig in diesen Zustand assoziieren und ihn genießen.

3. Bitten Sie das ältere Selbst, auf das fünf Jahre jüngere (d.h. das der Gegenwart) zurückzublicken und dem jüngeren Selbst zu erklären, was nötig ist, um von dort hierher in die Zukunft zu gelangen.

4. Lassen Sie Ihren Klienten wieder aus dem zukünftigen Selbst heraustreten und sich neben die Zeitlinie stellen, um auf die Informationen, die das zukünftige Selbst gab, zu reagieren und sie zu analysieren.
Hat er gegenwärtig die Ressourcen, um diese Veränderung einzuleiten? Ermitteln Sie genau, was er braucht, damit Sie ihn unterstützen können, sein Ziel zu erreichen. Falls er beispielsweise sagt, er braucht mehr Selbstvertrauen, können Sie die Techniken zur Steigerung des Selbstwertgefühls anwenden, die schon beschrieben wurden. Wenn er sich unsicher über seine Autonomie oder Unabhängigkeit fühlt, wird die Strategie zum Aufbau von Grenzen hilfreich sein. Falls die notwendige Ressource Wissen oder Information beinhaltet, kann der Klient Hilfe brauchen, wo er diese Informationen finden kann.

Nach jeder Intervention können Sie die Wirkung Ihrer Arbeit überprüfen, indem Sie den Klienten bitten, sich wieder auf die Zeitlinie – fünf Jahre in die Zukunft – zu stellen und einschätzen zu lassen, ob er noch etwas braucht, um dieses Ziel zu erreichen.

Die Art und Weise, wie Ihr Klient die Zeit kodiert, beeinflußt seine Fähigkeit, Veränderungen zu vollziehen und leitet Ihre Wahl der Strategien.

Mit diesen grundsätzlichen Definitionen von Fachausdrücken und Prozessen in Erinnerung werden Sie nun Ihre Reise mit Norma beginnen.

4 Mit dem Klienten in Verbindung stehen

Bevor ich meinen Nachbarn beurteile,
laß mich eine Meile in seinen Schuhen laufen.
– Sprichwort der Sioux-Indianer

Norma watschelt hinter Speckfalten versteckt zu ihrer ersten Sitzung herein. Schelmische Augen stechen aus einem Gesicht heraus, das weder Wangen noch Kieferknochen hat, was einen wissen läßt, daß in dieser Frau eine Seele steckt, die Hilfe braucht.

„Ich sollte eigentlich nicht hier sein", seufzt Norma und läßt sich auf einem Stuhl nieder. „Nichts, was ich bisher probiert habe, hat funktioniert, und ich sollte mich selbst in den Griff bekommen und ernsthaft Diät machen. Aber um Ihnen die Wahrheit zu sagen, ich bringe im Moment gar nichts auf die Reihe." Dann lacht Norma, als ob irgend etwas von dem, was sie sagte, lustig wäre. Sie lächeln auch und erwarten eine erklärende Bemerkung, die es Ihnen ermöglichen würde, mit ihr zu lachen.

Sie fährt fort: „Steve ist gestern abend wieder auf dem Wohnzimmerboden umgekippt." Das ist nicht der Inhalt, den Sie in einer erklärenden Bemerkung für ihren Humor erwarten, aber er könnte leicht ihr Unbehagen und ihr Bedürfnis, sich hinter einem Lächeln zu verstecken, erklären. Sie ist zweifellos gut darin, Dinge hinter ihrem Fett zu verstecken.

Norma sinkt in ihren Stuhl zurück, Sie lehnen sich in Ihrem zurück. Wenn sie ihre Arme vor der Brust verschränkt, passen Sie sich unauffällig ihrer Geste an. Obwohl Sie mit übereinandergeschlagenen Beinen bequemer sitzen, können Sie sehen, daß Norma ihre Beine wegen ihres Umfangs nicht übereinander schlagen kann. Deshalb stellen Sie beide Füße auf den Boden. Wenn Norma sich nach vorne neigt, während sie Steve beschreibt, machen Sie eine ähnliche Bewegung und Sie bemerken, daß sie es Ihnen später gleichtut, als Sie Ihre Arme geradelegen.

Normas Stimme ist eine Mischung aus Flüstern und Kichern. Sie hat etwas Konspiratives in ihrem Tonfall, das Sie in ein wichtiges Geheimnis mit einzubeziehen scheint, und dieser Eindruck wird durch den Schalk in ihren Augen noch unterstützt. Obwohl Sie ohne schauspielerisches Talent Schwierigkeiten hätten, ihren Tonfall nachzumachen, legen Sie „Hauch" in Ihre Stimme, wenn Sie mit ihr sprechen.

Sie merken, daß die meisten von Normas Worten „Gefühls"-Worte sind: „in den Griff bekommen", „nicht handhaben können". Als Reaktion, ihre Sprache zu pacen, verwenden Sie ähnliche Gefühlsworte: „Sie fühlen sich entmutigt, Norma. Ich kann das verstehen. Sie müssen gerade eine schlimme Zeit durchmachen, da Sie das Gefühl haben, in dieser Situation festzustecken."

Norma geht es elend. Sie wäre zweifellos lieber auf einem Zahnarztstuhl als in Ihrer Praxis. „Bitte sehen Sie mich nicht!" schreit ihre Gestalt. „Ich bin Ihre Zeit nicht wert." Diese Herausforderung, den Menschen dahinter zu finden, ist bei dicken Leuten üblich. Üblich und schwierig.

Bevor Sie Norma helfen können, müssen Sie eine Vertrauensbasis schaffen. Die wird sich im Laufe der Zeit natürlich entwickeln, doch Sie können diesen Vorgang beschleunigen, indem Sie bestimmte Schritte unternehmen, um Rapport aufzubauen.

Rapport herstellen

Rapport ist das Gefühl, verstanden zu werden, eine Realität zu teilen und zu vertrauen, daß der andere Mensch mit der eigenen Situation mitfühlen kann. In ihrem Buch *Kompetenz und Integrität*[1] stellt Genie Laborde fest, daß es keine Voraussetzung ist, die andere Person zu mögen. Gegenseitiges Vertrauen, die anstehende Aufgabe kompetent anzugehen, ist dagegen eine. Dieses gegenseitige Vertrauen ist ein wichtiger Bestandteil einer wirkungsvollen therapeutischen Beziehung.

In *Stalking the Wild Pendulum* beschreibt Itzhak Bentov das Phänomen der sogenannten *Rhythmus-Angleichung*. Das ist die natürliche Neigung von Menschen und Maschinen, ihre Bewegung aufeinander abzustimmen.[2] Wenn Menschen ein gemeinsames rhythmisches Muster erleben, sind sie in Rapport. Sie können dieses Phänomen bei Paaren, die sich voneinander angezogen fühlen, beobachten. Wenn Sie das nächste Mal in einem Restaurant essen, beobachten Sie die Paare, die ihr Weinglas zur selben Zeit zum Mund führen, die sich gleichzeitig zurücklehnen und ähnliche Gesten machen. Sie sind beinahe ihr gegenseitiges Spiegelbild. Sie sind in Rapport.

Sie können mit Ihren Klienten Rapport herstellen, indem Sie bewußt die körperlichen und sprachlichen Komponenten ihrer Kommunikation spiegeln. Im NLP heißt, jemandes Physiologie und Sprache zu spiegeln „Pacing". Wenn Sie mit Rapport, den Sie durch Pacing hergestellt haben, arbeiten, werden Sie Ihren Klienten leichter zur Veränderung „führen" können. Ohne Rapport werden Sie nicht sein Vertrauen haben, um ihn zu neuen Gedanken und Verhaltensweisen zu führen.

Weil sich die „pace and lead"-Strategie als wirkungsvolle Methode zur Beeinflussung erwiesen hat, erhob sich speziell im Wirtschaftsbereich auch die Frage der Manipulation. Laborde[1] beschreibt Manipulation als „Handeln ohne Rücksicht auf die Ziele anderer". Wenn Sie jedoch mit Rücksicht auf die Ziele und die Integrität Ihrer Klienten handeln, ist sichergestellt, daß Sie Manipulation vermeiden.

Die Identität und die individuellen Ziele Ihres Klienten zu respektieren ist ein wichtiger Bestandteil der Beziehung und gestattet Ihnen, die hier beschriebenen Methoden mit Feingefühl anzuwenden. Wenn Sie sich der Physiologie und Sprache Ihres Klienten anpassen, gibt Ihnen das eine sehr gute Möglichkeit, seine Realität zu erleben, da diese seine Gedanken und Emotionen reflektieren.[3]

Körperhaltung spiegeln

Die Körperhaltung zu spiegeln ist eine der einfachsten Arten, Ihre Klientin zu verstehen, während Sie ihr helfen, sich akzeptiert zu fühlen. *Wenn Norma in ihren Stuhl zurücksinkt, lehnen Sie sich in Ihrem zurück. Wenn sie ihre Arme verschränkt, passen Sie sich unauffällig dieser Geste an. Und obwohl Sie häufig bequemer mit übereinandergeschlagenen Beinen sitzen, können Sie sehen, daß Norma wegen ihres Umfangs ihre Beine nicht übereinander schlagen kann. Deshalb stellen Sie beide Füße auf den Boden.* Dieses „Spiegeln" der Körperbewegungen hilft dabei, zwischen Ihnen und dem Unterbewußtsein Ihrer Klientin eine Verbindung herzustellen.

Um Ihre Klientin zu spiegeln, stellen Sie sich vor, tatsächlich ihr Spiegelbild zu sein. Sitzen Sie genau wie sie sitzt, atmen Sie, wie sie atmet, und bewegen Sie sich so und dann, wie sie sich bewegt. Erstaunlicherweise wird sie dieses Muster nicht bemerken. Sie können sich auch im Gespräch vorstellen, daß ein Teil von Ihnen in ihrem Körper ist und die Situation aus ihrer Perspektive sieht, hört und fühlt. Es hilft auch, wirklich zu üben wie sie zu laufen, zu sprechen und durch ihre Augen zu sehen, um ihre Realität zu erleben.

Mit Klienten respektvoll umzugehen, während Sie die Fähigkeit zu spiegeln entwickeln, ist für manche eine antrainierte Kunst, für andere natürlich. Hüten Sie sich vor Nachäffen. Sie können die natürliche Unbeholfenheit, die mit dem Lernen einer neuen Fertigkeit einhergeht, vermeiden, indem Sie die Spiegel-Techniken in ungefährlichen Situationen wie im Bus, im Restaurant oder bei einer Besprechung üben.

Sich angleichen (Matching)

Zu viel spiegeln kann sich wie nachäffen anfühlen, und bei einigen Klienten könnte Ihnen Spiegeln Unbehagen bereiten. Die Haltung einer körperlich beeinträchtigten Person oder einer Person, die Atmungsschwierigkeiten hat, nachzumachen, kann Ihnen so unangenehm sein, daß Sie sich nicht auf Ihren Klienten konzentrieren können. In solchen Fällen ist es eine wirksame Alternative, nur ausgewählte Körperteile Ihres Klienten zu spiegeln. Einige physiologische Manifestationen, die Sie matchen können, sind:

- Atemfrequenz und -tiefe,
- Gesichtsausdruck: Zusammenziehen der Augenbrauen, Schürzen der Lippen, Kieferhaltung, Neigung des Kopfes,
- Position und Gesten der Arme und Hände,
- Position und Bewegung der Beine und Füße,
- Sprachmuster.

Einen Aspekt der Erfahrung Ihres Klienten zu matchen ist etwas einfacher als ihn komplett zu spiegeln und gestattet Ihnen, sich behaglicher zu fühlen, während Sie dennoch ein Gefühl der Verbundenheit herstellen. Das Risiko, nachzuäffen, ist auch geringer.

Pacing und Leading

Sie können die Qualität Ihres Rapports überprüfen, indem Sie zunächst die Körperhaltung Ihres Klienten pacen und ihn dann in eine neue Haltung „führen" (leading). Wenn Sie Ihre Körperhaltung verändern und der Klient seine Haltung ähnlich verändert, können Sie davon ausgehen, daß Sie in Rapport sind. Vielleicht merken Sie auch, daß Sie folgen, was ein ebenso zuverlässiges Kriterium ist. Rapport ist Tanzen mit wechselnder Führung.

Stimme und Sprache pacen

Normas Stimme ist eine Mischung aus Flüstern und Kichern. Obwohl Sie ohne schauspielerisches Talent Schwierigkeiten hätten, ihren Tonfall nachzumachen, legen Sie „Hauch“ in Ihre Stimme, wenn Sie mit ihr sprechen.

Sie merken, daß die meisten von Normas Worten „Gefühls“-Worte sind: „in den Griff bekommen“, „nicht handhaben können“. Als Reaktion, ihre Sprache zu pacen, verwenden Sie ähnliche Gefühlsworte: „Sie fühlen sich entmutigt, Norma. Ich kann das verstehen. Sie müssen gerade eine schlimme Zeit durchmachen, da Sie das Gefühl haben, in dieser Situation festzustecken.“

Sie können die Sprachmuster Ihrer Klientin auf drei Ebenen pacen:

- Tonfall (Tonhöhe oder Modulation)
- Sprechgeschwindigkeit
- Prädikate

Um sich an Tonfall und Sprechgeschwindigkeit Ihrer Klientin anzugleichen, hören Sie einfach, wie schnell und mit welcher Klangfarbe sie spricht. Mäßigen Sie Ihr eigenes Tempo und nähern Sie sich ihrem an. Drastische Veränderungen sind nicht nötig. Falls Sie natürlicherweise langsam sprechen, und Ihre Klientin schnell, sprechen Sie schneller. Vielleicht müssen Sie höher oder tiefer sprechen, um sich der Stimmlage Ihrer Klientin anzunähern. Sie werden überrascht feststellen, daß Ihre Klientin sich dieser Veränderungen nicht bewußt ist, wenn Sie sie nach und nach ausführen.

Üblicherweise speichern und kommunizieren wir Gedanken hauptsächlich auf drei Arten: visuell (Bilder), auditiv (Geräusche und Worte) und kinästhetisch (Gefühle). Normas Worte weisen darauf hin, daß sie ihre Erfahrungen „fühlte“. Indem Sie „Gefühlsworte“ in Ihren Antworten verwenden, passen Sie sich an ihre innere Erfahrung an. Die Prädikate zu pacen, die sie verwendet, um ihre Erfahrungen zu beschreiben, hilft Ihnen auch, unbewußten Rapport zu gewinnen.

Die Bereiche, aus denen Klienten ihre Worte wählen, weisen darauf hin, welches der drei Systeme sie überwiegend benutzen. Sie passen sich ihnen an, indem Sie mit Worten aus diesem System reagieren. (Siehe Kapitel 3 für Details.)

Wenn Sie auf die Wortwahl Ihres Klienten achten und sich ihr anpassen, hilft Ihnen das, Ihre eigenen internen Repräsentationen von seinen Erfahrungen zu entwickeln. Wenn er über seinen Chef spricht und sagt: „Er geht mir die ganze Zeit auf die Nerven“, „Er bringt mich auf die Palme“, „Er setzt mir wegen allem zu“, dann können Sie dieselben Wendungen benutzen, wenn Sie ihm seine Erfahrungen zurückspiegeln. Nehmen Sie wahr, wie Sie sich fühlen, wenn Sie sagen, jemand „geht mir auf die Nerven, bringt mich auf die Palme, setzt mir wegen allem zu". Sie wissen dann, wie sich Ihr Klient fühlt, wenn Sie seine internen Repräsentationen der Erfahrung wiederholen, und er wird sich verstanden fühlen. Sie sprechen die gleiche Sprache.

Aktives Zuhören und Umschreiben

Aktives Zuhören und nonverbale Ermunterung wie Nicken, ein gelegentliches „hm hm" und „ich verstehe" helfen Ihrem Klienten weiterzusprechen. Manchmal werden diese einfachen Reaktionen von Therapeuten übersehen, weil sie zu beiläufig für eine professionelle Situation erscheinen. Unserer Erfahrung nach helfen sie dem Klienten, sich zu entspannen und akzeptiert zu fühlen.

Paraphrasieren, d.h. die Aussagen des Klienten zu wiederholen oder zu umschreiben, hilft Rapport herzustellen, Gedanken zu klären und Verständnis aufzubauen. Z.B. können Sie umschreiben:

„Norma, Sie haben gelacht, als Sie sagten: ‚Ich bringe nichts auf die Reihe.' Erscheint Ihnen das lustig?" oder einfach: „Sie empfinden das Leben im Moment als zu schwierig, um damit zurechtzukommen."

Es gibt verschiedene Möglichkeiten zu paraphrasieren, und die, für die Sie sich entscheiden, bestimmt die Richtung der Sitzung oder lenkt zumindest die Aufmerksamkeit auf einen bestimmten Aspekt des Problems. Auf Normas Bemerkung:

„Ich sollte eigentlich nicht hier sein. Nichts, was ich bisher probiert habe, hat funktioniert, und ich sollte mich selbst in den Griff bekommen und ernsthaft Diät machen. Aber um Ihnen die Wahrheit zu sagen, ich bringe im Moment gar nichts auf die Reihe."
könnten Sie antworten:

Sie haben eine Menge ausprobiert, um Ihr Leben zu verbessern. Oder:
Sie glauben, daß Abnehmen Ihr Leben verbessern würde. Oder:
Sie fühlen sich derzeit überwältigt. Sie hätten Ihr Leben lieber besser unter Kontrolle.

In jedem Fall wird Norma die Umschreibung mit ihrer Erfahrung vergleichen und darauf reagieren. Sie wird mehr über sich selbst erfahren, Sie mehr wissen lassen und wissen, daß ihr jemand zuhört.

Mit Augen und Körper zuhören

Beinahe 90% der Kommunikation zwischen zwei Menschen ist nonverbal. Ein beinahe unmerkliches schweres Atmen, eine Rötung am Hals, Spannung im Kiefer und feuchte Augen sind alles machtvolle Mitteilungen. Wir schreiben oft die inhaltlichen Mitteilungen der Klienten auf, und diese wichtigen Äußerungen entgehen uns. Wenn Sie mit Ihren Augen zuhören und mit Ihrem Körper spiegeln, werden Sie diese Botschaften erfassen. Machen Sie während der Sitzung nur wenig Notizen. Sie können sich nachher ein paar Minuten Zeit nehmen, um Ihre Beobachtungen, die durchgeführten Interventionen, die Ziele Ihrer Klienten und Ihre Pläne für die nächste Sitzung zu notieren.

Ihre Aufzeichnungen beiseite zu legen, näher an Ihren Klienten heranrutschen, seine Erfahrung spiegeln und seine Worte zu paraphrasieren, gestattet Ihnen, seine Realität zu teilen. Es mag Ihnen so vorkommen, als hätten Sie in der ersten Sitzung nur wenig erreicht, wenn Sie nur Rapport hergestellt haben, doch tatsächlich ist Rapport mit einem co-abhängigen Klienten eine Intervention an sich. Ein Teil des Problems Ihres Klienten kann niedriges Selbstwertgefühl sein, und wenn Sie ihm das Gefühl vermitteln, daß Sie an ihm als Mensch echtes Interesse haben, und daß es Ihnen wichtig ist, was ihm widerfährt, dann beginnen Sie, die beschädigte Seele im Inneren zu heilen.

Unsere Klienten zu spiegeln und uns ihnen anzupassen (matching), kann vermeiden, sie als Objekte zu betrachten. Wenn wir ihren Standpunkt einnehmen und ihre Welt erleben, ist es für uns leichter, empathisch zu sein.

Zeit, die Sie mit Ihrem Klienten verbringen

Um noch mehr Respekt für Ihren Klienten zu zeigen und den Fortschritt zu beschleunigen, empfehlen wir, die Dauer einer Sitzung nicht auf ca. 45, 50 oder 60 Minuten festzulegen, sondern statt dessen 90 Minuten für jeden Klienten zu reservieren. Das erlaubt Ihnen, eine Sitzung dann zu beenden, wenn ein Stück Arbeit abgeschlossen ist. Eine meiner Klientinnen sagte mir, daß sie nicht mehr zu einer Therapeutin gehe, weil die Frau ständig auf die Uhr schaute und am Ende der 45 Minuten-Sitzung das Gespräch beendete, egal was gerade dran war.

Mitteilen oder nicht mitteilen (das ist die Frage)

Viele psychologische Denkrichtungen raten davon ab, Ihrem Klienten persönliche Aspekte von sich selbst zu erzählen, um Übertragung zu vermeiden. Außerdem kann die Sitzung zu einem freundlichen Geplänkel werden, oder noch schlimmer, zu einer Situation, in der der Klient zum Therapeuten wird, wenn Sie Ihre Erfahrungen mitteilen. Einige sorgfältig ausgewählte Lebenserfahrungen von Ihnen können für den Klienten Metaphern werden und ihn wissen lassen, daß Sie ähnliche Situationen erlebt haben und seine Gefühle nachvollziehen können.

Neurolinguistisches Programmieren betont die Verwendung von Metaphern, um das Unterbewußtsein (Unbewußte) zu erreichen und den bewußten Verstand, der vielleicht Widerstand leistet, zu umgehen. Wenn eine Geschichte aus Ihrer Erfahrung den folgenden Richtlinien entspricht (aus: *The Patterns of Milton H. Erickson, M.D. Volume II,* von Bandler, Cameron-Bandler, DeLozier und Grinder), kann sie für Ihre Klienten sehr hilfreich sein:

1. Sie ist eine wirkungsvolle Beschreibung der Situation oder des Problems des Klienten oder gleicht seiner Situation oder seinem Problem.
2. Sie enthält eine oder mehrere Lösungen, die das Unterbewußtsein des Klienten mit bestimmten Techniken anweisen, für seine Situation oder sein Problem neue Wahlmöglichkeiten zu schaffen, ohne daß der Klient bewußt merkt, daß die Metapher darauf abzielt, eine Lösung anzubieten.

Erwägen Sie diese Aspekte, wenn Sie entscheiden, was Sie Ihren Klienten mitteilen. Indem Sie Ihre Rapport-Fähigkeiten anwenden und „mit Ihren Augen hören“, können Sie feststellen, ob Ihr Klient für Ihre persönlichen Äußerungen empfänglich ist. Stellen Sie an den Reaktionen des Klienten fest, wie hilfreich Ihre Geschichten sind.

Rapport und Integrität

Als Normas runde Gestalt durch die Tür meines Beratungszimmers verschwand, dachte ich: „Wie muß es sich ANFÜHLEN, diesen Körper zu bewegen? In ihm zu sitzen? In ihm zu SCHLAFEN?“

Obwohl Sie sich zunächst von Normas Gestalt abgestoßen fühlen, empfinden Sie nach Ihrer ersten Sitzung eine gewisse Neigung zu ihr. Dennoch schlummert das Vorurteil über Fett unter der Oberfläche, und Rapport ist eine unbewußte Interaktion. Falls Sie sich von Norma abgestoßen fühlen, wird sie es auf irgendeiner Ebene wissen, selbst wenn Sie sich an jede Bewegung, jeden Atemzug, den sie macht, anpassen (match). Rapport hat damit zu tun, die Person wirklich wertzuschätzen. Wirklich. Rapport erfordert, so vollständig wie möglich in die Schuhe dieses Menschen zu schlüpfen und zu spüren, wie es dort ist. Rapport hat damit zu tun, Menschlichkeit miteinander zu teilen und die Klientin dafür zu achten, daß sie den Mut fand, in Ihre Beratung zu kommen und um Hilfe zu bitten.

Stellen Sie sich diese Fragen:

- Sind Sie wirklich an ihrer Entwicklung interessiert?
- Empfinden Sie für sie und ihre Heilung aufrichtiges Mitgefühl?
- Falls nicht, welche Ihrer eigenen Themen kommen da in die Quere?

Falls Sie für einen Klienten keinerlei Empathie empfinden können, ist es das Beste, den Klienten an einen anderen Therapeuten zu verweisen, statt mit mangelndem Rapport zu arbeiten. In den meisten Fällen jedoch bessert sich anfängliche Abneigung durch die engere Verbindung mit dem Klienten als Mensch.

Ohne Freundschaft und die Offenheit und das Vertrauen, die damit einhergehen, sind Fertigkeiten steril und Wissen kann zu einem außer Kontrolle geratenen Geschoß werden.
– Frank Rhodes

5 Familiengeschichte

Wenn Sie das Familienskelett nicht loswerden können,
können Sie es genauso gut tanzen lassen.
– George Bernard Shaw

„Die meisten Leute hatten eine schlimmere Kindheit als ich", entschuldigt sich Norma. „Mein Vater hat mich nie verprügelt und wir hatten immer genug zu essen." Sie beide lächeln, aber keine kommentiert die Aussagen. „Meine Mutter war zu Hause und führte den Haushalt, und Vater arbeitete. Ich glaube nicht, daß meine Kindheit irgend etwas mit meinen Problemen zu tun hat."

Familienregeln

Unserer Erfahrung nach handeln Menschen so, wie sie es gelernt haben. Wenn sie dysfunktionale Verhaltensweisen zeigen, dann haben sie diese gelernt als die beste Möglichkeit, eine schlimme Situation zu überleben. Ein großer Teil der Interventionen mit Leuten aus dysfunktionalen Familien besteht darin, sie einfach zu informieren, daß die Familie, in der sie aufwuchsen, dysfunktional WAR und die Unterstützung nicht geben konnte, die nötig ist, um ein gesundes Selbstbild aufzubauen. Eine der verbreitetsten Eigenschaften von Co-Abhängigen ist die Tendenz, die eigenen schmerzlichen Erfahrungen herunterzuspielen, indem sie sie mit Erfahrungen von Leuten vergleichen, die schlimmer mißbraucht wurden.

Da jeder nur dieses eine Leben hat, erscheinen die Kindheitserfahrungen normal, wie immer sie gewesen sein mögen. Man kann eine Abweichung nicht ohne ein vergleichendes Modell feststellen. Wenn die Kindheitserfahrungen nicht brutal sind und sich extrem von den Modellen im Fernsehen unterscheiden, kann man wahrscheinlich nicht merken, daß man sich in einer Mißbrauchssituation befindet. Einige der am schlimmsten Betroffenen sind die, die in wohlhabenden und scheinbar gesunden Familien aufwuchsen, wo die Dysfunktion so stark verdrängt wurde, daß niemand sie wahrnahm. Diese Verdrängung zu durchbrechen ist wesentlich schwieriger als eine Situation mit offensichtlicher Vernachlässigung, weil sie mit offenkundigem Verrat an der Familie und dem Familienimage zu tun hat, das der Klient in seine Identität integriert hat.

Sie fragen Norma: „Woran in Ihrer Kindheit erinnern Sie sich?"

„Es ist komisch, aber das erste, woran ich mich erinnere, ist, so klein zu sein, daß ich in einem Kinderbettchen liege und weine. Ich konnte mir kein Gehör verschaffen. Dann hat jemand die Tür zugeknallt. Ich hörte auf zu weinen. Weinen kam bei uns zu Hause nicht so gut an. Ich sah meine Mutter nie weinen und weiß, daß mein Vater nicht weinte. Als ich einmal weinte, nur weil ich wütend war über etwas, was in der Schule passiert war, befahl mir mein Vater, mit dem Weinen aufzuhören, sonst würde er mir einen Anlaß zum Weinen geben. Ich hörte nicht auf und er gab mir einen Anlaß."

„Was empfinden Sie jetzt darüber, Norma?" erkundigen Sie sich.

„Ich erinnere mich nicht an sehr vieles aus meiner Kindheit. Ich habe große Lücken in meiner Erinnerung. Sie kann nicht sehr interessant gewesen sein."

„Mich macht es traurig, an ein Baby zu denken, das Angst hat zu weinen. Empfinden Sie auch Traurigkeit darüber?" erwidern Sie.

„Ach, das ist nicht so schlimm. Weinende Babys können einem furchtbar auf die Nerven gehen. Es ist am besten, man lernt, ruhig zu sein."

Dies ist eine Gelegenheit, Ihre Klientin zu informieren. John Bradshaws *On the Family* oder Melody Beatties *Unabhängig sein* sind hilfreich. Sie erklären ihr auch, daß in gesunden Familien die Gefühle der Kinder bestätigt werden, und daß, wenn man beigebracht bekommt, Gefühle zu verleugnen oder zu unterdrücken, Gefühle auf andere Weise herauskommen, wie durch Überessen oder zu viel trinken oder durch ein anderes Anpassungsverhalten, DAS ABSOLUT SINNVOLL WAR, ALS ES BEGANN.

Es ist unerläßlich, immer und immer wieder zu betonen, daß sich das Verhalten des Klienten als die beste damals mögliche Reaktion auf eine restriktive Situation entwickelte. Kinder können das Elternhaus nicht verlassen. Sie haben nicht die Wahlmöglichkeiten wie Erwachsene. Sie rufen keine Sozialarbeiter. Sie passen sich an.

Die unausgesprochenen Familienregeln kennenzulernen, hilft, die unbewußten Glaubenssätze aufzudecken, die zur Entwicklung des dysfunktionalen Verhaltens beitrugen. Ein Klient, der mit der Regel „Vertraue niemandem!" aufgewachsen ist, wird sich verhalten, als ob die Welt gefährlich wäre. Er wird erwarten, daß die Leute ihn übervorteilen und ihn anlügen; er wird ständig das Bedürfnis haben, sich zu schützen. Weil der Glaubenssatz auf einer unbewußten Ebene wirkt, wird der Klient ihn als wahr erleben. (Siehe Kapitel 6: Gedankenmuster und Glaubenssätze identifizieren.)

Es kann hilfreich sein, auf die Entwicklungsstadien nach Erikson zu verweisen, wenn Sie Ihrem Klienten helfen, die so entstandenen Familienregeln und Glaubenssätze zu erkennen. (Kapitel 1) Ein Klient, der glaubt, daß es nicht sicher ist, zu vertrauen, wird diesen Glauben wahrscheinlich internalisiert haben, bevor er ein Jahr alt war, als sein Bedürfnis nach ständiger Unterstützung und Liebe nicht erfüllt wurde. Wenn Sie Ihrem Klienten das erklären, wird es ihm helfen, den Glaubenssatz zu verstehen und als eben solchen wertzuschätzen, und ihm erlauben, sich zu öffnen und Alternativen auszuprobieren. Wenn Glaubenssätze einmal offengelegt und sichtbar sind, kann der Klient beginnen, die daraus resultierenden Verhaltensweisen wahrzunehmen. Drei geläufige Familienregeln in dysfunktionalen Familien sind:

- Nicht sprechen!
- Nicht vertrauen!
- Nicht fühlen! (Black[1])

„Norma, haben Sie mit Ihren Kindern darüber gesprochen, wie es sich anfühlte, nicht zu weinen, wenn Sie sich fürchteten oder verletzt wurden?" fragen Sie.

„Natürlich nicht. Warum denn? Kinder sprechen über so etwas nicht. Außerdem bin ich die einzige, der je nach weinen zumute war. Den anderen ging es gut. Oh, mein Bruder hatte die Angewohnheit, hin und wieder wirklich auszurasten und gegen Wände zu schlagen, aber so sind Jungen nun einmal."

„Für mich klingt es so, als ob in Ihrer Familie die ‚Nicht sprechen!'-Regel galt, besonders was Gefühle betrifft. Stimmt das Ihrer Meinung nach?"

„Ja, ich schätze schon. Jetzt, wenn ich darüber nachdenke, fällt mir auf, niemand hat je über Wichtiges gesprochen. Sogar als mein Großvater starb, wurde das kaum erwähnt. Niemand weinte. Ich kannte ihn nicht sehr gut, aber es erschien mir schon damals komisch, daß nicht einmal seine eigene Tochter weinte. Mutter ging nur für eine Weile in ihr Zimmer, kam dann heraus und tat, als ob nichts geschehen wäre. Ich wollte ihr sagen, daß es mir leid tat, aber es schien unpassend, irgend etwas zu sagen."

An diesem Punkt ist es ausgesprochen hilfreich, die Erfahrung der Klientin zu bestätigen. Sie mag nie gemerkt haben, wie isoliert sie als Kind war, oder den Schmerz bewußt erlebt haben. Es ist angebracht, sie zu trösten und sie zu ermutigen, sich selbst als Überlebende Beifall zu spenden. Oft wird sich die Klientin als Verliererin fühlen und sich Vorwürfe machen, nicht besser angepaßt zu sein. Weisen Sie sie unbedingt darauf hin, daß sie damals die beste Wahl getroffen hat. Und wiederholen Sie diese Vorstellung. Menschen, die in Familien aufwuchsen, in denen Beschämung gang und gäbe war, ist diese Vorstellung fremd. Das Kind wurde für Wissen verantwortlich gemacht, das weit über sein Alter hinausging und für seine Unwissenheit geringgeschätzt. Diese Klienten sind höchstwahrscheinlich selbst ihre schlimmsten Kritiker.

Die zweite Familienregel, „Nicht vertrauen!“, beeinträchtigt Therapie. Ein Teil des Problems mit dem „Es ist unsicher zu vertrauen“- Glaubenssatz ist, daß der Klient sich dieses Glaubens nicht bewußt ist. Er hat nie erlebt, tatsächlich jemandem zu vertrauen, oder erinnert sich zumindest nicht daran, deshalb glaubt er vielleicht, daß er tatsächlich vertraut, wenn er eigentlich Verstrickung erlebt. Was die Sache noch verschlimmert, ist, daß der Klient wahrscheinlich eine ähnliche nicht-vertrauende Beziehung zu sich selbst hat. In der Terminologie der Transaktionsanalyse entspricht das der „Ich bin nicht OK, du bist nicht OK“-Dynamik. Ich werde deiner Maske meine Maske präsentieren und wir werden tanzen.

Wenn der Klient eine Therapie beginnt, hat er keine andere Wahl, als Ihnen seine Maske zu präsentieren. Das ist die einzige ihm bekannte Art, Kontakt aufzunehmen. Wahrscheinlich weiß er nicht, daß es eine Maske ist. Wenn Sie das nicht merken, oder wenn Sie versuchen, die Probleme zu „behandeln“, die die Maske präsentiert, werden Sie feststellen, daß die Interventionen nicht von Dauer sind oder daß der Klient ständig neue Themen findet, an denen er arbeiten muß. Sie werden auch merken, daß der Rapport seicht ist, was daher rührt, daß die Verbindung zu einem konstruierten Image statt zu einer Persönlichkeit besteht.

Es gibt Techniken, die Kindheitstraumata wirkungsvoll zu behandeln. Sie werden später besprochen, aber wir finden es entscheidend, sich die Zeit zu nehmen, die Geschichte des Klienten zu erfahren, bevor wir Interventionen durchführen. Wir ermuntern Sie, viel nach den Familienregeln zu fragen. Lassen Sie den Klienten alle Regeln aufschreiben, an die er sich erinnert und helfen Sie ihm, noch andere zu entdecken. Nicht alle Familienregeln sind negativ, selbst wenn sie geheim sind. Regeln wie „Sei nett!“ sind gebräuchlich, und obwohl sie gewöhnlich zum Extrem getrieben werden, kommen sie den Leuten als Erwachsenen gut zustatten. Regeln, die verlangen, die Familiengeschichte im großen und ganzen geheim zu halten, werden helfen, ein Glaubenssystem zu entwickeln, das besagt: „Wenn dich die Leute kennen, verletzen sie dich.“ Wenn die Familienregeln eines Klienten erst einmal aufgedeckt sind, können erstaunliche Fortschritte erzielt werden.

Rollen in der Familie

Ihre co-abhängigen Klienten werden das Wissen nützlich und aufschlußreich finden, daß Kinder, die in dysfunktionalen Familien aufwachsen, dazu neigen, in der Familie vorhersagbare Rollen einzunehmen, um die „fehlenden Stücke" zu kompensieren. Sharon Wegscheider-Cruse identifiziert in *Choice-Making*[2] diese Rollen als den Helden, den Sündenbock, das verlorene Kind und das Maskottchen.

- Das älteste Kind neigt dazu, Held oder das „Superkind" zu werden und fungiert als Erwachsener. Es ist über die Maßen verantwortlich, kümmert sich um die jüngeren Kinder und wahrt den Schein. Es liefert den Selbstwert für die Familie.
- Das zweite Kind ist geneigt, der Sündenbock oder das „Problemkind" zu werden. Es nimmt den Fokus vom „Familienproblem", indem es selbst in Schwierigkeiten gerät. Es kann einer Sucht verfallen, ein Aussteiger oder ein krimineller Verbrecher werden, je nachdem wie ernst das Familienproblem ist, das geheimgehalten werden soll.
- Das dritte Kind in einer dysfunktionalen Familie wird das Verlorene Kind. Es neigt dazu, ein Einzelgänger und Tagträumer zu werden, der wenig Aufmerksamkeit und Mühe verlangt. Dadurch, daß es nichts verlangt, ist es eine Erleichterung und manchmal wird es sogar vergessen oder bei Familienunternehmungen übersehen.
- Ein viertes Kind, das Maskottchen oder der Familienclown, liefert der kränkelnden Familie Erleichterung durch Komik, Spaß und Humor. Es neigt dazu, unreif und supernett zu sein und bereit, alles zu tun, um Gelächter hervorzurufen.

Weitere Kinder können die Muster wieder mit der Heldenrolle beginnend wiederholen oder zwei oder mehr Rollen kombinieren, je nach den Familienbedürfnissen zum jeweiligen Zeitpunkt.

Co-Abhängige erkennen diese Rollen häufig in ihren Familien. Das Wissen, daß dies gängige Möglichkeiten sind, mit einer dysfunktionalen Familie umzugehen, wird Ihrem Klienten helfen, mit dem Selbsttadel aufzuhören und ihm Verständnis vermitteln für die Möglichkeiten, durch die sein Verhalten der Familie zu überleben half. Diese Information wird Ihnen helfen, Ihren Klienten in seinem Familiensystem zu verstehen, sein Handeln und mögliche Motive für seine Verhaltensweisen. Jemand, der beispielsweise in der Ursprungsfamilie die Heldenrolle spielte, wird wahrscheinlich seine super-verantwortlichen Verhaltensweisen im Erwachsenenalter beibehalten und Firmenchef und Elternbeiratsvorsitzender werden. Ein Klient, der die Clown-Rolle spielte, wird wahrscheinlich

Mittelpunkt jeder Party sein, ein wunderbarer Witzbold und jemand, der von der Position des „Ablenkers" aus handelt, wie Virginia Satir[3] es beschreibt. Die Kenntnis der dynamischen Rollen, die geschaffen wurden, um sich einer dysfunktionalen Familie anzupassen, wird Ihrem Klienten zu einer neuen Sichtweise verhelfen. So kann er seine gegenwärtigen Lebensentscheidungen im Zusammenhang mit seiner Rolle in der Familie betrachten.

Wir legen Ihnen nahe, mit Ihrem Klienten systematisch die Merkmale der Kindheitsrollen zu bestimmen, die heute noch einen positiven Zweck erfüllen und die, die nicht länger hilfreich sind. Ein „Held", der blind seinem Kindheitsmuster folgend zum „Workaholic" geworden ist, wird dann sein Bedürfnis, alles unter Kontrolle zu haben, mäßigen, und gleichzeitig seine Leistungsfähigkeit beibehalten. Es ist wichtig, nicht das Kind mit dem Bade auszuschütten.

Generation um Generation

Was ist es, das uns als Erwachsenen genau die Worte unserer Eltern wiederholen läßt, die wir als Kinder haßten und die wir – so schworen wir – nie unseren eigenen Kindern gegenüber wiederholen wollten? Warum häufen wir selbst Plunder an, genau wie unsere Mütter Plunder anhäuften, wo wir doch beschlossen, unsere Häuser von Plunder frei zu halten? Welches verdrehte Denken läßt uns kontrollierende Frauen als unsere Ehefrauen wählen, wo wir doch beschlossen hatten, Frauen zu heiraten, die ganz anders sind als unsere dominierenden Mütter?

Ein Blick auf die persönliche Geschichte eines Menschen zeigt, daß wir dazu tendieren, Information auf einer unterbewußten Ebene viel intensiver aufzunehmen als gemeinhin angenommen. Als Kleinkinder (bereits als Föten?) assimilieren wir Verhaltensmuster, die von Generation zu Generation weitergegeben wurden und die viel zählebiger sind als die formale Bildung, die dem bewußten Verstand des Kindes in der Schule angeboten wird.

Wird ein Kind von seinen Eltern emotional oder körperlich mißbraucht, so wird es zweifellos schwören, seine eigenen Kinder niemals zu verletzen. Statistiken belegen jedoch, daß gerade die Kinder aus Familien mit Mißbrauchsstrukturen sehr häufig selbst ihre Kinder mißbrauchen. Trotz der schmerzhaften Kindheit zusammen mit Alkoholikern werden gerade diese Kinder selbst Alkoholiker. In ihren Familien diente Alkohol als Zuflucht. Besonders in Streßzeiten neigen Menschen dazu, in Muster zurückzufallen, die sehr früh geformt werden. Wenn sie diese Muster nicht als die machtvolle Kraft erkennen, die sie ist, und bewußt damit umgehen, wiederholt sich die Geschichte.

Dies trifft besonders auf dysfunktionale Familien zu, die tief in Ignoranz oder Verdrängung stecken; in denen die Regeln verboten, die Familienmuster zu diskutieren. Die Familie funktioniert weiterhin, ALS OB alle Verhaltensweisen ganz normal wären, und niemand wagt, etwas in Frage zu stellen. Wenn Mutter während des Essens ohnmächtig wird und über ihrem Teller Spaghetti zusammenbricht, beendet der Rest der Familie das Essen, als wäre nichts geschehen. Wenn Vater drei Tage lang nicht auftaucht, geht das Leben weiter, als ob väterliche Abwesenheit erwartetes Verhalten wäre. Menschen, die in solchen Familien aufwuchsen, neigen dazu, in ihren eigenen Familien Verdrängungsmuster weiterzuführen.

Joels Geschichte

Joel, ein Alkoholiker, war seit seinem 16. Lebensjahr immer wieder auf Entziehungskuren. Beide Eltern waren gewalttätige Alkoholiker, die seine Kindheit mit Kämpfen im betrunkenen Zustand und Glasscherben durchsetzten. Mit 35 beginnt Joel nun, das Muster in seinem Trinken zu erkennen. A.A.-Treffen sorgen für ein Unterstützungssystem, und sein Leben ist in einem Ausmaß „unter Kontrolle", wie seit seiner Schulzeit nicht mehr. Als Joel zur Beratung kam, spielte er mit dem Gedanken, eine Frau zu heiraten, die Kinder wollte. Weil er wußte, daß Alkoholismus in der Familie liegt, wollte Joel wissen, was er tun könnte, um zu vermeiden, diese Tendenz an seine Kinder weiterzugeben. Joels Wissen um die Geschichte seiner Eltern beschränkte sich auf Beobachtungen und Erinnerungen. Seine Großeltern waren tot, und seine Fähigkeit, mit seinen Eltern zu sprechen war gleich Null. „Was würde das bringen, mit Vater zu sprechen? Er kann sich an nichts, was geschehen ist, seit ich auf der Welt bin, mehr erinnern. Außerdem wäre er stinksauer."

Verständlicherweise würde Joel gerne dem Schmerz ausweichen, seinem Vater gegenüberzutreten, um seine Geschichte zu erfahren. Immer noch eingeschüchtert vom Ärger seines Vaters, drückt Joel seinen eigenen Ärger aus, um sich zu schützen. Wenn Joel über die Ressourcen verfügt, mit seinem Vater zu sprechen, wird ihn das Verständnis gewinnen lassen. Dies wiederum hilft ihm, sich selbst von dem Gefühl eines unabänderlichen Schicksals zu befreien und er wird statt einer Opferhaltung ein Gefühl von Kontrolle bekommen.

Bills Geschichte

Bill wuchs in einer christlich-fundamentalistischen Familie auf, in der Regeln ausgesprochen wurden. Die „Nicht sprechen!"-Regel jedoch funktionierte hervorragend. Es war undenkbar, irgendein kirchliches Gebot in Frage zu stellen. Die Familie lebte sehr streng nach der Bibel und hielt von den Kindern jegliche Information fern, die den religiösen Glauben hätte beflecken können. Mit 15 fühlt sich Bill schuldig wegen seiner sexuellen Gefühle. Man hatte ihm beigebracht, daß sich Sex nur in der Ehe ziemt, und er weiß, daß er von einer Ehe noch weit entfernt ist. Sein Großvater väterlicherseits war ein fundamentalistischer Geistlicher, seine Großeltern mütterlicherseits waren überzeugte fromme Christen. Bills Eltern haben sich über die Kirche kennengelernt. Seine Familie war seit Generationen auf Religion fixiert und das wird beinahe ebenso vererbt wie seine braunen Augen. Rigide Verdrängung von persönlichen Bedürfnissen war seit langer Zeit Teil von Bills Familie. Ebenso wie Alkohol, Essen, Arbeiten oder (Glücks-)Spiele kann Religion zu einer Droge werden, die versucht, das „Loch in der Seele" zu stopfen, das durch zu wenig Liebe in der Kindheit entstand. Religion kann genauso leicht, wie jede andere Substanz, dazu mißbraucht werden, sich erfüllt, heiter und ganz zu fühlen. Im Gegensatz zu Alkohol und Drogen ist Religion gesellschaftlich anerkannt und deshalb als Sucht um so schwerer zu überwinden.

NLP-Strategien wie Dissoziieren, Change History, Reframing, Reimprinting und andere, die später im Buch angesprochen werden, helfen Klienten, mit den Auswirkungen, in einer dysfunktionalen Familie aufgewachsen zu sein, zurechtzukommen. Sie helfen auch dabei, Ressourcen aufzubauen, die es den Klienten ermöglichen, Eltern zu befragen, die die „Ausgrabung von Leichen im Keller" hemmen, weil sie sich ihr Leben lang an die „Nicht sprechen!"-Regel gehalten haben. Die Geschichte zu untersuchen ist nicht für alle Klienten interessant, oder wichtig, um ihr Leben zu verbessern. Jedoch ist es faszinierend und lohnend für die, die sich die Zeit dafür nehmen und es erlaubt ihnen, Muster zu erkennen, die sie dann vielleicht verändern wollen.

Genogramme

Faszinierende Information kann zutage treten, wenn man die Familienskelette von verschiedenen Klienten entlockt. Monica McGoldrick und Randy Gerson beschreiben in ihrem Buch *Genogramme in der Familienberatung* eine ausgeklügelte Methode, persönliche Geschichte aufzuzeichnen. Dieses Buch enthält eine Reihe von detaillierten und wohldurchdachten Symbolen, um Verwandtschaftsverhältnisse, dysfunktionales Verhalten und Lebensmuster darzustellen.

6 Gedankenmuster und Glaubenssätze identifizieren

Verändern Sie Ihre Gedanken, und Sie verändern Ihre Welt.
– Norman Vincent Peale

„Es würde mir nicht gut damit gehen, ohne Geschenk für Debbie nach Hause zu kommen", äußert Norma während ihrer nächsten Sitzung. „Mittlerweile erwartet sie jedesmal etwas, wenn ich einkaufen gehe. Wenn sie mich um Dinge bittet, kann ich nicht nein sagen. Sie wissen ja, wie Töchter sind, und ich kam in letzter Zeit so spät von der Arbeit nach Hause, so daß ein Geschenk einfach erforderlich ist. Ich fühle mich schlecht, weil ich nie zu Hause bin, aber mein Chef hält mich für faul, wenn ich pünktlich gehe. Er sieht mich nun mal so. Ich muß mindestens drei Mal in der Woche länger bleiben. Früher nach Hause zu kommen ist unmöglich. Wenn ich Steve dann ins Bett bringe, ist es beinahe Mitternacht. Er braucht mich, um sicherzugehen, daß er nicht die ganze Nacht im Wohnzimmer verbringt. Er würde es nie allein nach oben schaffen."

In diesen Bemerkungen sagen Normas Sprachmuster viel über ihr Denken aus. Sie geht von Annahmen aus und zieht Schlußfolgerungen, die nicht notwendigerweise logisch sind. Sie können ihr helfen, die Haken in ihrem Denken zu sehen, indem Sie sie nur auf die Tilgungen und Vermutungen in ihrer Sprache hinweisen. Wenn Sie das folgende Meta-Modell üben, werden Sie feststellen, daß es zu einem natürlichen Vorgang wird, der Ihren Klienten hilft, objektiver zu denken, und Sie selbst zu nützlichen Fragestrategien führt.

Das Meta-Modell

Das Meta-Modell wurde von John Grinder und Richard Bandler entwickelt und ist in ihrem Buch *Metasprache und Psychotherapie. Die Struktur der Magie 1*[1] beschrieben. Es handelt sich dabei um eine Reihe von Fragen, um Information zu sammeln. Diese Fragen bringen die Tilgungen, Verallgemeinerungen und andere gedankliche Verzerrungen, die auf einer unbewußten Ebene wirken, ins Bewußtsein. Indem Sie diese Meta-Modell-„Verletzungen" in der Sprache Ihrer Klientin hinterfragen, machen Sie sie auf ihre Gedankenmuster aufmerksam. Das verschafft der Klientin Einblick und Ihnen einen bestimmten Fokus für Ihre Arbeit mit ihr. Das Meta-Modell bietet auch eine Möglichkeit, einschränkende Glaubenssätze zu identifizieren, ein Thema, das wir später in diesem Kapitel ansprechen werden. Die Beispiele unten verdeutlichen den Frageprozeß.

Wir denken in Allgemeinheiten, wir leben im Detail.
– Alfred North Whitehead

Hier nun eine Auswahl von Meta-Modell-„Verletzungen" und die Fragen, um ihnen zu begegnen:

Tilgung

Referenzindex bezeichnet die Person, die in einer Kommunikation eine Handlung ausführt oder erlebt. Wenn der Handelnde oder der Empfangende fehlen, unspezifisch oder verallgemeinert sind, ist die Kommunikation vage. Nach der „Bezugsperson" zu fragen, gestattet dem Sprecher, Zugang zu Informationen zu bekommen, die vorher aus dem Erleben getilgt wurden.

Aussage: Niemand schätzt mich.
Gegenfrage: Wer genau schätzt Sie nicht?

Aussage: Ich bin gezwungen, mich zu entscheiden.
Gegenfrage: Wer zwingt Sie?

Aussage: Die Leute sind dumm und faul.
Gegenfrage: Wer genau ist dumm und faul?

Lost performative – fehlender Bezugsrahmen weist auf eine Lücke im Denken des Klienten hin, die sein Urteil über eine Situation in eine Wahrheit über die Welt verwandelt. Der „Ausführende" ist getilgt. Die Gegenfrage, die dem Klienten hilft, seine Aussage als eine Meinung wahrzunehmen, ist: „Für wen trifft das zu?" oder: „Wer denkt oder sagt das?"

Aussage: Die Welt ist ein gefährlicher Ort.
Gegenfrage: Für wen ist die Welt gefährlich?

Aussage: Drogen sind schlecht.
Gegenfrage: Für wen sind Drogen schlecht?

Aussage: Das macht nichts aus.
Gegenfrage: Wem macht es nichts (aus)?

Verallgemeinerungen

Nominalisierungen sind Verben, die als Substantive fungieren. Die Worte Liebe, Respekt, Frustration und Beziehung deuten alle statische Zustände an, die tatsächlich aktive Prozesse sind. Wenn jemand an „eine Beziehung" denkt, dann mag sie wie ein Gebilde erscheinen, die er nicht beeinflussen kann. Wenn er daran denkt, „sich mit jemand zu verbinden", dann nimmt er aktiv teil. Um Nominalisierungen zu aktivieren, formen Sie das Substantiv in ein Verb um!

Aussage: Ich bin unglücklich in meiner Beziehung. (I am unhappy with my relationship.)
Gegenfrage: Wie könnten Sie Kontakt haben, damit Sie glücklich wären? (How could you relate to be happy?)

Aussage: Ich erlebe so viel Frustration in meinem Leben.
Gegenfrage: Was genau frustriert Sie?

Aussage: An mich werden zu viele Forderungen gestellt.
Gegenfrage: Was fordern Sie von sich selbst?

Unspezifische Verben drücken einen Prozeß nur ungenau aus. Zu fragen „wie?" fordert den Klienten auf, spezifisch zu antworten.

Aussage: Er hat mich im Stich gelassen.
Gegenfrage: Wie genau hat er Sie im Stich gelassen?

Aussage: Ich entwickle mich.
Gegenfrage: Wie genau verändern Sie sich?

Aussage: Diese Frau stiftet Zwietracht.
Gegenfrage: Was tut diese Frau genau, um Schwierigkeiten zu machen?

Universalquantoren, Wörter wie nie, immer, alle, jeder, niemand, deuten darauf hin, daß die Klientin keine Ausnahmen in ihrem Erleben wahrnimmt. Wahrscheinlich hat sie ein Erlebnis zur „Lebenswahrheit" verallgemeinert. Fragen Sie, ob es Ausnahmen gibt, oder wiederholen und übertreiben Sie die Universalquantoren, um Ihre Klientin zu einer objektiveren Sichtweise zu bewegen.

Aussage: In Gegenwart von Leuten fühle ich mich nie sicher.
Gegenfrage: Nie? Können Sie sich eine Zeit vorstellen, in der Sie sich mit Leuten sicher fühlen?

Aussage: Jeder hält mich für flatterhaft.
Gegenfrage: Hält Ihr bester Freund Sie für flatterhaft?

Aussage: Immer ignoriert James meine Gefühle.
Gegenfrage: Immer? Hat er jemals auf Ihre Gefühle Rücksicht genommen?

Imperative (auch Modaloperatoren genannt) sind Worte wie müssen (have to, must), nicht können und sollte, die darauf hinweisen, daß der Klient in der Situation keine Wahlmöglichkeiten wahrnimmt. Die Fragen: „Was würde passieren, wenn Sie es täten?" und: „Was hält Sie davon ab?" ermuntern den Klienten, die Gültigkeit der selbst-beschriebenen Grenzen zu überdenken und sie zu verändern, wenn sie unrealistisch sind.

Aussage: Ich kann mit meinem Mann nicht über Geld sprechen.
Gegenfrage: Was hält Sie davon ab?

Aussage: Ich muß Überstunden machen.
Gegenfrage: Was würde passieren, wenn Sie es nicht täten?

Aussage: Ich sollte seiner guten Absicht trauen.
Gegenfrage: Was glauben Sie, würde passieren, wenn Sie es nicht täten?

Verzerrung

Ursache-Wirkung-Aussagen weisen auf die Annahme hin, daß die Handlungen einer Person die Reaktionen einer anderen steuern. So zu denken kann schmerzhaft sein, denn es erzeugt die Illusion, daß eine Person für die Gefühle einer anderen verantwortlich ist. Entsprechend kann es der Klientin das Gefühl vermitteln, daß jemand anderes ihre Gefühle kontrolliert, was dazu führt, daß sie sich machtlos ihren inneren Zuständen gegenüber fühlt. Diese Annahmen aufzudecken befreit den Klienten von diesen Illusionen.

Aussage: Sie macht, daß ich mich schuldig fühle.
Gegenfrage: Wie macht sie (das), daß Sie sich schuldig fühlen?

Aussage: Ich habe ihn verärgert.
Gegenfrage: Was haben Sie getan, um ihn zu verärgern?

Aussage: Meine Frau macht mich verrückt.
Gegenfrage: Was tut sie, das Sie Ihrer Meinung nach verrückt macht?

Diese Gegenfragen machen das Zentrum der Kontrolle bewußt, darüber hinaus können sie spezifische Verhaltensweisen aufzeigen, an denen der Sprecher Anstoß nimmt und die er ansprechen will. Beide Ergebnisse verhelfen dem Klienten zu mehr Wahlmöglichkeiten.

Gedankenlesen

Da Co-Abhängige aus Familien kommen, in denen selten direkt kommuniziert wird, neigen sie häufig dazu, Gedanken zu lesen: die Annahme, daß man die Gedanken oder Gefühle eines anderen kennt, ohne nachgefragt zu haben. Die Erwartung, daß man intuitiv oder durch andere Anhaltspunkte (z.B. Seufzen) die Wünsche einer anderen Person feststellen muß, führt zu viel Schmerz und Verwirrung. Die zuverlässigste Methode, Gedankenlesen zu hinterfragen, ist, Ihren Klienten seine Wahrnehmung überprüfen zu lassen, indem er die Person fragt, deren Gedanken er gelesen hat.

Aussage: Jeremy ist sauer auf mich, weil ich die Kekse habe anbrennen lassen.
Gegenfrage: Haben Sie ihn gefragt, ob es ihn geärgert hat, daß Sie die Kekse anbrennen ließen?

Wenn die Person, deren Gedanken gelesen werden, nicht verfügbar ist, hinterfragen Sie die Verletzung mit der Frage, woher der Klient denn wisse, was die Person denkt.

Aussage:	Ich weiß, was sie jetzt denkt.
Gegenfrage:	Wie wissen Sie das?
Aussage:	Meine Chefin ist drauf und dran, mich zu entlassen.
Gegenfrage:	Wie kommen Sie auf den Gedanken, daß Ihre Chefin drauf und dran ist, Sie zu entlassen?
Aussage:	Jerry weiß, daß ich Rosen hasse.
Gegenfrage:	Wie weiß er, daß Sie Rosen hassen?

Sie können eine Meta-Modell-Verletzung leicht feststellen, wenn Sie im Gespräch mit dem Klienten genau auf seine Sprache achten. Hinterfragen Sie die Sprache Ihres Klienten, statt die Lücken aus Ihrer Erfahrung heraus zu füllen. Sie werden feststellen, daß viele Aussagen mehr als einen Typ von „Verletzung" enthalten. Wenn Sie jede hinterfragen würden, könnten Sie dem Gespräch nicht folgen und würden wahrscheinlich Rapport verlieren. Mit etwas Übung werden Sie auf die offensichtlichsten Auslassungen in der Sprache Ihres Klienten natürlich reagieren. Stellen Sie die Fragen neugierig, nicht wie im Kreuzverhör, um Ihre Klientin dabei zu unterstützen, sich behaglich zu fühlen und um sie zu ermuntern, Ihre Gedankenmuster zu untersuchen.

> *„Erinnern Sie sich daran, Glück hängt nicht davon ab, wer Sie sind oder was Sie haben; es hängt ausschließlich davon ab, was Sie denken."* – Dale Carnegie

Meta Modell-Hinterfragungen bieten ein wertvolles Werkzeug, um Information zu sammeln und das Denken Ihres Klienten zu klären. Eine spezielle Gegenfrage hilft Klienten besonders, sich Möglichkeiten vorzustellen, die sie bisher nicht sahen.

„Was wäre, wenn...?"

Die „Was wäre, wenn..?"-Frage leitet einen Klienten, tatsächliche Folgen zu bedenken, die ihm bisher nie in den Sinn gekommen sein mögen. Es hilft ihm auch, sich seinen Katastrophenphantasien zu stellen und sich realistischere Alternativen auszudenken. Es ist eine wirkungsvolle Möglichkeit, eingefahrene Muster zu „lockern".

Wenn Ihre Klientin immer wieder Aussagen macht wie: „Das kann ich mir nicht einmal vorstellen", wechseln Sie in Ihrer Fragetechnik ab. Es kann förderlich sein, wenn sich Ihre Klientin an eine Situation erinnert, in der sie neugierig auf etwas war; *ankern* Sie den Zustand (siehe Kap. 3) und fragen Sie dann wieder. Nachdem Norma einige Therapiesitzungen erlebt hat, ist sie den Fragen gegenüber offener. Das folgende Gespräch zeigt, wie viel diese *eine* Frage aufdecken kann.

Norma bemerkt: „Ich weiß, daß mein Leben unglücklich ist, wenn ich mit Steve zusammenlebe, aber ich kann ihn nicht verlassen."

„Was würde passieren, wenn Sie es täten?"

„Ich wäre für den Rest meines Lebens allein. Er achtet nicht auf mich, aber ich habe wenigstens einen Ehemann."

„Was würde passieren, wenn Sie keinen Ehemann hätten?"

„Ich müßte alles allein erledigen und überall allein hingehen. Das könnte ich nicht ertragen."

„Was würde passieren, wenn Sie es täten?"

„Die Leute würden mich anstarren."

„Was würde da passieren?"

„Ich würde mich schämen und mich noch auffälliger fühlen als ohnehin.

„Was würde da passieren?"

„Vielleicht würde ich eine Diät machen und abnehmen."

„Was würde passieren, wenn Sie das täten?"

„Vielleicht wäre ich attraktiv und jemand Nettes würde mich fragen, ob ich mit ihm ausgehen will."

„Was würde passieren, wenn er es täte?"

„Ich hätte eine Chance, herauszufinden, wie eine gute Beziehung sein könnte."

Es ist unwahrscheinlich, daß Sie sieben „Was wäre, wenn...?"-Fragen hintereinander stellen, denn das könnte wie Kreuzverhör erscheinen. Doch wenn Sie diese Frage vorsichtig und mit einem Hauch von Humor stellen, kann sie Ihnen und Ihrer Klientin eine Fülle von Informationen liefern über ihre gedanklichen Einschränkungen.

Norma kann anfangen wahrzunehmen, daß sie die Ressourcen hat, abzunehmen und allein zu leben, wenn sie sich dafür entscheidet. Die Fragen an sich eröffnen neue Möglichkeiten.

Entscheidend ist, nicht mit dem Fragen aufzuhören.
– Albert Einstein

Wahrscheinlich ist es nicht effizient, zu raten, was Ihr Klient glaubt oder erlebt. Ihm zu sagen, was er Ihrer Meinung nach tun sollte, mag wirkungsvoll erscheinen, doch wird es ihm die Erfahrung rauben, seine eigenen Lösungen zu entdecken. Mit dem Meta-Modell bleiben die Erkenntnisse beim Klienten und es liefert gleichzeitig das Werkzeug, sich seiner selbst bewußt zu werden.

Der Mensch ist, was er glaubt.
– Anton Tschechow

Glaubenssätze und Denkmuster identifizieren

„Mein Vater ist jetzt im Alter eher ein Schwächling", vertraut mir Allen an. „Ich habe meinen Vater nie weinen sehen bis zur Beerdigung meiner Mutter letztes Jahr. Er hat nie sonderlich viele Gefühle gezeigt."

„Was bedeutet Schwächling für Sie?"

„Schwach."

„Sie sind hier, weil Sie mit Ihren Gefühlen stärker in Kontakt kommen wollen. Heißt das, ein Schwächling zu sein?"

Unsere machtvollsten Glaubenssätze sind die, die uns nicht bewußt sind. Allen zeigt sich besorgt darüber, daß er nicht weinen kann, selbst wenn er sehr traurig ist oder starken Schmerz empfindet. Aber er urteilt hart über seinen Vater, wenn er nach dessen emotionaler Ausdrucksfähigkeit gefragt wird. Allens unbewußter Glaubenssatz über Männlichkeit steht in Konflikt mit seinem Wunsch nach persönlichem Wachstum und nach Selbsterkenntnis. Bevor Allen diesen Glaubenssatz nicht verändert, wird er nicht in der Lage sein, Gefühle auszudrücken, ohne sich schwach oder „wie ein Schwächling" zu fühlen.

Manchmal genügt es, einen Glaubenssatz ins Bewußtsein zu bringen, um ihn zu verändern. Glaubenssätze, die auf antiquierten Informationen beruhen (z.B. Masturbieren macht blind), ändern sich schnell, wenn sie bewußt werden. Andere, besonders solche, die sich auf die Identität beziehen, sind schwieriger zu erschüttern.

Allen beispielsweise will nicht glauben, daß Männer, die Gefühle ausdrücken, Schwächlinge sind und daß seine Identität damit zusammenhängt, ein starker Mann zu sein. Sein ganzes Leben lang hat ihm sein Vater „Macho"-Verhalten vorgelebt. Die „Helden" in der Gesellschaft von Filmschauspielern bis hin zu Sportgrößen bestärken den Glauben, daß echte Männer stark und stoisch sind und nicht weinen. Wenn die Gefühle, die zum Ausdruck kommen sollen, mit Verletzlichkeit zu tun haben, ist es kein Wunder, daß sie innen steckenbleiben, obwohl Allen sich aufrichtig wünscht, sie auszudrücken.

Bevor Sie helfen können, einen einschränkenden Glaubenssatz zu verändern, müssen Sie ihn als solchen erkennen. Glaubenssätze werden oft als Wahrheiten geäußert und enthalten oft Meta-Modell-Verletzungen:

Männer weinen nicht. (Tilgung)
Frauen sind zu emotional. (Tilgung)
Was Hänschen nicht lernt, lernt Hans nimmermehr. (Verallgemeinerung)
Ich kann mich nicht ändern. (Unspezifisch)
Die Leute sind hinter mir her. (Tilgung)
Alleinsein ist schlecht. (Verzerrung)
Die Leute mißbilligen mich. (Verzerrung)
Männer, die weinen, sind Schwächlinge. (Tilgung)

Falls der geäußerte Glaubenssatz dem Therapieziel Ihres Klienten im Wege steht, wie in Allens Fall, kann es helfen, ihn erst darauf aufmerksam zu machen, daß das ein Glaubenssatz und nicht die Wirklichkeit ist. Die Meta-Modell-Gegenfragen werden beginnen, den Glaubenssätzen ihre Macht zu nehmen. Nun die Gegenfragen zu den Aussagen von oben.

„Was würde passieren, wenn Männer weinen würden?“ oder: „Welche Männer genau weinen nicht?“

„Wofür sind Frauen zu emotional?“ oder: „Welche Frauen ...?“

„Was genau lernt er nicht?“ oder: „Was hindert ihn daran?“

„Was hindert Sie daran, sich zu verändern?“ oder: „Sich wie genau zu verändern?“

„Welche Leute sind hinter Ihnen her?“ oder: „Wie hinter Ihnen her?“

„Wer hält Alleinsein für schlecht?“ oder: „Wer sagt das?“

„Wer genau mißbilligt Sie?“ oder: „Woher wissen Sie, daß die Leute Sie mißbilligen?“

„Wer sagt, daß Männer, die weinen, Schwächlinge sind?“

Allen antwortet: „Jeder sagt, daß weinende Männer Schwächlinge sind.“

„Jeder?“ fragen Sie zurück und heben Ihre Stimmlage, um zu übertreiben.

Nachdem Sie mit Allen über seine tatsächlichen Erfahrungen gesprochen haben, antwortet er: „Nein, nur die Typen im Fitneß-Studio und in der Bar empfinden so. Ich glaube, die Leute, auf die es wirklich ankommt, empfinden das nicht so."

Wenn Sie das Gefühl haben, nicht weiterzukommen, um eine vom Klienten gewünschte Veränderung herbeizuführen, haben Sie es wahrscheinlich mit starken, identitätsbezogenen, unbewußten Glaubenssätzen zu tun. Bei co-abhängigen Klienten, die von Eltern aufgezogen wurden, die vom ersten Tag an den Glaubenssatz „Du bist wertlos" eingeimpft haben, werden Sie mehr brauchen als die Meta-Modell-Fragen, um das zu ändern. Während Sie Ihrem Klienten helfen, einschränkende Glaubenssätze zu verändern, müssen Sie ihn dabei unterstützen, gleichzeitig kraftvollere aufzubauen. Klienten mit sehr wenig Selbstwertgefühl müssen versichert werden, daß es nicht ihre Schuld war, die einschränkenden Dinge, die sie tun, zu glauben. Es ist wichtig, darauf hinzuweisen, daß der Glaubenssatz einmal einem positiven Zweck diente und daß er jetzt wohl überholt ist. Stellen Sie sicher, Ihren Klienten mit der Frage zu bekräftigen und zu bestärken: „Wo hätten Sie etwas anderes lernen können?"

Die folgenden NLP-Strategien sind für Veränderungen äußerst dienlich, wenn Meta-Modell-Fragen allein nicht ausreichen.

Einschränkende Glaubenssätze kontern

Einengende Glaubenssätze zu identifizieren und neue, bestärkende zu generieren hat bemerkenswerten Einfluß. Viele Klienten berichten, daß die folgende Tätigkeit an sich einen gravierenden Unterschied macht, weil sie die Macht der ungewollten Glaubenssätze abschwächt.

Einschränkende Glaubenssätze kontern – Überblick

1. **Schreiben Sie die einschränkenden Glaubenssätze auf.**
2. **Schreiben Sie die Entgegnungen auf.**
3. **Prüfen Sie die Macht der neuen Glaubenssätze.**
4. **Verbalisieren Sie den neuen Glaubenssatz. Überprüfen Sie die Kongruenz.**
5. **Planen Sie tägliche Affirmationen.**
6. **Future Pace.**

Einschränkende Glaubenssätze kontern – Schritte

1. Helfen Sie Ihrem Klienten, einschränkende Glaubenssätze zu identifizieren. Lassen Sie ihn jeden einzelnen als Satz auf die linke Seite eines Blattes schreiben:

Einschränkende Glaubenssätze

- Wenn ich erfolgreich bin, habe ich keine Freunde.
- Wenn ich für mich selbst eintrete, wird mein Mann mich für ein Miststück halten.
- Wenn ich weine, werden die Leute mich für schwach halten.
- Ich bin nicht fähig, mich zu verändern.

2. Helfen Sie ihm/ ihr, einen neuen Glaubenssatz zu formulieren, der den einschränkenden in Frage stellt. Schreiben Sie neben den einschränkenden einen erweiterten Glaubenssatz:

Einschränkender Glaubenssatz	*Erweiterter Glaubenssatz*
Wenn ich erfolgreich bin, werde ich keine Freunde haben.	Echte Freunde werden meinen Erfolg begrüßen.
Wenn ich für mich selbst eintrete, wird mich mein Mann für ein Miststück halten.	Ich kann gleichzeitig bestimmt und liebenswert sein.
Wenn ich weine, werden mich die Leute für schwach halten.	Wenn ich weine, werden die Leute merken, daß ich in Kontakt mit meinen Gefühlen bin.
Ich bin nicht fähig, mich zu verändern. „Ich bin, der/die ich bin."	Ich bin ein Mensch, der wächst und sich entwickelt.

3. Helfen Sie Ihrem Klienten, die Glaubwürdigkeit jedes neuen Satzes zu untersuchen.

Sind seine Freunde zum Beispiel die Art von Menschen, die sich mit ihm freuen, wenn er erfolgreich ist? Sind es seine Freunde wert, daß er sie weiter seine Freunde nennt? Falls nicht, welche Konsequenzen hätte das für ihn? Lassen Sie ihn in einer Visualisierung herausfinden, welche Konsequenzen es hat, den neuen Glaubenssatz anzunehmen. Feilen Sie so lange, bis der Satz für den Klienten paßt. Fragen Sie: *Was passiert, wenn Sie wirklich glauben?*

- Was passiert, wenn Sie wirklich glauben, daß wahre Freunde Ihren Erfolg begrüßen?
- Was passiert, wenn Sie wirklich glauben, daß Sie gleichzeitig bestimmt und liebenswert sein können?
- Was passiert, wenn Sie wirklich glauben, daß die Leute merken, daß sie menschlich und in Kontakt mit Ihren Gefühlen sind, wenn Sie weinen?
- Was passiert, wenn Sie wirklich glauben, daß Sie ein Mensch sind, der wächst und sich entwickelt?

4. Benutzen Sie die Information aus Schritt 3 und helfen Sie Ihrem Klienten, diese erweiterten Glaubenssätze umzuformulieren, bis sie für ihn glaubhaft sind.

5. Lassen Sie Ihren Klienten jeden neuen glaubhaften Satz laut aussprechen. Achten Sie auf seine nonverbalen Hinweise und fragen Sie ihn, wie er sich fühlt. Verändern Sie die Aussage, bis er sie kongruent sagt.

6. Lassen Sie ihn eine Tageszeit auswählen, zu der er seine neuen Glaubenssätze als tägliche Affirmationen wiederholt.

7. Bitten Sie ihn darauf zu achten, nach Möglichkeit Tagebuch zu führen, wie seine alten Glaubenssätze über einen bestimmten Zeitraum durch die neuen ersetzt werden und welche Verhaltensweisen sich daraus ergeben.

Glaube, Zweifel, Veränderung, Neugier – Veränderung von Glaubenssätzen Schritt für Schritt (Spatial Belief Shift)

Eine wirkungsvolle Technik, um unerwünschte Glaubenssätze durch kraftvolle zu ersetzen, hat mit körperlicher Bewegung zu tun. Sie ankert bestimmte Zustände an Stellen im Raum. Dieser Prozeß wurde von Robert Dilts, Lara Ewing, Chris Dunkley und Deanna Sager entwickelt und wird von vielen Therapeuten mit Erfolg angewandt.

Glaube, Zweifel, Veränderung, Neugier – Überblick

1. **Helfen Sie dem Klienten, einen einschränkenden Glaubenssatz zu identifizieren und zu formulieren.**
2. **Markieren Sie vier Stellen auf dem Fußboden: GLAUBE, ZWEIFEL, VERÄNDERUNG, NEUGIER.**
3. **Lassen Sie Ihren Klienten jede der markierten Stellen erleben und beschreiben.**
4. **Lassen Sie Ihren Klienten mit dem einschränkenden Glaubenssatz in GLAUBE treten.**
5. **Lassen Sie ihn mit dem einschränkenden Glaubenssatz auf ZWEIFEL gehen.**
6. **Lassen Sie ihn auf VERÄNDERUNG treten und beobachten Sie, wie sich der Glaubenssatz verändert.**
7. **Lassen Sie ihn den Glaubenssatz auf NEUGIER bringen.**
8. **Lassen Sie ihn mit dem neuen Glaubenssatz auf GLAUBEN treten.**
9. **Lassen Sie ihn sich vorstellen, wie ihm der neue Glaubenssatz künftig nützt.**

Glaube, Zweifel, Veränderung, Neugier – Schritte mit Beispiel

1. Helfen Sie dem Klienten, den einschränkenden Glaubenssatz zu identifizieren und zu formulieren.

Ron, ein Softwareverkäufer, war in einer Familie aufgewachsen, in der seine alkoholsüchtige Mutter ständig seinen Vater, einen erfolgreichen Geschäftsmann, beschimpfte. Egal, was sein Vater machte oder wie viel Geld er verdiente, es war nie genug. Er konnte seine Frau nicht zufriedenstellen und sie nicht dazu bringen, mit dem Trinken aufzuhören. Ron wuchs auf und beobachtete, wie die beiden in einen endlosen Kampf verstrickt waren. Seine Beobachtungen brachten ihn zu dem Glauben, daß Männer nicht erfolgreich sein können. Er glaubte, daß es unmöglich war, in einer wichtigen Angelegenheit erfolgreich zu sein.

2. Markieren Sie vier Bereiche auf dem Boden als:

GLAUBE
ZWEIFEL oder UNSICHERHEIT
VERÄNDERUNG oder WAHL und
NEUGIER.

(Es vereinfacht den Prozeß, wenn Sie, wie in der nachfolgenden Darstellung, die Zustände auf Papier schreiben und diese Blätter auf dem Boden auslegen.)

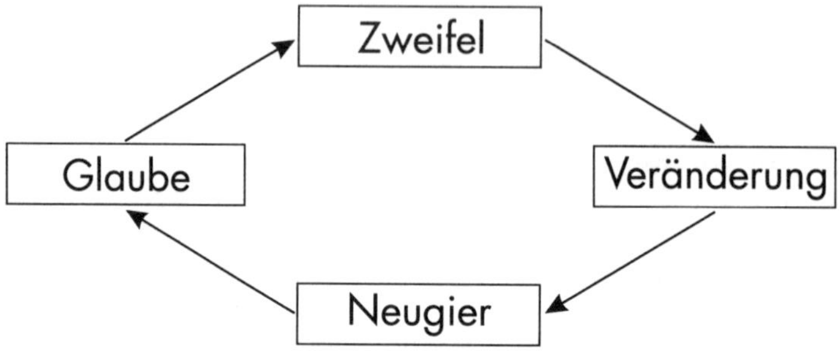

3. Lassen Sie Ihren Klienten jeden der markierten Bereiche erleben und beschreiben:

A. GLAUBE

Ich bat Ron sich auf „ Glaube" zu stellen und zu beschreiben, wie es aussah, klang und sich anfühlte, etwas wirklich zu glauben. (Ein verbreiteter Glaube ist: Die Erde dreht sich um die Sonne.) Ich achtete auf Muskeltonus, Atemfrequenz, Körperhaltung, Tonfall und Sprechgeschwindigkeit, als er GLAUBE beschrieb und notierte mir in Gedanken seine Physiologie.

Unterbrechen Sie den Zustand.

Ich bat Ron, an einen anderen Platz, außerhalb der vier markierten Bereiche zu gehen und über etwas Irrelevantes wie das Wetter oder die Uhrzeit zu sprechen.

B. ZWEIFEL

Ich führte ihn dann zu ZWEIFEL und bat ihn, an etwas zu denken, von dem er nicht sicher war, ob es stimmte, etwas, das er für möglich hielt, sich dem aber nicht sicher war. Ich kalibierte seinen Zustand, um ihn vom ersten zu unterscheiden. (Beispiele können u.a. sein: abergläubisch sein, an Horoskope oder Politiker glauben.)

Unterbrechen Sie den Zustand.

Ich bat Ron, wieder zu dem neutralen Platz zu gehen und fragte ihn nach der Uhrzeit.

C. VERÄNDERUNG

Als nächstes führte ich ihn zu VERÄNDERUNG und bat ihn, sich zu erinnern, wie es sich anfühlte, sich zu verändern oder alten Gewohnheiten oder Glaubenssätzen Wahlmöglichkeiten hinzuzufügen. (Beispiele sind: einen religiösen Glauben annehmen oder aufgeben, Bewunderung für eine Person entwickeln, die man vorher verachtete.) Ich kalibrierte seine Physiologie und unterschied sie von den beiden anderen Zuständen.

Unterbrechen Sie den Zustand.

Er ging wieder zu dem neutralen Platz.

D. NEUGIER

Zum Schluß ließ ich ihn auf NEUGIER treten und bat ihn, sich an eine Zeit zu erinnern, als er neugierig war und beobachtete ihn wie vorher. (Beispiele sind: Was reizt jemanden an einem Liebhaber, den Sie abstoßend finden, der Mörder im letzte Krimi.)

Wieder unterbrach ich den Zustand.

Jetzt sind wir bereit, den Glaubenssatz zu verändern.

4. Lassen Sie Ihren Klienten wieder auf GLAUBE treten mit dem in Schritt 1 identifizierten einschränkenden Glaubenssatz.

Als Ron an seinen Glaubenssatz dachte (es ist unmöglich, bei etwas Wichtigem erfolgreich zu sein) und dann auf GLAUBE trat, blickte er nach unten, seine Schultern sackten zusammen und sein Kopf beugte sich. Er beschrieb diese Überzeugung als ein Gefühl von Starrheit und Hoffnungslosigkeit.

Nachdem ich mir seine Physiologie eingeprägt hatte, ließ ich ihn wieder an den neutralen Platz zurücktreten und bat ihn, mir von seinen Wochenendplänen zu erzählen, um seinen Zustand zu unterbrechen.

5. Lassen Sie ihn mit dem einschränkenden Glaubenssatz auf ZWEIFEL gehen. Fragen Sie ihn, wie es sich fühlt, diesen alten Glaubenssatz anzuzweifeln.

Ich bat Ron, mit dem Glaubenssatz auf ZWEIFEL zu gehen. Während er dort stand, fragte ich: „Was passiert, wenn Sie ZWEIFEL oder UNSICHERHEIT in diesen Glaubenssatz bringen?" Er schaute verdutzt und sagte, er glaube, sein Vater sei erfolgreich in seiner Firma und in Rons Augen sei er sicher ein guter Vater. Die Aussage: „Er kann nichts richtig machen" sagte mehr aus über das Unglücklichsein seiner Mutter als über die Fähigkeit seines Vaters, erfolgreich zu sein. Ich konnte an seinem Gesicht sehen, wie ihm ein Licht aufging, als er über diese Erkenntnis nachdachte und kalibrierte seinen Zustand.

Unterbrechen Sie den Zustand.

6. Lassen Sie ihn auf VERÄNDERUNG treten und beobachten Sie, wie sich der Glaubenssatz verändert. Lassen Sie ihn den neuen Glaubenssatz beschreiben, der entsteht. Kalibrieren Sie diesen Zustand.

Nach einer kurzen Unterbrechung trat Ron auf VERÄNDERUNG. „Ich kann mich verändern, wenn ich es Schritt für Schritt plane", sinnierte er. „Und jeder Schritt, den ich bewältige, wird mich ermutigen, den nächsten zu tun. Erfolg erzeugt Erfolg. Ich kann jetzt die Möglichkeiten sehen."

„Welche Veränderung könnten Sie planen, die am überzeugendsten beweisen könnte, daß Sie erfolgreich sein können?" fragte ich.

„Ich kann meine Verkäufe in diesem Jahr leicht steigern, wenn ich jeden Tag ein paar Telefongespräche mehr führe. Alles, was ich dafür tun muß, ist, jeden Tag eine Stunde dafür zu reservieren. Da kann ich leicht dranbleiben."

7. Lassen Sie ihn den neuen Glaubenssatz in NEUGIER bringen. Fragen Sie, wie es sein Leben beeinflußt, diese neuen Wahlmöglichkeiten zu haben. Falls er irgendwelche Bedenken oder Einwände hat, lassen Sie ihn auf VERÄNDERUNG zurückgehen, um den Glaubenssatz umzuformulieren und den geänderten auf NEUGIER zu bringen.

Nach einer weiteren Unterbrechung ließ ich Ron auf NEUGIER gehen und mir berichten, wie sich dieser neue Glaubenssatz auf sein Leben auswirke.
„Ich freue mich darauf, morgens aufzustehen. Ich glaube an mich."
Rons Physiologie und Aussagen deuteten an, daß der Glaube, er kann eine Veränderung in seinem Leben planen und bewerkstelligen, ihm angenehm war. Deshalb bat ich ihn, mit dieser neuen Überzeugung auf GLAUBE zu treten.

8. Lassen Sie ihn mit dem neuen Glauben auf GLAUBE treten.

Ron stand mit aufrechtem Rücken, Kopf hoch und sein Blick war klar und geradeaus. Ich fragte ihn, wie es sich anfühlte, voll und ganz zu glauben, daß er erfolgreich sein und seine Ziele erreichen könnte. Er lächelte: „Das ist leicht, mach's einfach!"

9. Lassen Sie ihn sich vorstellen, wie ihm sein neuer Glaubenssatz in Zukunft nützt.

Ron integrierte diesen neuen Glaubenssatz, indem er sich verschiedene zukünftige Szenarios vorstellte, wo er den neuen Glauben und die daraus resultierenden Verhaltensweisen haben würde.

In unserer nächsten Sitzung einige Wochen später berichtete Ron, daß sich seine täglichen Gewohnheiten auf feine Art verändert hatten. Er stand früher auf und war insgesamt glücklicher. Vier von fünf Vormittagen hatte er eine Stunde lang telefoniert und es war ihm gelungen, Treffen zu vereinbaren.

Jetzt können Sie viele einschränkende Denkmuster aufdecken und infrage stellen. Im nächsten Kapitel werden Sie erfahren, wie Sie Widerstände, auf die Sie gestoßen sind, utilisieren können.

Eine ausführliche Behandlung von Glaubenssätzen finden Sie in dem Buch *Identität, Glaubenssysteme & Gesundheit* von Robert Dilts, Tim Hallbom und Suzi Smith.[2]

7 Positive Absichten

Ihre Vision wird nur klar, wenn Sie in Ihr eigenes Herz schauen können ...
Wer nach außen schaut, träumt; wer nach innen schaut, erwacht.
– C.G. Jung

Dieses Kapitel bietet Ihren Klienten an, Bewußtheit und Akzeptanz für ihre Gefühle und unbewußten Gedanken zu entwickeln. Wir nehmen Techniken mit auf, die die positiven Absichten hinter „negativen Verhaltensweisen" oder „Widerständen" aufdecken.

„Ich kann meinen Chef nicht nach einer Gehaltserhöhung fragen. Ich kann noch nicht einmal daran denken", ist die Antwort, die Sie auf Meta-Modell-Fragen bekommen: „Was hält Sie davon ab, nach einer Gehaltserhöhung zu fragen?" (Siehe Kapitel 6.) Jim hat sich monatelang darüber beklagt, wie überarbeitet und unterbezahlt er ist, aber er findet laufend Ausreden, um die Situation nicht zu verändern. Ihr Klient sagt „ja, aber" zu jeder einleuchtenden Lösung. Sie sind frustriert und beginnen sich zu fragen, ob er Ihnen Widerstand leistet.

Warten Sie! Nach den NLP-Vorannahmen *hat jedes Verhalten, jeder Gedanke und jedes Gefühl eine zugrundeliegende positive Absicht.* Wie kann Widerstand eine positive Absicht haben? Falls das so ist, wie können Sie diese herausfinden?

„Jim, lassen Sie uns davon ausgehen, daß die Tatsache, daß Sie nicht nach einer Gehaltserhöhung fragen, eine positive Absicht für Sie hat. Was könnte das sein?" fragen Sie.

Mit überraschtem Blick antwortet er: „Wenn ich nach einer Gehaltserhöhung frage und sie nicht bekomme, weiß ich nicht, was ich sonst noch tun kann. Ich werde kündigen müssen oder mich blamiert fühlen."

Jim ist in einem Double-bind, und deshalb ist das einzige, was er im Moment tun kann – nichts. Jetzt, da Sie seine zugrundeliegenden Bedenken kennen, können Sie diese untersuchen. Sie beide können über die Konsequenzen sprechen, die es hat, vergeblich nach einer Gehaltserhöhung zu fragen. Sie können auch über die Verantwortung sprechen, die es mit sich bringt, die Gehaltserhöhung zu bekommen. Sie haben sich jetzt über die Ebene des „Widerstandes" hinausbegeben und befinden sich auf einer bedeutungsvollen Kommunikationsebene.

Was die meisten Therapeuten Freudscher Schule als „Widerstand" bezeichnen, ist eine Botschaft, die untersucht werden muß. Die Strategien in diesem Kapitel lassen sich anwenden bei dem „Widerstand", den Sie bei Ihrem Klienten spüren und dem inneren „Widerstand", den der Klient spürt, wenn er versucht, sich zu verändern.

Zwei Klienten

Monikas Geschichte

Wegen ihres Emphysems ist Monika an einen sperrigen Sauerstofftank angeschlossen, den sie ständig bei sich trägt. Sie verbringt die meiste Zeit damit, ihren Atem zu beobachten und sich um den Krebs zu kümmern, der ihren Körper befallen hat. Sie sagt, sie möchte den Sauerstoff, den Krebs und die Schmerzen in ihrer verletzten Hand loswerden. Die Aufgaben, die früher einfach waren, sind jetzt beinahe unmöglich. Vor ihrer Erkrankung war sie 30 Jahre lang eine mustergültige Ehefrau, Mutter, Freundin, Staatsbürgerin, Hausfrau und Gastgeberin. Die Liste ihrer Freunde war so lang, daß das eindrucksvolle Haus, das sie und ihr Mann besaßen, nicht alle gleichzeitig beherbergen konnte. In ihrer Gemeinde war sie bekannt für ihre unermüdliche Hingabe für andere. Warum also wird sie, nachdem ihre fünf Kinder alle das Haus verlassen hatten, und sie erstmals in ihrem Leben Freizeit hat, krank?

Monikas Geschichte ist typisch für Frauen, die mit dem Ideal, für andere zu sorgen, aufwuchsen. Sie bauen ihre Identität auf das Gute, das sie der Welt tun und lernen nie, für sich selbst zu sorgen. Monika hat ihr ganzes Leben lang ihre eigenen Bedürfnisse verleugnet oder ignoriert und schließlich hatte ihr Unterbewußtsein Aufmerksamkeit verlangt. Ihre Krankheiten erfordern nun ständige Aufmerksamkeit und sie kann sich berechtigt fühlen, viel Anteilnahme und Hilfe von ihrer Familie und ihren Freunden anzunehmen. Ihre Kinder und ihr Mann tun nun all die Dinge für sie, die sie jahrelang für sie getan hatte. Auf Krankheit zu reagieren und so tun, als ob sie eine positive Funktion hätte, kann Kraft geben.

Jasons Geschichte

Jason wird von Frauen angehimmelt. Er ist stolz auf seine Macho-Erscheinung, dickes, schwarzes gewelltes Haar, von dem seine durchdringenden blauen Augen abstechen. Er trainiert regelmäßig, um muskulös zu bleiben, und er zeigt seinen Körper, indem er enge Hemden und Jeans trägt. Er hält sein Playboy-Image aufrecht. Jasons Geliebter, Bill, möchte, daß er sich „outet" und offen zu seiner Homosexualität steht. Jason stimmte zu, sobald er seine Frau damit vertraut gemacht hat, doch innerlich hat er nie vor, es ihr zu sagen. Der Vorteil für Jason, ein falsches Image beizubehalten, ist klar: die Gesellschaft akzeptiert Heterosexualität viel mehr. Verheiratete Männer passen besser in die Gesellschaft. In diesem Fall überwiegt der Sekundärgewinn die ursprüngliche Absicht, nämlich das Bedürfnis, sich selbst treu zu sein.

Sekundärgewinn/ Positive Absicht

Co-Abhängigkeit ist voll von Sekundärgewinnen. Typischerweise geben Menschen in einer Beziehung ihr eigenes Leben auf bei dem Versuch, ihre alkoholsüchtigen Partner zu „retten", die – so nehmen sie an – die Ursache aller Familienprobleme sind. Solche Ehepartner, und es sind keineswegs immer nur Frauen, nehmen nur selten den Vorteil wahr, den sie von solch dysfunktionalen Situationen haben.

Einen alkoholsüchtigen Partner zu betreuen, kann einen Grund bieten, sich nicht mit seinen eigenen Themen beschäftigen zu müssen: *Ich habe keine Zeit für Therapie.*

Es kann einen Vorwand bieten, keine gesellschaftlichen Kontakte zu pflegen, für schüchterne Menschen eine Erleichterung: *Ich wage es nicht, Jane zu einer Party mitzunehmen.*

Es kann als Grund zu leben dienen: *Ich muß mich um meinen Partner kümmern.*

Es kann Selbstwertgefühl aufbauen: *Wenn ich nicht aufgepaßt hätte, wäre Shirley an einer Überdosis Kokain gestorben.*

Es kann ein Gefühl von Märtyrertum erzeugen: *Ich widme mein Leben Eddie, und alles, was ich dafür bekomme, ist noch mehr Schmerz, aber ich kann es ertragen. Niemand weiß, wie sehr ich mich anstrenge, um ihm zu helfen.*

Es kann als Ausrede dienen, nicht das Risiko einzugehen, ein neues Leben anzufangen: *Ich würde ja gerne ein neues Leben anfangen, aber Joan würde ohne mich nicht zurechtkommen.* Oder: *Die Kinder brauchen wirklich Mutter und Vater; Brad ist zwar die meiste Zeit betrunken, aber er ist besser als niemand.*

Mit einem anderen Menschen verstrickt zu sein, ein typisches Merkmal von Co-Abhängigkeit, hat seine eigenen Belohnungen, obwohl sie im allgemeinen für die Leute, die sie bekommen, schädlich sind. Den Sekundärgewinn oder die positive Absicht von Verhaltensweisen aufzudecken, welche Klienten nur als nachteilig wahrnehmen, ist oft schmerzlich, doch es hilft den Klienten immer, sich selbst besser zu verstehen.

Die positive Absicht eines Verhaltens aufzudecken und es davon zu trennen, ist der erste und wichtigste Schritt, wenn Sie Ihren Klienten helfen, sich selbst zu akzeptieren. Der zweite Schritt besteht darin, ihnen beizubringen, wie sie mit dem Teil in sich kommunizieren können, der für das Verhalten verantwortlich ist, um die Absicht dahinter zu verstehen. Dann können Sie Ihren Klienten helfen, ihr Verhalten zu verändern. Dieser Prozeß fördert Selbstwahrnehmung.

Selbstwahrnehmung

Die meisten von uns sind sich ihrer Motivation nicht bewußt. Während wir aufwuchsen, hörten wir Botschaften, die uns beibrachten, unsere inneren Botschaften und Körpersignale zu ignorieren.

- „Weine nicht! Nur Babys weinen."
- „So solltest du nicht fühlen!"
- „Denk nicht einmal daran!"
- „Wenn du nicht aufhörst zu weinen, werde ich dir einen Grund zum Weinen geben!"

All diesen Botschaften liegt eine gemeinsame Regel von dysfunktionalen Familien zugrunde: *Fühle nicht!* Obwohl es als Kind gefährlich gewesen sein mag, Gefühle zu zeigen, müssen wir als Erwachsene das Bewußtsein für Gefühle reaktivieren, um uns selbst zu achten und zu verstehen. *

Nathaniel Branden[1] sagt: „Selbstwertgefühl ist eine Funktion, mit der wir nicht geboren wurden, sondern wie wir unser Bewußtsein gebrauchen – die Wahl, die wir treffen bezüglich unserer **Bewußtheit** (engl. awareness) (Hervorhebung durch die Autorinnen), die Aufrichtigkeit unserer Beziehung zur Realität und das Maß unserer persönlichen Integrität ... Selbstachtung ist der gute Ruf, den wir bei uns selbst haben."

* Die Transaktionsanalyse beschreibt den Prozeß, in dem Leute von der „Kind"-Perspektive aus reagieren. Siehe das Buch *Spiele der Erwachsenen* von Eric Berne.

Unsere Selbstachtung leidet, wenn wir ein Ziel erreichen wollen und uns selbst sabotieren. Co-Abhängige glauben, sie *sollten* abnehmen, für sich selbst eintreten, Entscheidungen treffen und sich daran halten, aber sie mühen sich ab und schaffen es nicht. Sie sind sich der Motivation für ihr Verhalten nicht bewußt.

„Ich hasse mich selbst, wenn ich mich so vollstopfe, aber ich kann nicht anders", klagt Norma. „Nichts wirkt so gut wie Pizza, um mich zu beruhigen. Ich esse nicht vor anderen; ich warte, bis ich allein daheim bin. Ich möchte nicht, daß irgend jemand sieht, was für ein Schwein ich bin." Norma schämt sich, dick zu sein, schämt sich dafür, wie sie Essen in sich hineinschlingt, und ihr Selbsthaß wird durch ihre Erscheinung noch genährt.

Co-Abhängige fühlen sich fehlerhaft und versuchen verzweifelt, ihre Gefühle, Gedanken und Verhaltensweisen vor anderen zu verstecken. Sie gehen hart mit sich ins Gericht, weil sie nicht perfekt sind. Sie glauben, daß sie verlassen werden, wenn andere wissen, wie sie wirklich sind. Sie fühlen sich oft im Kampf mit sich selbst. Ein Teil von ihnen will sich verändern; ein anderer leistet Widerstand.

Norma will schlank und gesund sein, aber sie überißt sich – und kämpft die ganze Zeit gegen sich.

Um sich zu verändern, muß sie beide Beweggründe verstehen: schlank zu sein und sich zu überessen. Sie muß die Absicht dieser Aspekte (Teile) ihrer selbst verstehen.

„Teile" definieren

Das Wort „Teile" bietet eine Möglichkeit, die verschiedenen Aspekte der Persönlichkeit eines Menschen zu definieren und genauer mit ihnen zu kommunizieren. Die Transaktionsanalyse beschreibt die Anteile „Eltern, Erwachsener und Kind" eines Menschen. Wir stellten fest, daß die drei „Teile" nur die Spitze des Eisberges sind. Es gibt so viele Teile wie Persönlichkeitsmerkmale. Es gibt z.B. viele *Kind*-Teile: das 3jährige, das 6jährige, den Teenager etc. Es gibt viele Eltern-Teile: den Kontrolleur, den Chef, den Richter etc. Es gibt viele Erwachsenen-Teile: den Berufstätigen, den Liebhaber, den Forscher etc. Alle Teile haben eine positive Absicht: Überleben ist die grundlegendste, Schutz die häufigste. In dem Maß, wie die Teile miteinander in Harmonie sind und kommunizieren, in dem Maß sind Menschen integriert und in der Balance.

Üblicherweise hat ein Teil, der für ein unerwünschtes Verhalten zuständig ist, seinen Ursprung in der Kindheit. Wenn sich die Klienten an die Umstände erinnern können, unter denen sich das Verhalten entwickelte, können sie ihren Teilen gegenüber Mitgefühl zeigen, ihre Selbstachtung wächst.

Das Konzept von Teilen bietet eine Metapher, um die Beweggründe und Verhaltensweisen zu verstehen, und sie von der Absicht zu trennen. Erklären Sie Ihrem Klienten, daß jedem Verhalten, Gedanken und Gefühl eine positive Absicht zugrunde liegt. Auch wenn er ein bestimmtes Verhalten nicht gutheißt, hätte er ohne dieses Verhalten vielleicht nicht überlebt. Um dieses Konzept meinen Klienten zu erklären, erzähle ich ihnen die folgende wahre Geschichte.*

„Ich liebe sie!" – Eine Metapher

Es ist allgemein bekannt, daß Sie sich erst so lieben müssen, wie Sie sind, um sich der Mühe der Veränderung wert fühlen zu können. Pferdetrainerin Sue Smith versteht dieses Prinzip. Leute, die auf Pferde steigen und Reitstunden bei ihr nehmen, nennen ihren Stall „Den glücklichen Stall", weil ihre Pferde zufrieden sind und gute Manieren haben. Die Geschichten von drei ihrer Pferde sind besonders ergreifend.

Buck, ein großes, sanftmütiges Pferd, das für Reitanfänger eingesetzt wird, wurde von einem Ranchbesitzer gekauft, der es loswerden wollte, weil es „gefährlich" war und jeden abwarf, der versuchte, es zu reiten. Als ich Sue fragte, wie sie dieses Pferd in ein so sanftmütiges Tier verwandelt, antwortete sie: „Ich liebe das Pferd."

Vanguard, ein weißer Araber, reitet sich so angenehm wie ein Schaukelpferd und ist einer von Sues Lieblingen, weil er eine Siegermentalität hat. Sie kaufte ihn von Leuten, die ihm die Seele ausgeprügelt hatten. Ich fragte sie, wie sie um alles in der Welt diesen gebrochenen Willen wieder aufbauen konnte, denn es galt als unmöglich, wenn er erst einmal gebrochen war. Sie sagte: „Ich liebe das Pferd."

Kayzee, ein junger brauner Araber, schlug mit dem Kopf, als ich den Sattelgurt festzurrte. Ich solle ganz ruhig bleiben, sagte Sue, das sei nur ein Rest einer früheren Untugend. Ursprünglich ließ er sich nicht einmal satteln. Als ich sie fragte, wie sie ihm diese Unart abgewöhnt hätte, rief sie mir im Weggehen zu: „Ich liebe das Pferd."

Ich war fasziniert. Welche Techniken hatte sie angewandt, um die Verhaltensweisen dieser Pferde zu ändern? Sie hatte keinerlei Geheimnisse verraten. Ich wollte wissen: „Was, zum Teufel, meinst du, wenn du sagst: ‚Ich liebe das Pferd'?

Sie antwortete: „Diese Tiere taten nur, was sie tun mußten, um zu überleben."

„Was meinst du?"

---

* Menschen erleben Metaphern auf einer unbewußten Ebene und internalisieren sie oft leichter als andere Interventionen. Wenn Sie genauer erfahren wollen, wie Sie wirkungsvolle Metaphern entwickeln können, empfehlen wir das Buch *Therapeutische Metaphern* von David Gordon.[2]

„Buck wurde getreten und gepeitscht von der Hand eines unwissenden Ranchers. Weil er um sein Leben fürchtete, hatte er den Reiter abgeworfen und ihn dabei schwer verletzt.

Vanguard war jedesmal, wenn er versuchte, aus dem kleinen, dunklen Stall zu fliehen, in dem er Tag und Nacht gehalten wurde, geschlagen worden. Völlig gebrochen hatte er sich seinem Schicksal ergeben.

Kayzees erstes Erlebnis mit einem Sattel hatte ihn erschreckt. Sein Besitzer hielt ihn in einer Schlinge und warf ohne irgendeine Vorwarnung einen Sattel auf ihn. Kayzee stieg, kippte nach hinten, verfing sich dabei in der Schlinge und hing mit dem Kopf nach unten mitten in der Luft."

Bevor sie an dem Problemverhalten arbeite, so erklärte Sue, gehe sie davon aus, daß die früheren Umstände das derzeitige Verhalten rechtfertigen. Sie akzeptiert das Pferd wie es ist, um Vertrauen aufzubauen, was manchmal wochenlang dauert. Sie nimmt sich Zeit, das Pferd mit beruhigenden Worten und durch Berührung zu trösten. Wenn sie einmal sein Vertrauen gewonnen hat, zeigt sie ihm andere Möglichkeiten, wie es sich sicher fühlen kann und schafft einen Rahmen, in dem sich das erwünschte Verhalten entwickeln kann. Sie ermutigt die Pferde durch ihre Liebe zur Zusammenarbeit.

Genauso ist es bei Menschen. Jedes Verhalten, jeder Gedanke und jedes Gefühl haben einen Grund für ihr Auftreten: Zu einer bestimmten Zeit in der Vergangenheit war dies die wirkungsvollste Art zu reagieren. Wenn wir lernen, daß jeder unserer Teile eine positive Absicht hat, und wenn wir lernen, wie wir mit den einzelnen Teilen kommunizieren können und seinen Ursprung entdecken, wenn wir außerdem lernen, ihm zu helfen, neue Wege zu finden, um uns zu schützen, dann können wir lernen, uns selbst zu akzeptieren und zu lieben.

Klienten berichteten mir, daß die Geschichte von den Pferden sie daran erinnerte, nett zu sein, wenn sie anfingen, sich zu beschimpfen.

Mit Teilen kommunizieren

Die Kommunikation mit Teilen bietet Ihrem Klienten eine positive und produktive Möglichkeit, internale Kommunikation mit Teilen aufzubauen und die positive Absicht hinter den einschränkenden Verhaltensweisen des Teils herauszufinden. Das Ziel dieser Methode ist, sich selbst zu verstehen und wertzuschätzen. Menschen, die mit nicht-akzeptablen Teilen ihrer selbst Kontakt haben und diese verstehen, können neue Verhaltensweisen generieren, die ihren derzeitigen Umständen entsprechen.

Kommunikation mit Teilen – Überblick

1. **Identifizieren Sie das unerwünschte Verhalten.**
2. **Identifizieren Sie den momentanen Zustand Ihres Klienten.**
3. **Stellen Sie die Kommunikation mit dem Teil her, der für das unerwünschte Verhalten verantwortlich ist.**
4. **Decken Sie die positive Absicht des Teils auf.**

Dieser Prozeß wird anhand von Normas Situation demonstriert.

Kommunikation mit Teilen – Schritte mit Beispiel

1. Identifizieren Sie das unerwünschte Verhalten.
Bitten Sie Ihre Klientin, an ein Verhalten, ein Gefühl oder eine Einstellung zu denken, die sie an sich selbst bisher nicht mag. Das kann etwas Harmloses sein wie Nägelbeißen oder Fernsehsucht oder so Schwerwiegendes wie Gewaltausbrüche.
Da sich Norma ihrer Gewohnheit, sich zu überessen außerordentlich schämt, konzentriert sie sich auf diesen Teil von sich.

2. Identifizieren Sie den momentanen Zustand Ihrer Klientin.
Um ihren momentanen Zustand zu identifizieren, lassen Sie sie ihre Körperempfindungen von Kopf bis Fuß beschreiben. Dieser Schritt hilft der Klientin, ihren Zustand *vor* der Kommunikation mit dem Unterbewußten wahrzunehmen.
Sie bitten Norma, sich zuerst zu entspannen und alles wahrzunehmen, wie sie sich im Moment fühlt, ihren Herzschlag, ihr Atemmuster, ihren Muskeltonus. Lassen Sie sie wahrnehmen, wie sich ihr Magen, ihr Kopf und ihr Körper anfühlen. Fragen Sie, ob sie dabei einen inneren Dialog führt oder intensive Bilder sieht, die ihre Aufmerksamkeit fordern.

3. Stellen Sie Kommunikation her mit dem Teil, der für das unerwünschte Verhalten verantwortlich ist.
Bitten Sie den Teil, der das unerwünschte Verhalten repräsentiert, jetzt mit ihr zu kommunizieren. Lassen Sie sie auf die Reaktion achten, indem sie darauf achtet, was sie hört, sieht und fühlt, *nach* der Frage.
Dies ist der heikelste Teil des Prozesses. Viele Leute sind sich der subtilen Veränderungen in ihrem Körper nicht bewußt, die unterbewußte Botschaften andeuten. Das Unterbewußte kommuniziert die ganze Zeit über; Menschen sind sich einfach des dauernden Sperrfeuers an Botschaften nicht bewußt oder wissen nicht, wie sie sie interpretieren sollen.

Seien Sie geduldig. Es kann sein, daß Sie Schritt 2 und 3 mehrere Male wiederholen müssen. Wenn sie einen Teil von sich bittet zu kommunizieren, dann bemerkt ihre Klientin vielleicht, wie sich ihr Herzschlag verändert oder ihr Magen sich komisch anfühlt. Vielleicht hört sie sich selbst etwas sagen oder sieht ein Bild, das sie vorher nicht bemerkt hatte oder spürt, daß sie eine Botschaft bekommt. Achten Sie auf die subtilen Veränderungen im Verhalten Ihrer Klientin. Vielleicht sehen Sie Erröten, veränderte Atmung oder kleine Muskelbewegungen. Falls sich Ihre Klientin keiner Botschaften bewußt ist, können Ihre visuellen Beobachtungen ihr helfen.

Sie weisen Norma an zu fragen, ob der Teil, der für ihr zwanghaftes Essen zuständig ist, bereit wäre, jetzt mit ihr zu kommunizieren. Nachdem sie einen Moment still über die Frage nachgedacht hatte, beginnen ihre Augen zu tränen und ihr Hals wird eng, als ob er Weinen verhindern wollte. Sie sagt Ihnen, daß sie plötzlich große Angst hat.

Diese plötzliche Veränderung ihres emotionalen und physiologischen Zustandes ist die Art und Weise, wie ihr Unterbewußtes kommuniziert. Lassen Sie Norma sich bei dem „zwanghaften Teil" für seine Botschaft bedanken. Nachdem sie sich bedankt hat, stellt sie fest, daß sie wieder in einen neutralen Zustand kommt.

4. Decken Sie die positive Absicht des Teils auf.

Lassen Sie die Klientin den Teil nach seiner positiven Absicht fragen und beobachten Sie ihre Reaktion. Das kann eine Erinnerung sein, eine Erkenntnis, eine direkte verbale Antwort, ein Bild oder eine andere Empfindung. Identifizieren Sie die Möglichkeiten, in denen dieses Verhalten in seiner ursprünglichen Umgebung positiv war. Mit Rauchen wird beispielsweise gewöhnlich angefangen, um Mitglied einer Grupppe zu werden, um sich mit Freunden verbunden zu fühlen.

Lassen Sie Norma den „zwanghaften Teil" fragen, was er für sie zu erreichen versucht, indem er sie sich überessen läßt. Sie antwortet, daß sie sich unmittelbar nach der Frage geängstigt hatte und dann ein Gefühl von sicher und warm folgte. Sie interpretiert das, daß Essen eine Möglichkeit für sie ist, sich selbst zu trösten, wenn sie Angst hat.

Nun verstehen Sie beide, daß die positive Absicht hinter Normas zwanghaftem Essen ist, ihre Ängste zu besänftigen. Dieses Wissen kann ihr helfen, wertzuschätzen, daß der Teil momentan sein Bestes tut. Sie können nun den Reframing-Prozeß in Kapitel 11 anwenden, um Norma gesündere Möglichkeiten an die Hand zu geben, sich sicher zu fühlen.

Wenn Sie Ihren Klienten beibringen, so mit ihrem Unterbewußten zu kommunizieren, ermöglicht ihnen das, ihre eigenen inneren Konflikte als Hilferufe statt als pathologische Symptome zu sehen. Es bietet die Grundlage, sich selbst zu verstehen und ist eine Technik, die sie selbst anwenden können.

Suche nach dem Ursprung

Die Suche nach dem Ursprung ist eine Methode, die das „Körpergedächtnis" benutzt, um in der Zeit zurückzugehen. Sie verbindet die Kommunikation mit Teilen und Ankern. Normas Gewohnheit, sich zu überessen, dient als Beispiel für diesen Prozeß.

Suche nach dem Ursprung (Transderivational Search) – Überblick

1. **Identifizieren und ankern Sie die negativen Gefühle.**
2. **Unterbrechen Sie den Zustand.**
3. **Überprüfen Sie den Anker.**
4. **Finden Sie den Ursprung dieses Gefühls.**
5. **Decken Sie die positive Absicht hinter dem Gefühl oder Verhalten auf.**

Suche nach dem Ursprung – Schritte mit Beispielen

1. Identifizieren und ankern Sie die negativen Gefühle.
Bitten Sie Ihre Klientin, das Gefühl oder Verhalten, das sie einschränkend findet, voll zu erleben. Wenn ihr körperlicher Zustand mit dem Gefühl übereinstimmt und sie bestätigt, daß sie „dort" ist, ankern Sie den Zustand, indem Sie sie an einer bestimmten Stelle berühren (siehe Kap. 3: Ankern) und erklären Sie ihr, daß Sie den Zustand „ankern". Lassen Sie den Anker los.
Bitten Sie Norma, sich selbst zu gestatten, das Gefühl, das mit einem Eßanfall einhergeht, voll zu erleben. Nach einem Moment nickt sie und Sie merken, daß sie ein wenig errötet und schneller atmet als vorher. Zart und fest berühren Sie mit Ihrer Hand ihr Handgelenk, um das Gefühl zu ankern.

2. Unterbrechen Sie den Zustand.
Entfernen Sie Ihre Hand und wechseln Sie das Thema, indem Sie kurz über etwas anderes sprechen – das Wetter, das Mittagessen, irgend etwas Neutrales, das den Zustand unterbricht.
„Oh, erinnern Sie mich daran, Ihnen den Artikel zu zeigen, den ich für Sie aus der Sonntagszeitung ausgeschnitten habe", werfen Sie ein.

3. Überprüfen Sie den Anker.
Feuern Sie den Anker, während Sie weiterhin über ein irrelevantes Thema sprechen, und beobachten Sie aufmerksam, ob sich der Zustand Ihrer Klientin dahin verändert, wie Sie ihn vorher wahrnehmen konnten.
Falls nicht, wiederholen Sie die Schritte 1 bis 3, bis Sie zufrieden sind mit dem kinästhetischen Anker für den Zustand.

4. Finden Sie den Ursprung des Gefühls.
Halten Sie den Anker und bitten Sie die Klientin, sich zu erlauben, sich an Zeiten in der Vergangenheit zu erinnern, als sie dieses Gefühl verspürte und auf die Bilder zu achten, die aufsteigen. Seien Sie geduldig und lassen Sie ihr die Zeit, die sie braucht. Halten Sie weiterhin den Anker, bis die Klientin spürt, daß sie bei dem ersten Mal, als sie dieses Gefühl verspürte, angekommen ist.
Norma erinnert sich zuerst an letzte Woche, als sie von der Arbeit nach Hause kam und sie Steve schon bewußtlos auf der Couch fand. Sie ging direkt zum Schrank und griff zu einer Schachtel mit Keksen.
Sie ermutigen Sie, sich an noch frühere Zeiten zu erinnern, als sie dieses Gefühl verspürte. Sie erinnert sich, wie sie als junge Frau eine Familienpackung Eis verschlang, als sie von einer enttäuschenden Verabredung nach Hause kam. Dann beschreibt sie, wie sie sich mit 12 Jahren in ihrem Zimmer versteckte, um nicht zu hören, wie ihre Eltern sich anschrien und mit Mobiliar aufeinander warfen. Sie dämpfte ihre Angst mit einem Teller voll Schokoladenplätzchen.
Sie leiten Norma an, sich selbst zu erlauben, weiter in der Zeit zurückzugehen bis zum ersten Mal, als sie die Gefühle verspürte, die mit einem Eßanfall verbunden sind. Nach einigen Minuten beschreibt sie, daß ihre Mutter sie anschrie, als sie drei oder vier Jahre alt war. Sie erinnert sich, daß sie Angst hatte und nicht wußte, was sie getan hatte, daß sie diese Schimpftirade verdiente. Nichts, was sie tat, stellte ihre Mutter zufrieden oder konnte sie dazu bringen, mit dem Schreien aufzuhören. Einige Augenblicke später tat es ihrer Mutter leid, war sie liebevoll und gab Norma Milch und Kekse.

5. Decken Sie die positive Absicht hinter dem Gefühl oder Verhalten auf.
Bitten Sie Ihre Klientin, die Situation aus der Perspektive eines Erwachsenen zu betrachten und die positive Absicht des Verhaltens damals zu identifizieren.
Als Norma sich an diese Ereignisse erinnert, kann sie erkennen, daß Essen ihre einzige Trostquelle war, wenn sie traurig, ängstlich oder verwirrt war. Sie weiß, es ist ihr jüngeres Selbst, besonders ihr 3jähriges, das für das Überessen zuständig ist. Mit diesem Verständnis kann sie ihre Motive leichter wertschätzen.

In vielen Fällen wird die Suche nach dem Ursprung intensive Gefühle aus der Kindheit aufdecken. Falls dies passiert, ist es wichtig, auf diese Themen einzugehen und Ihre Klientin zu unterstützen, wenn sie sie konfrontiert. Die Reimprinting-Strategien, die in Kapitel 9 beschrieben sind, und die Reframing-Muster in

Kapitel 11 sind ideal, um in diesen Fällen zu neuen Einsichten und Ressourcen zu verhelfen.

Sie können die Suche nach dem Ursprung auch einsetzen, um Selbstwertgefühl aufzubauen, das Konzept der positiven Absicht zu demonstrieren und eine Grundlage zu schaffen, um unerwünschte Verhaltensweisen in gesunde umzuwandeln.

Als Geschichte

Al erinnerte sich, daß er als das älteste Kind in einer eng verbundenen Großfamilie der Liebling seiner Großmutter war. Die Großeltern waren mit seiner Familie umhergereist, solange sein Vater und sein Großvater zusammen arbeiteten. Als sie sich in Denver niederließen, war Al fünf Jahre alt, und seine Eltern und seine Großeltern zogen in getrennte Häuser. Seine Großmutter vermißte ihn. Sie überredete Als Eltern, Al bei ihr leben zu lassen und riß ihn so aus seiner Familie heraus. Er war erschrocken, verwirrt und verzweifelt. Die einzige ihm bekannte Art, mit dem Schmerz umzugehen, war, sich den Verwandten, die ihn im Stich gelassen hatten, zu entziehen.

Als sich Al an dieses Ereignis erinnerte, konnte er den kleinen Jungen, der das Trauma erlebt hatte, trösten. Er verstand und schätzte sein Motiv, sich Leuten zu entziehen.

Eine andere Methode, um Klienten zu helfen, ihre unterbewußten Muster und Glaubenssätze aufzudecken, wird **Satzergänzungsmethode** genannt. Nathaniel Branden beschreibt den Prozeß in seinem Buch *If you could hear what I cannot say*[3]. Diese Technik ist, wie die Kommunikation mit Teilen, nützlich, um unterbewußte Muster zu erreichen.

Satzergänzung – Überblick

1. **Bestimmen Sie den Satzstamm.**
2. **Die Klientin sagt den Satzstamm laut und ergänzt ihn mit einer Endung.**
3. **Ermuntern Sie sie für Blickkontakt.**
4. **Die Klientin wiederholt den Satzstamm mit neuen Endungen.**
5. **Wiederholen Sie den Prozeß – und bieten Sie der Klientin einen neuen Satzstamm an.**

Satzergänzung – Schritte

1. Bestimmen Sie einen Satzstamm, den Ihre Klientin laut sagen soll.
Zum Beispiel: „Ich bin ein Mensch, der ..."

2. Lassen Sie die Klientin den Satz mit der ersten Ergänzung, die ihr in den Sinn kommt, zu Ende führen.
Bitten Sie sie, den Anfang des Satzes laut auszusprechen und mit dem ersten Gedanken, der ihr in den Sinn kommt, zu ergänzen. Das muß nicht wahr oder wichtig sein, nur der erste Gedanke, der ihr einfällt. Zum Beispiel: „Ich bin ein Mensch, der *Katzen mag.*"
Wenn Sie steckenbleibt, lassen Sie sie sich eine Endung ausdenken.

3. Behalten Sie Blickkontakt.
Bitten Sie sie, Sie häufig anzublicken, um Spontaneität zu fördern und Analyse zu vermeiden.

4. Lassen Sie die Klientin den Satzstamm jedes Mal mit einer neuen Endung laut wiederholen.
Lassen Sie den Satzstamm jedes Mal mit einer neuen Endung 10 bis 15 Mal wiederholen. Bedeutungsvolle Antworten werden auffallen. Vielleicht stellen Sie fest, daß sie errötet, ihr Herz schneller schlägt, daß sie kribbelig wird oder daß Tränen kommen. Wenn es angemessen erscheint, können Sie sie auf ihre Reaktionen hinweisen und über ihre Bedeutung sprechen.

5. Wiederholen Sie den Prozeß mit einem neuen Satzstamm.
Wenn Sie merken, daß die Wirksamkeit eines Satzstamms nachläßt, geben Sie ihr einen neuen.
In dem Maß, wie Sie mit dieser Technik vertraut werden, werden die Endungen der Klientin Sie ermuntern, neue Satzstämme zu erfinden.

Es folgen Beispiele von Satzstämmen, die sich in der Arbeit mit Norma entwickelten

Der ursprüngliche Satzstamm ist: *Etwas, das Essen für mich tut, ist ...*

Norma ergänzt u.a.:

- Etwas, das Essen für mich tut, ist, *mich beruhigen.*
- Etwas, das Essen für mich tut, ist, *mir zu helfen, mich gut zu fühlen.*
- Etwas, das Essen für mich tut, ist, *mich dick bleiben zu lassen.*

Ihre letzte Antwort legt Ihnen nahe, einen neuen Satzstamm auszuwählen: *Ein Vorteil davon, dick zu sein, ist ...* Normas Endungen für diesen Satzstamm sind sehr aufschlußreich.

- Ein Vorteil davon, dick zu sein, ist, *daß ich nicht attraktiv sein brauche.*
- Ein Vorteil davon, dick zu sein, ist, *daß ich Steve nicht verlassen kann.*
- Ein Vorteil davon, dick zu sein, ist, *daß ich nicht zurückgewiesen werde.*

Diese Endungen zeigen einen Sekundärgewinn von Dicksein: Es bewahrt Norma davor, potentiell von anderen Männern abgelehnt zu werden.

Satzergänzung ist auch nützlich, um die Macht früherer Erlebnisse zu enthüllen:

Was ich (als Kind) von meiner Mutter gebraucht hätte und nicht bekam, war ...

Was ich (als Kind) von meinem Vater gebraucht hätte und nicht bekam, war ...

Was ich als Kind tat, um zu überleben, war ...

Was ich von meiner Mutter über Männer lernte, war ...

Was ich von meinem Vater über Frauen lernte, war ...

Ich spreche mit der Stimme meiner Mutter, wenn ich ...

Ich spreche mit der Stimme meines Vaters, wenn ich ...

Die Meta-Modell-Fragen von Kapitel 6 und diese Satzstamm-Techniken helfen, die einschränkenden Glaubenssätze Ihrer Klienten und ihren Ursprung zu identifizieren. Wenn diese einmal aufgedeckt sind, können die Kindheitserlebnisse, auf denen diese Glaubenssätze basieren, geheilt werden.

8 Grenzen

Gute Zäune machen gute Nachbarn.
– Robert Frost

„Entschuldigen Sie, daß ich zu spät komme", keucht Norma, als sie in Ihr Beratungszimmer stürmt. Ihre rosa Wangen glänzen vor Schweiß und sie streicht ihren Rock über ihrem Schoß glatt. „Steve bat mich, Bier für später zu besorgen. Er hat ein paar Freunde eingeladen, damit sie das Spiel heute abend zusammen anschauen."

Sie erinnern sich aus der letzten Sitzung, daß Norma geplant hatte, an diesem Abend eine spezielle Sendung im Fernsehen anzusehen. Sie hatte sie Ihnen in der Programmzeitschrift gezeigt und sie aufgefordert, sie auch anzusehen. „Haben Sie sich entschieden, die Sendung heute abend nicht anzuschauen?" fragen Sie.

„Nicht richtig entschieden", antwortet Norma. „Es hat sich einfach so ergeben."

„Haben Sie Steve gesagt, daß Sie die Sendung sehen wollen?"

„O ja, aber das macht nichts. Er wußte auch, daß ich heute einen Termin bei Ihnen habe, und ich mußte trotzdem Bier kaufen."

„Was wäre passiert, wenn Sie sich geweigert hätten, Bier zu besorgen und auf die Fernsehsendung heute abend zu verzichten?"

„Ach wissen Sie, das ist nun mal meine Rolle in der Familie. Mutter hat sich um alles zu kümmern."

„Auf Ihre Kosten? Wo bleiben Sie?"

Daß Norma es so einfach akzeptiert, daß Steve ihre Pläne durchkreuzt, ist ein Zeichen ihrer schwachen Grenzen. Norma findet nichts dabei, daß sie ihr Leben ändert, um seine Forderungen zu erfüllen, weil sie kein Gefühl für ihre eigenen Bedürfnisse und deren Berechtigung hat. Später wird sie ihren unbewußten Schmerz durch Überessen lindern. Fettsüchtige Leute haben oft Grenzen aus Fett aufgebaut, um sich selbst abzuschirmen, weil sie keine Ressourcen haben, gesunde Grenzen zu errichten.

Ein anderes Beispiel von Normas Problem mit ihren Grenzen zeigt sich, wenn sie in Tränen aufgelöst in Ihre Praxis kommt, weil ihre Tochter es nicht geschafft hatte, in der Schule „cheerleading squad“ zu werden.* Debbie war verständlicherweise ärgerlich darüber, verloren zu haben, von der Schule nach Hause gekommen, und Norma hat sich mit in ihre Verzweiflung gestürzt. Als Norma in Ihre Praxis kommt, sagt sie immer noch: „Was kann ich tun?“, als ob sie selbst verloren hätte.

Obwohl Eltern natürlicherweise mit ihren Kindern mitfühlen, gefährdet eine Verstrickung mit den Kindern ihre Fähigkeit, wirkungsvoll zu erziehen, wenn sie durch das Verlieren ihrer Kinder handlungsunfähig werden. Dieses Phänomen tritt häufig bei Vätern auf, deren Söhne in der Jugendmannschaft spielen. Vater wird wütend, wenn der Schiedsrichter einen Ball gutheißt, den Vater im Aus gesehen hat, und es kommt fast zu Handgreiflichkeiten, weil er seinen Sohn verteidigen will. Da ist Vaters Ego engagiert, das Spiel zu gewinnen.

Eine andere stereotype Verstrickung von Grenzen passiert, wenn Mütter persönlich in die Jugendromanzen ihrer Töchter mit hineingezogen werden. Mami gibt ihre „ohs“ und „ahs“ über jeden Freund ab, gibt Tips, wie man sich den nettesten Jungen angelt und flirtet – in extremen Fällen – selbst mit den Jungen. Sie mag ihre Jugendjahre wieder erleben oder so schwache Grenzen haben, daß sie ihre Gefühle nicht von denen ihrer Tochter unterscheiden kann.

Zu Verstrickung von Grenzen kommt es in allen möglichen Beziehungsformen und zwischen allen Altersstufen. In dysfunktionalen Familien ist sie die Regel. Menschen werden für die Gefühle anderer verantwortlich gemacht, gewöhnlich auf Kosten ihrer eigenen Gefühle. Es ist nicht ungewöhnlich für ein Elternteil zu sagen: „Sieh nur, was du getan hast. Du hast uns allen das Essen verdorben, nur weil du zu spät kamst.“ Welche Macht erhält die/der Schuldige!

Gesunde Grenzen erlauben einem Menschen, zwischen seinen eigenen Bedürfnissen, Wünschen und Sehnsüchten und denen anderer zu unterscheiden. Das hat nichts mit Gleichgültigkeit gegenüber den Bedürfnissen anderer zu tun, sondern mit der Fähigkeit zu unterscheiden. Wenn ein Mensch die meisten Entscheidungen trifft auf der Grundlage, was andere wünschen, dann deshalb, weil er seine eigenen Sehnsüchte nicht identifizieren kann, oder weil sein Selbstwertgefühl so gering ist, daß er sich unwürdig fühlt, eigene Sehnsüchte zu haben. Bei Co-Abhängigen trifft meist beides zu.

Bevor Menschen gesunde Grenzen entwickeln können, müssen sie sich der Verstrickungsmuster in der Familie bewußt werden und sie als das ansehen, was sie sind. Co-Abhängige lernen, daß es anderen gegenüber „rücksichtsvoll“ ist, die

---

* Funktion, in die amerikanische Schüler gewählt werden können. (A. d. Ü.)

eigene Realität zu verleugnen, und daß es „zuvorkommend" ist, die Bedürfnisse anderer vorherzusehen, ja sie zu erfüllen, noch bevor sie geäußert werden. Es ist logisch, daß Leute unklare oder nicht existierende Grenzen entwickeln, wenn sie gelernt haben, daß es wünschenswert ist, sich immer an letzte Stelle zu stellen.

Erklären Sie Ihrem Klienten, daß er nur das lernen konnte, was ihm beigebracht wurde und daß er jetzt die Ressourcen hat, eine Reihe wirkungsvollerer Strategien zu lernen. Versichern Sie ihm, daß gesunde Grenzen zu entwickeln nicht bedeutet, ein Monster zu werden, dem die anderen gleichgültig sind. Es kann hilfreich sein, ihm zu erklären, daß man nur dann anderen geben kann, wenn man zuerst ein Gefühl für sich selbst hat.

Es folgen einige Prozesse, die dem Klienten helfen, gesunde Grenzen zu verstehen und aufzubauen.

Drei Perspektiven

Wir beginnen mit einem Modell von drei Perspektiven persönlicher Interaktionen.

1. **Selbst:** ist die eigene Perspektive.
Aus dieser Perspektive sind wir uns unserer Gedanken, Gefühle und Wahrnehmungen als unserer ureigensten bewußt. Wir wissen, wie sich unser Körper anfühlt, welche Gedanken uns durch den Kopf gehen und was unsere Sinne wahrnehmen. Wir sind uns bewußt, was in uns vorgeht im Gegensatz zu dem, was außerhalb von uns vorgeht. Unsere Wünsche und Sehnsüchte basieren in diesem Zustand auf unseren eigenen Bedürfnissen.

2. **Anderer:** ist die eigene Intuition darüber, was eine andere Person erlebt.
Aus dieser Perspektive agieren wir, als ob wir die Wirklichkeit einer anderen Person erleben würden. Wir verhalten uns, als ob wir die Situation aus ihrer Perspektive wahrnehmen würden, ihre Gedanken denken würden, und ihre Gefühle spüren würden.

3. **Beobachter:** ist die Perspektive von jemand, der aus einer distanzierten Position beobachtet.
Aus dieser Perspektive können wir die Situation ohne Emotionen wahrnehmen, als ob wir aus der Perspektive einer dritten Person uns selbst und jemand anderen in einer Interaktion beobachten würden.

Die folgende Illustration kann dem Klienten helfen, das Konzept der Wahrnehmungspositionen zu verstehen:

Zu Verstrickung oder mangelnden Grenzen kommt es, wenn die eigene Realität dauernd und im Übermaß von jemand anderem beeinflußt wird. **Selbst** wird mit **Anderem** verstrickt. „Warum tust du mir das an?" fragt ein Co-Abhängiger, wenn sein Partner sich betrinkt. „Er macht mich verrückt mit seinen Beleidigungen", sagt die Ehefrau, die sich nicht von ihrem Mann trennen kann, der sie emotional mißbraucht.

Um die Verantwortung für sein eigenes Glück zu übernehmen, muß ein Mensch zuerst seine Identität von der seiner Eltern trennen können (siehe Kapitel 1 für die Entwicklungsstufen nach Erikson). Bis ein Kind etwa zwei Jahre alt ist, ist seine Identität nicht von der seiner Mutter zu trennen. Weil sie so eng verbunden sind, nimmt es all ihre emotionalen Zustände als seine wahr. Wenn es älter wird, wird es durch die Art und Weise, wie seine Eltern über und mit ihm sprechen, definiert. Hiam Ginott* sagte: „Ein Kind ist wie nasser Zement; was immer darauf fällt, hinterläßt einen Eindruck." Ein Kind, das in einer gesunden Umgebung aufwächst, darf in sicheren Schritten nach und nach sanft seine Identität von der seiner Eltern trennen.

Die folgenden Illustrationen können dem Klienten helfen, die Funktion von Grenzen in persönlichen Interaktionen zu verstehen:

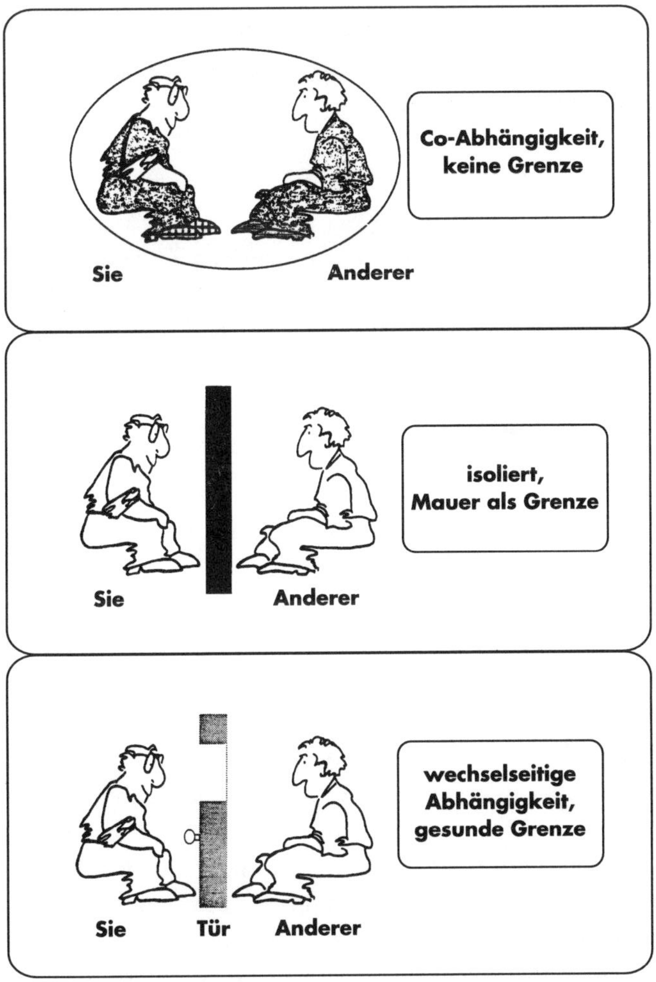

* Der Psychologe Hiam Ginott ist Autor von *Between Parent and Child, Between Parent and Teen, Between Teacher and Child* und *Group Psychology with Children.*

Wahrnehmen des persönlichen Raumes und der Grenzen

Um das Existieren einer unsichtbaren Grenze bei Ihrem Klienten zu demonstrieren, bitten Sie ihn, im Stehen einen Arm auf Schulterhöhe gerade nach vorn auszustrecken. Stellen Sie sich ungefähr 30 cm von seinen Fingerspitzen entfernt hin. Bitten Sie ihn, auf einer Skala von 1 (absolut sicher) bis 10 (bedroht) zu sagen, wie er sich fühlt. Merken Sie sich das Ergebnis und nähern Sie sich ihm Schritt für Schritt und registrieren Sie bei jedem Schritt seinen Grad an Behaglichkeit.

Weisen Sie ihn darauf hin, daß das zeigt, daß Grenzen natürlicherweise existieren; sie müssen nur gestärkt werden.

Die folgende gelenkte Phantasiereise hilft, das Konzept der flexiblen Grenzen einzuführen.

Versetzen Sie Ihre Klientin in einen entspannten Zustand und führen Sie sie durch diesen Prozeß:

Innerer Rückzugsort*

Zu Beginn lassen Sie sich Ihre Klientin vorstellen, wie sie an einem schönen Tag in einem Park spazierengeht und dabei genießt, was es bei einem solchen Erlebnis zu sehen, zu riechen und zu hören gibt. Fahren Sie fort mit diesen Anweisungen. *(Anmerkung: Pacen Sie die Anweisungen, um der Phantasie Ihrer Klientin zu erlauben, die Szenen zu erschaffen, die Sie beschreiben.)*

Während Sie durch die schönen Wiesen mit Bäumen streifen, hören Sie Kinder lachen. Sie klingen weit weg. Sie vermuten, daß irgendwo im Park ein Spielplatz sein muß. Nach einer Biegung Ihres Weges sehen Sie in einiger Entfernung den Spielplatz. Sie sehen Kinder auf Schaukeln und Rutschbahnen. Als Sie auf die Kinder zugehen, bemerken Sie ein Kind, das allein in einem Sandkasten spielt. Sogar aus der Entfernung kommt Ihnen dieses Kind vertraut vor. Als Sie auf das Kind zugehen, merken Sie, daß Sie dieses Kind sind in einem sehr jungen Alter. Es schaut sie an und sieht glücklich aus, als es Sie sieht. Als Sie es in Ihre Arme nehmen, erklären Sie ihm, daß Sie aus seiner Zukunft sind. Sie sind zurückgekom-

* Wir lernten das Konzept des Kraftfeldes in Form einer Hülle in einem Selbstverteidigungskurs für Frauen – Model Mugging.

men, um es zu beschützen und wissen zu lassen, daß es alles überleben wird, was es als Kind erlebt.

Sie hören ihm zu, als es Ihnen erklärt, was es jetzt von Ihnen braucht. Trösten Sie es, versichern Sie ihm, daß Sie es nie mehr allein lassen, ganz egal was passiert. Sagen Sie ihm, daß Sie zurückgekommen sind, um ihm zu zeigen, wie es sich einen sicheren Platz erschaffen kann, in den es sich zurückziehen kann, wann immer es will.

➤ Wenn Sie sich umschauen, sehen Sie, daß Sie von einem großen, transparenten, flexiblen Kraftfeld umgeben sind. Die äußeren Grenzen des Kraftfeldes sind wie eine starke Membran – nichts kann sie durchdringen. Sie und Ihr jüngeres Selbst sind sicher in diesem Kraftfeld. Es kann klar und durchsichtig oder farbig sein. Vielleicht glitzert es auch. Es ist wie die Kraftfelder in „Star Trek – die nächste Generation".

➤ Innerhalb dieser geschützten Hülle ist Ihr innerer Rückzugsort. Es ist der schönste Ort, den Sie sich vorstellen können – es kann eine Bergwiese sein, oder ein Strand oder ein bestimmtes Zimmer – was immer Sie sich wünschen. Dieser Schutzraum wird von dem Kraftfeld umgeben und in ihm ist alles, was Sie brauchen, um Ihre Wünsche wahr werden zu lassen und um sich selbst kennenzulernen. Vielleicht haben Sie Musik, oder eine Bibliothek oder Tiere. Was immer Sie sich wünschen, ist da. Berühren Sie die Dinge, die Ihnen gehören. Hören Sie die Geräusche und sehen Sie die Schönheit.

➤ Nur eines ist niemals in Ihrem Schutzraum erlaubt, nämlich andere Menschen. Das ist Ihre Domäne; niemand außer Ihnen selbst und Ihren jüngeren Persönlichkeitsanteilen ist hier erlaubt. Dies ist der Ort, wo Sie mit sich zu Rate gehen und sich sicher fühlen.

➤ Je nach Bedarf kann dieses membranartige Kraftfeld sich ausdehnen oder schrumpfen. Wenn Sie sich von jemand distanziert fühlen wollen, wird es sich ausdehnen wie ein Ballon, wenn Sie einem Freund oder Liebhaber nahe sein wollen, kann es nahe an Sie herangleiten, und nur Ihren Körper bedecken. Manchmal schrumpft das Kraftfeld zusammen und schützt nur Ihr innerstes Wesen im Zentrum Ihres Körpers und sorgt dafür, daß schmerzliche Worte durch Ihren Körper hindurchgehen und um Ihr innerstes Wesen herumgehen, weil das Kraftfeld sie ablenkt.

➤ Plazieren Sie ein Bild von sich außerhalb und vor sich, wie Sie von dem ballonartigen Kraftfeld umgeben sind. Beobachten Sie, wie dieses Selbst ihre neue Grenze benutzt.

➤ Nehmen Sie wahr, wie sich jemand dem äußeren Rand des Kraftfeldes nähert. Es ist jemand, dem Ihr Selbst nicht vertraut. Wenn diese Person versucht, Ihr Selbst zu erreichen, wird sie von dem Kraftfeld gestoppt. Die Person kann nicht näher herankommen. Die Taten und Worte dieses Menschen prallen von den starken Rändern des Kraftfeldes ab und kehren zu ihm zurück. Vielleicht finden Sie es amüsant, das zu beobachten. Ihr Selbst fühlt sich sicher und geschützt durch diese flexible Membran und kann deutlich durch die Membran sehen und hören, aber die andere Person kann Ihr Selbst mit ihren Handlungen oder Worten nicht erreichen.

➤ Als nächstes sehen Sie, wie jemand, den Ihr Selbst liebt und dem sie vertraut, sich der Grenze nähert. Ihr Selbst kann die Grenze schrumpfen lassen, damit diese Person nahekommen kann. Wenn das Selbst es will, kann es die Membran so weit schrumpfen lassen, daß sie nur Ihr innerstes Wesen beschützt. Wenn die Membran schrumpft, wird sie dadurch noch stärker.

➤ Beobachten Sie Ihr Selbst, wie es Ihre neue Grenze mit verschiedenen Leuten ausprobiert. Nehmen Sie wahr, wie sich die Membran bei einigen Leuten ausdehnt und sie so auf Distanz hält, und bei anderen schrumpft, um Nähe zuzulassen.

➤ Wenn sich Ihr Selbst in dieser flexiblen, starken Hülle behaglich und zuversichtlich fühlt, strecken Sie die Hand aus und holen Sie das Bild in sich selbst zurück. Spüren Sie, wie es in Ihr ganzes Wesen integriert wird. Denken Sie sich viele Möglichkeiten aus, wie Sie diese Grenze einsetzen werden, um sich sicher und getrennt von anderen zu fühlen, und wie Sie sie nutzen werden, um Menschen, denen Sie vertrauen, nahe zu sein.

➤ Ihr innerer Rückzugsort befindet sich innerhalb des Kraftfeldes und ob es sich ausdehnt oder schrumpft, Ihr innerer Rückzugsort und Ihr inneres Kind sind beschützt.

Lassen Sie Ihre Klientin zu Ihrem Tagesbewußtsein zurückkehren und sprechen Sie mit ihr über die Erfahrung und die Arten, wie sie die flexible Grenze in künftigen Situationen nutzen wird.

Der innere Rückzugsort ist eine wertvolle Ressource für fortlaufende Therapie. Er kann als sicherer Verwahrungsort für Ressourcen genutzt werden, um mit dem inneren Kind in Verbindung zu kommen, um einen inneren Mentor für Trost und Rat zu treffen und um sich zurückzuziehen, wenn man sich von den äußeren Umständen überwältigt fühlt. Er dient als tragbarer Zufluchtsort, der völlig in der Kontrolle des Klienten ist.

Übung

Wie bei jeder neuen Fertigkeit ist Übung auch hilfreich, das Konzept des Kraftfeldes zu nutzen. Stellen Sie sicher, daß Ihre Klientin sich mehrere Situationen vorstellt, in denen Grenzen förderlich sind.

Ein Teil des Problems mit schwachen Grenzen ist die Unfähigkeit des Klienten, seinen eigenen Gefühlen zu vertrauen. Herauszufinden, welche Menschen vertrauenswürdig sind, ist ein grundlegendes Thema. Es ist unbedingt erforderlich, innerhalb des Schutzraumes absolutes Vertrauen in die eigene Wahrnehmung und Intuition des Klienten aufzubauen. Kapitel 12 handelt davon, solche Fähigkeiten zu entwickeln.

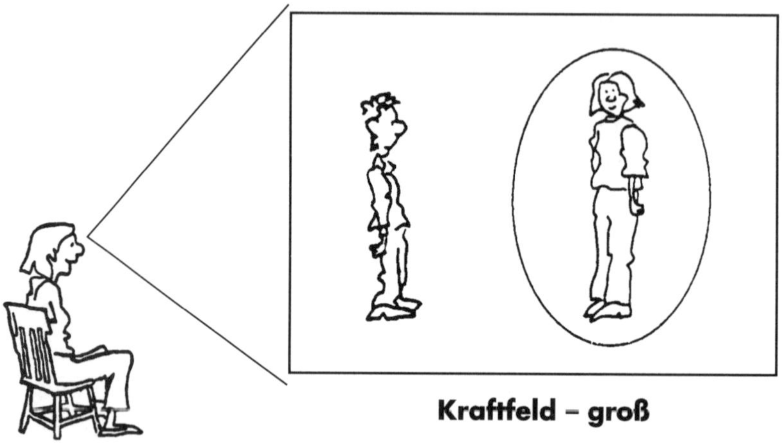

Kraftfeld – groß

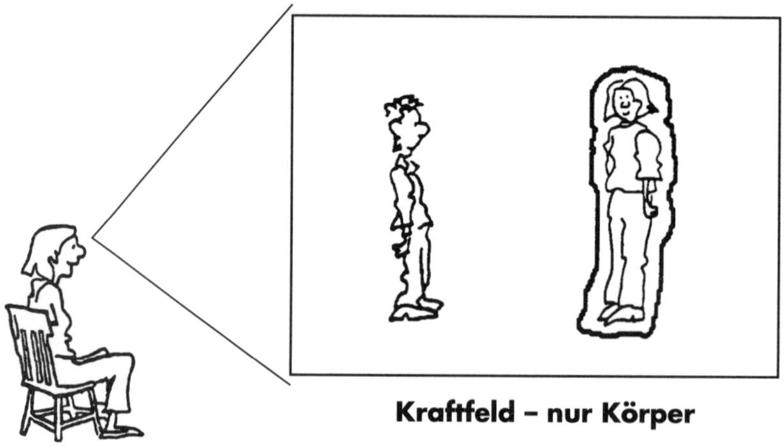

Kraftfeld – nur Körper

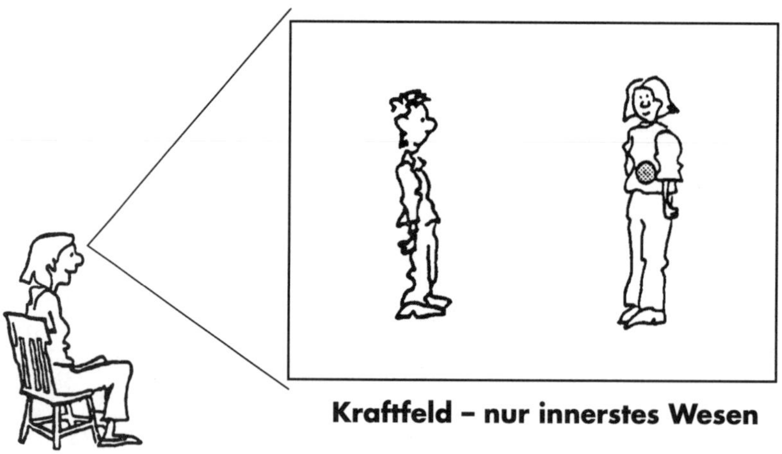

Kraftfeld – nur innerstes Wesen

Wie Norma von ihrem inneren Schutzraum Gebrauch macht

In Normas Fall besprechen Sie drei Situationen, die typische Probleme für sie waren, während sie ein Bild von sich selbst betrachtet, das von der Kraftfeldhülle umgeben ist.

1. Das erste hat mit Steves Erwartung zu tun, daß Norma Bier kauft. Sie geht die Erinnerung noch einmal durch und beobachtet, wie sie ihm höflich aber bestimmt sagt: „ Ich habe heute keine Zeit, für dich Bier zu kaufen, Steve. Außerdem mußt du vergessen haben, daß ich geplant hatte, die Sendung heute abend anzuschauen." Steve schmollt, wenn er mit dieser Information konfrontiert wird. Norma merkt, daß sie gegen sein manipulatives Verhalten abgeschirmt ist.

Nachdem sie die Szene in ihrer Vorstellung durchgespielt hat, fühlt sich Norma sicher, Steves Bitte abzulehnen, vor allem weil sie merkt, wie „gewichtig" sie sich fühlt in bezug auf ihre eigenen Bedürfnisse.*

2. In der Situation mit Debbie und ihren Versuchen, „cheerleading squad" zu werden, reagiert Norma ganz anders, wenn sie sich ihrer Grenzen bewußt ist. In der „überarbeiteten" Version empfindet Norma Mitgefühl mit ihrer Tochter in ihrem Schmerz und setzt sich geduldig hin, um sie zu trösten, wenn Debbie tränenüberströmt nach Hause stürzt. Sie hört sich Debbies Tirade an, ohne das Bedürfnis zu verspüren, den Cheerleading-Sponsor zu konfrontieren oder sich mit Debbie auf ihre maßlose Enttäuschung einzulassen. Wie vorherzusehen war, ändert Normas neues Verhalten auch Debbies Verhalten. Wenn Debbie Norma ruhig und unterstützend erlebt, kann Debbie ihre eigenen Gefühle erleben, ohne Angst haben zu müssen, ihre Mutter aus der Fassung zu bringen. Außerdem bemerkt Norma, daß es für ihren Blutdruck viel leichter ist, in den eigenen Grenzen zu bleiben.

3. Die dritte Situation hat mit Normas Chef zu tun. Er hat keine Gewissensbisse, von Norma Überstunden zu verlangen, wenn er zusätzliche Arbeit hat. Norma hat

* Wenn sich eine Person in einer Beziehung ändert, hat das Auswirkungen auf den Partner, der wahrscheinlich zahlreiche „Umkehr"-Manöver unternehmen wird, um den Status Quo aufrechtzuerhalten. In einigen Fällen kann das auch Gewalt beinhalten. Es ist deshalb unerläßlich, in den Schutzraum eine Überprüfung der Realität (*reality check*) einzubauen, die die Klientin vor körperlicher Gewalt warnt.
Wenn Sie mehr über „Umkehr"-Manöver erfahren wollen, empfehlen wir das Buch *Wohin mit meiner Wut?* von Harriet Goldhor Lerner[1]. In Kapitel 12 werden wir Realitätschecks besprechen und auf häusliche Gewalt eingehen.

sich nie geweigert, obwohl es ihr häufig große Unannehmlichkeiten bereitete. In ihrem Schutzraum hört sich Norma auf die übliche Bitte ihres Chefs antworten: „Ich wünschte, ich könnte Ihnen heute abend helfen, aber da ich es nicht im voraus wußte, muß ich ablehnen. Ich weiß, Sie haben dafür Verständnis." Nur das. Und ihr Chef? Er nickt nur, und hat einen verdutzten Gesichtsausdruck.

Laptop-Bildschirm

Es folgt eine Methode, die Ihrer Klientin hilft, in Alltagssituationen bewußt ihre Grenzen zu stärken.

Laptop-Bildschirm – Überblick

1. **Wählen Sie eine Grenzverletzung.**
2. **Setzen Sie einen Anker.**
3. **Übertragen Sie den Anker.**
4. **Üben Sie und machen Sie einen Future Pace.**

Laptop-Bildschirm – Schritte

1. Wählen Sie eine Grenzverletzung.
Lassen Sie Ihre Klientin an eine Begebenheit denken, in der sie von einer Bemerkung übermäßig berührt wurde. Sie erinnert sich an die Szene, fühlt dabei körperliches Unbehagen und sieht die Person vor sich, die jene schmerzliche Bemerkung macht.

2. Setzen Sie einen Anker.
Lassen Sie sie dann ihre Hände nach oben halten, die Finger zeigen an die Decke, die Daumen berühren sich, wie wenn sie eine Windschutzscheibe formten.

Sie kann die Person durch diese Windschutzscheibe sehen. Lassen Sie sie das Gefühl beschreiben.
(Vielleicht hören Sie: „Ich fühle mich jetzt geschützt. Ich fühle mich berechtigt, sie auf Distanz zu halten. Ich fühle mich sicherer und unpersönlicher.")

3. Übertragen Sie den Anker.
Bitten Sie sie, das Fenster und die Kraftfeldhülle an dieser Stelle zu sehen, während sie ihre Hände in ihren Schoß legt und ihre Finger verschränkt.
Diese Handhaltung wird die Grenze zu ihrem Rückzugsort auslösen.

4. Üben und Future Pace.
Üben Sie, diesen Anker mit verschiedenen Erinnerungen, in denen sich die Klientin verängstigt oder bedroht fühlte, anzuwenden. Sie soll sich zwei oder künftige Situationen vorstellen, in denen dieser Laptop-Bildschirm hilfreich sein wird.

Hinterhältige Eindringlinge

Ressourcen wie der innere Schutzraum und der Laptop-Bildschirm sind wertvoll, um die Grenzen ihrer Klienten zu stärken. Oft jedoch kommt es zu Grenzverletzungen ohne Wissen des Empfängers. Manchmal fühlen wir uns nach einer Begegnung unbehaglich, können aber die Ursache nicht genau ausmachen. Versteckte Sprachverletzungen können die Ursache sein. Das Pronomen „Sie/du" erscheint in vielen Rollen.

Du/Sie als Aussteiger

Leute verwenden das Wort „du/Sie" oft, um das Pronomen „ich" zu ersetzen. Generell wird die Verwendung von „du/Sie" in den folgenden Beispielen von den Zuhörern übersehen:

- „Heutzutage werden Sie nirgends gut bedient."
- „Wenn Sie während der Hauptverkehrszeit unterwegs sind, müssen Sie wirklich Angst haben."
- „Man kann den Leuten einfach nicht mehr trauen."

„Du/Sie" wird oft verwendet als eine Verallgemeinerung, bei der der Sprecher davon ausgeht, daß jeder seine Ansicht der Welt teilt. Auch wenn es ärgerlich ist, ist es harmlos. Das Pronomen „ich" zu verwenden, erfordert vom Sprecher, seine Aussage zu personifizieren.

Du/Sie als Waffe

Andererseits kann „du/Sie" als Pfeil verwendet werden, der leicht die Grenzen eines ungeschützten Zuhörers durchdringt:

- „Du nimmst nur auf deine eigenen Bedürfnisse Rücksicht."
- „Sie haben garantiert nichts mit Personalführung zu tun."
- „Sie planen nie voraus."

Klienten mit schwachen Grenzen neigen dazu, solche Spitzen zu internalisieren und sie zu glauben, oder zumindest von ihnen verletzt zu werden. Das Wort „du/Sie" hat eine Möglichkeit, selbst durch geschützte Grenzen hindurchzuschlüpfen. Beim Definieren der eigenen Identität sind einige Strategien hilfreich, die verhindern, daß „du/Sie"-Aussagen direkt ins Herz gehen. Auch berechtigte Kritik ist nutzlos, wenn sie den Zuhörer unfähig macht.*

---

* Wir danken Edward Heidicker aus Denver, Colorado, für die Einsicht in bezug auf das Wort „du/Sie" als Grenzverletzung.

Es folgt eine Methode, die Ihrer Klientin hilft, ihre Grenzen bewußt zu stärken.

Die Grenzen vor „du/Sie"-Verletzungen schützen – Überblick

1. **Identifizieren Sie eine Grenzverletzung.**
2. **Bestimmen Sie, wie die Klientin reagieren möchte.**
3. **Ankern Sie die Ressource.**
4. **Fügen Sie Ressourcen hinzu.**
5. **Testen Sie den Anker.**
6. **Integrieren Sie die neue Reaktion.**

Die Grenzen vor „du/Sie"-Verletzungen schützen – Schritte mit Beispielen

1. Identifizieren Sie eine Grenzverletzung.
Besprechen Sie die Idee mit Ihrer Klientin und fragen Sie, ob sie sich daran erinnert, sich auf eine „du/Sie"-Aussage hin verwirrt oder wehrlos gefühlt zu haben.
Norma: *Debbie macht das ständig. Sie sagt: „Du nimmst nie Rücksicht auf meine Gefühle. Du kümmerst dich überhaupt nicht um mich." Das geschah erst wieder am Samstag, als ich ihr sagte, sie könne nicht allein in die Spätvorstellung im Kino gehen.*

2. Bestimmen Sie, wie die Klientin reagieren möchte.
Fragen Sie Norma, wie sie sich statt dessen gerne fühlen würde und elizitieren Sie die zusammengestellte Reaktion.
Sie: *Wie würden Sie sich gerne fühlen, wenn Debbie diese Seitenhiebe gegen Sie austeilt?*
Norma: *Ich würde mich gerne gewichtig und ausgeglichen in meinen Interaktionen mit Debbie fühlen. Ich möchte die Überzeugung behalten, daß das, was ich tue, zu ihrem Besten ist.*
Sie: *Können Sie sich an eine Zeit erinnern, als Sie dieses Gefühl hatten und von Ihrer Entscheidung überzeugt waren? (Norma nickt.) Gut.*
Sollte Ihre Klientin Schwierigkeiten haben, sich an einen geeigneten ressourcevollen Zustand zu erinnern, könnten Sie u. a. folgende Gefühle vorschlagen:

- Neugier
- Dissoziation
- Aufmerksamkeit

Sie: *Wie würden Sie gerne auf Debbie reagieren, wenn sie diese „du"-Spitzen losläßt, Norma?*
Norma: *Mir ist danach, ihr zu sagen, sie soll den Mund halten, aber ich kann sehen, daß das nicht zu meinem gewünschten Ergebnis führt. Vielleicht könnte ich ihr einfach sagen, daß ihre Worte meine Gefühle verletzen und sie bitten, mir zu sagen, wie sie sich fühlt? Ich könnte ihr helfen, auch „ich"-Aussagen zu machen.*

3. Ankern Sie den Zustand.
Bitten Sie die Klientin, zu erleben, wie es ist, diese positive Ressource zu haben, und ankern Sie das Gefühl.
Sie: *Norma, ich möchte Sie bitten, zu der Zeit zurückzugehen, an die Sie sich vorhin erinnerten, und dieses gewichtige Gefühl von Überzeugtsein voll zu erleben, während ich Ihr Handgelenk berühre. Erlauben Sie diesen Gefühlen, sich zu verstärken, während sich der Druck meiner Hand verstärkt.*

4. Fügen Sie Ressourcen hinzu.
Lassen Sie sie einen anderen positiven Zustand erleben und wenn sie ganz darin assoziiert ist, ankern Sie an der selben Stelle. Fahren Sie fort, bis alle Ressourcen, die sie sich wünscht, in diesen Anker „gestapelt" sind.
Sie: *Jetzt möchte ich Sie bitten, hierher zurückzukommen und andere Ressourcen zu identifizieren, die Sie haben möchten, wenn Debbie ihre „du"-Attacken losläßt.*
Norma: *Bei solchen Gelegenheiten möchte ich meine Gefühle von Unsicherheit loswerden können.*
Sie: *Dissoziieren ist eine nützliche Fähigkeit bei so einer Gelegenheit. Stellen Sie sich vor, wie Sie aus Ihrem Körper heraus und an die Decke schweben und dabei Ihre Interaktion mit Debbie beobachten. (Ihnen fiel auf, daß sich Normas Kopf leicht nach hinten neigte und ihre Haut etwas blasser wurde. Das ist gut. Während Sie nun diese Interaktion beobachten, werde ich dieselbe Stelle an Ihrem Handgelenk drücken, um diese Ressourcen zu verbinden. (Sie drücken den Anker von vorhin und sehen eine Mischung aus dem „gewichtigen" Zustand und dem eben elizitierten dissoziierten Zustand.)*
Unterbrechen Sie den Zustand.
Sie: *Gut. Erzählen Sie mir, worüber Sie sich zuletzt mit Debbie unterhielten? (Während Norma nachdenkt, testen Sie den Anker.)*

5. Testen Sie den Anker.
Überprüfen Sie den Anker, indem Sie ihn auslösen und achten Sie auf ihre Reaktion. Wenn eine positive Reaktion bemerkbar ist, fahren Sie fort. Wenn nicht, wiederholen Sie Schritte 3 und 4.
(Sie sehen an den nonverbalen Hinweisen, daß der Anker erfolgreich ist.)

6. Integrieren Sie die neue Reaktion.
Feuern Sie die ressourcevollen Anker, lassen Sie die Klientin an eine Begebenheit denken, als eine „du/Sie"-Aussage sie aus der Fassung brachte. Bitten Sie sie, die neue Reaktion zu erleben.
Sie: *Ich bitte Sie Norma, diese Ressourcen (lösen Sie den Anker aus) mitzunehmen zu einer Gelegenheit, als Debbie Sie mit ihren „du"-Worten verletzte. Nehmen Sie wahr, wie sich die Erfahrung unterscheidet. So ist es richtig. Nun gehen Sie zu einem anderen Beispiel. Und stellen Sie sich eine Interaktion in der Zukunft vor, bei der Sie die neuen Ressourcen zur Verfügung haben. (Geben Sie ihr genug Zeit, diese Aufgabe auszuführen.)*

Norma: *Es fühlt sich jetzt viel leichter an. Ich freue mich beinahe auf eine Gelegenheit, wenn ich von meiner jugendlichen Tochter herausgefordert werde.*
Wenn Ihre Klientin aus einem ressourcevollen Zustand heraus handelt, kann sie souveräner reagieren. Vorschläge, die Sie machen könnten:

- Verwenden Sie „ ich"-Aussagen, um Gefühle auszudrücken.
- Stille
- Lassen Sie den Sprecher wissen, daß Sie anderer Meinung sind und nicht eines von den „ du's", die er beschreibt.

Sie können auch den bereits beschriebenen Laptop-Bildschirm als Reaktion auf die „ du/Sie"-Aussagen verwenden. Fügen Sie nur Schritt 7 und 8 hinzu.

7. Lassen Sie die Klientin sich die Kraftfeldhülle um sich herum vorstellen. Wenn sie erlebt, wie sie durch sie hindurchschaut und sich sicher fühlt, ankern Sie dieses Gefühl.

8. Bitten Sie sie, sich an eine „du/Sie"-Verletzung zu erinnern und schlagen sie ihr vor, sich mit der Grenze daran zu erinnern, während Sie den Anker auslösen.

Gelassen mit Kritik und anderen persönlichen Angriffen umzugehen, ist nur ein Schritt auf dem Weg, flexible Grenzen aufzubauen. Ein Mensch mit einer gesunden Identität lebt kongruent mit seinen eigenen Gefühlen, Wahrnehmungen und Meinungen. Ein deutliches Zeichen einer gesunden Identität ist der Gebrauch des Pronomens „ich" eines Menschen.

Viele Co-Abhängige meiden „Ich-Aussagen", weil solch direkte und ehrliche Kommunikation sich nicht damit vereinbaren läßt, Gedanken zu lesen und andere an die erste Stelle zu setzen. Co-abhängigen Klienten beizubringen, „Ich-Aussagen" zu machen wird ihre Kommunikationsfähigkeit verbessern und gleichzeitig ihr Selbstwertgefühl steigern. Je häufiger die Klientin „Ich-Aussagen" macht, desto häufiger wird sie ihre eigenen Bedürfnisse und Wünsche als berechtigt respektieren.

Eine starke Identität aufzubauen, indem man Grenzen und Selbstwertgefühl entwickelt, ist manchmal nur möglich, wenn man „Schäden", die den Klienten während der Kindheit zugefügt wurden, „repariert." Kapitel 9 handelt davon, die Vergangenheit zu heilen.

9 Die Vergangenheit heilen

Die meisten unserer ältesten Erinnerungen sind die Ergebnisse von wiederholten Aufzählungen und Rekonstruktionen.

– Ulrich Neisser

Schäme dich! Das hättest du wissen müssen. Du bist ein ungezogenes Mädchen. Die Leute werden glauben, deine Eltern wissen nicht, wie sie dich erziehen sollen, wenn du dich so benimmst. Wußtest du es nicht besser? Du hast mich fürchterlich aus der Fassung gebracht.

Die oben genannte Kritik an einem kleinen Mädchen sagt mehr über den Sprecher als über das Mädchen. In dem verzweifelten Versuch, wohlerzogene Kinder großzuziehen, beschämen selbst die besten Eltern ihre Kinder. Der Sprecher von oben macht das Kind nicht nur für etwas verantwortlich, was es in seinem Alter noch nicht wissen kann, sondern auch dafür, wie andere Leute seine Eltern wahrnehmen und für die Gefühle des Sprechers. Er bedroht auch die Identität des Kindes, indem er sagt, ES IST schlecht, statt zu sagen, was es falsch gemacht hat.

Solche Erlebnisse in der Kindheit können ein schwaches Selbstbild verursachen, das bis ins Erwachsenenalter bestehen bleibt. Verletzte innere Kinder zu befreien kann selbst in schlimmen Fällen von psychischem oder körperlichem Trauma helfen, den Schaden wiedergutzumachen.

Die folgende Übung hilft Ihren Klienten, für wichtige Entwicklungsstadien die Fürsorge für sich selbst in angemessener Weise zu übernehmen und sich zukommen zu lassen. Sie werden merken, daß die in Kapitel 1 skizzierten Entwicklungsstadien von Erik Erikson in diesen Prozeß mit einbezogen sind.

Jüngere Persönlichkeitsanteile befreien: Korridor-Technik – Überblick

1. Versetzen Sie den Klienten in einen entspannten Zustand.
2. Lassen Sie Ihren Klienten sich vorstellen, er befinde sich in einem Korridor mit Türen auf beiden Seiten.
Der Klient befreit jüngere Anteile seiner Selbst hinter den Türen, die mit den Altersstufen beschriftet sind und die die Stadien der Kindheitsentwicklung andeuten.
3. Lassen Sie den Klienten die jüngeren Anteile in den inneren Rückzugsort bringen. (Siehe Übung in Kapitel 8, um einen inneren Rückzugsort und Grenzen aufzubauen.)
4. Bringen Sie den Klienten zurück in sein Tagesbewußtsein.

Jüngere Persönlichkeitsanteile befreien: Korridor-Technik – Schritte

1. Versetzen Sie den Klienten in einen entspannten Zustand.

2. Geben Sie ihm folgende Anweisungen:
Stellen Sie sich vor, Sie befinden sich an einem Ende eines langen, schmalen Korridors. Auf beiden Seiten sehen Sie Türen, und am gegenüberliegenden Ende des Korridors ist Licht zu sehen.
Sie gehen den Korridor entlang auf dieses Licht zu und, wenn Sie bei der Lichtquelle angekommen sind, gehen Sie hinein. Sie merken, daß Sie bei Ihrer Geburtsszene angelangt sind.
Nachdem Ihre Mutter Sie zur Welt gebracht hat, sind Sie der erste, der Ihr neugeborenes Selbst in der Welt willkommen heißt. Sagen Sie ihm, wie wunderbar er ist, wie sehr er gewünscht wurde und wie froh Sie sind, ihn zu sehen und zu halten. Wie Sie ihn so an Ihr Herz drücken, ihn zärtlich streicheln und zu ihm summen, danken Sie Ihrer Mutter und Ihrem Vater dafür, daß sie ihn gezeugt und zur Welt gebracht haben. Versichern Sie ihnen, daß Sie von nun an auf ihn aufpassen werden und ihm all die körperliche und emotionale Unterstützung geben, die er braucht. Sie spüren, wie er mit Ihrem Körper verschmilzt und in Ihrem Herzen einen Platz zum Leben findet. Sie gehen nun in den Korridor zurück und merken, daß auf der Tür, der Sie am nächsten sind, 0-1 steht. Sie öffnen die Tür und treten über die Schwelle. Sie haben eine Szene Ihres Lebens betreten, als Sie zwischen Ihrer Geburt und einem Jahr alt waren. Vielleicht als Sie das erste Mal gekrabbelt sind, als Sie anfingen zu laufen oder Ihre ersten Worte sagten. Sehen Sie, wie dieses jüngere Selbst seine Arme nach Ihnen ausstreckt. Lächelnd heben Sie ihn hoch und liebkosen ihn und lassen ihn wissen, daß Sie sich von nun an um all seine Bedürfnisse kümmern werden. Sie werden ihm zu essen geben, wenn er Hunger hat, ihn trösten, wenn er weint und ihn beruhigen, wenn er Angst hat. Sie werden dafür sorgen, daß all seine Bedürfnisse unverzüglich erfüllt werden. Sie nehmen ihn in Ihr Herz, wo er sicher leben und aufwachsen kann.

Sie verlassen diesen Raum und sehen, direkt gegenüber eine andere Tür mit der Aufschrift 2-3. Sie öffnen die Tür und erblicken eine Szene aus Ihrem Leben, als Sie zwischen 2 und 3 Jahren alt waren. Vielleicht dann, als Sie lernten, auf die Toilette zu gehen, nicht Mutters wertvolles Porzellan anzufassen und die Bedeutung von „nein" zu erfassen. Sie bitten dieses jüngere Selbst, mit Ihnen zu kommen. Sie versprechen ihm, seine Versuche, „es selbst zu machen" zu respektieren und ihm seine Fehler zu verzeihen. Sie versprechen ihm, gut auf ihn zu achten und versichern ihm, daß das keine gefährlichen Fehler sind. Auch wenn er in die Hose macht oder weint und schreit, werden Sie ihn lieben. Sie nehmen dieses Kind in Ihr Herz. Zurück im Korridor sehen Sie eine andere Tür mit der Aufschrift 4-5 und als Sie eintreten, sehen Sie Ihr jüngeres Selbst in diesem Alter. Vielleicht spielt er gerade mit einem Phantasiefreund oder malt mit Fingerfarben. Sie beobachten das Kind einen Moment und bitten ihn, ob Sie sich ihm anschließen können. Sie sagen ihm, daß Sie gemeinsam die Wunder der Welt entdecken können, zuschauen, wie Bienen Blüten bestäuben, Sandkuchen backen und Phantasie-Teepartys haben. Sie nehmen ihn in Ihr Herz, von wo aus er sicher seine Umgebung erkunden kann. Sie verlassen diesen Raum und schließen die Tür hinter dieser Szene.
Die nächste Tür, auf die Sie im Korridor stoßen, trägt die Aufschrift 6-11. Hinter der Tür wartet eine Erinnerung aus Ihrer Kindheit, als Sie im Grundschulalter waren. Das kann eine Zeit gewesen sein, als Sie in der Schule waren, oder nach der Schule zu Hause. Nehmen Sie sich Zeit, wahrzunehmen, was Ihr jüngeres Selbst erlebt. Sagen Sie diesem jungen Menschen, daß Sie gekommen sind, um sein Freund zu sein, ihn bei seinem Lernen zu beraten und zu ermutigen, ihm beizubringen, wie man Probleme löst und soziale Fähigkeiten lernt. Sie versprechen, ihm zu helfen, wenn ihm etwas mißlingt, und ermuntern ihn, weiterhin zu versuchen, erfolgreich zu sein. Sie nehmen ihn in Ihr Herz, um ihn sicher zu verwahren, verlassen den Raum und schließen die Tür.
Weiter unten im Korridor ist eine Tür mit der Aufschrift 12 -20. Sie betreten diesen Raum und treffen auf eine Szene Ihres Lebens, als Sie ein Teenager waren, der versucht, sich selbst zu definieren. Sie versprechen ihm, ihn in seinen Bemühungen zu unterstützen, seine Einzigartigkeit zu identifizieren und seine Träume zu verwirklichen. Sie versichern ihm immer wieder, daß es gestattet ist, immer wieder seine Meinung zu ändern. Sie haben Vertrauen in ihn und wissen, daß das seine Zeit ist, zu experimentieren und auf seine Gefühle zu achten. Nehmen Sie ihn bei der Hand und bitten Sie ihn, mit Ihnen zu kommen, indem Sie ihn in ihr Herz schließen, damit er sicher wachsen und seine eigene Einzigartigkeit erforschen kann.

3. Lassen Sie Ihren Klienten all diese jüngeren Persönlichkeitsanteile in den inneren Rückzugsort bringen, damit sie sicher sind. Lassen Sie ihn wissen, daß das seine Familie ist. Sie sind wieder bei ihm zu Hause, sicher und geliebt.

4. Bringen Sie ihn ins Tagesbewußtsein zurück, indem Sie ihn erinnern, daß er sich hellwach und erfrischt fühlen kann mit neuem Respekt für seine jüngeren Persönlichkeitsanteile.

Unsere Klienten berichten, daß es ihnen hilft, sich mit ihrer Vergangenheit verbunden zu fühlen, diese Aspekte von sich selbst wertzuschätzen, wenn sie Bilder von diesen jüngeren Persönlichkeitsanteilen haben. Es kann auch ein Gefühl der Vergebung aufbauen dafür, daß man als Kind wie ein Kind gehandelt hat.

Reimprinting für vergangene Erlebnisse

Um Klienten zu helfen, ein starkes Selbstbild aufzubauen, ist es nützlich, sie zu einer Zeit zurückzuführen, als sie von ihren Eltern beschämt oder ihnen auf andere Art geschadet wurde und die Situation positiv neu zu kreieren. Robert Dilts entwickelte einen Reimprinting-Prozeß, der Leuten hilft, neue Perspektiven zu sehen und heilsamere Möglichkeiten zu entwickeln, auf alte Traumata zu reagieren. Die Bücher *Identität, Glaubenssysteme und Gesundheit* von Robert Dilts, Tim Hallbom und Suzi Smith und *Mit Herz und Verstand* von Connirae und Steve Andreas beschreiben weitere Einsatzmöglichkeiten und Variationen von Reimprinting.

Dilts, Hallbom und Smith definieren eine „Prägung" (Imprint) als ein „bedeutendes Erlebnis in der Vergangenheit, in der man einen Glaubenssatz formte, oder einen Komplex von Glaubenssätzen. Die Idee von Reimprinting wurde von Timothy Leary entwickelt, der feststellte, daß der „Inhalt, der in einem früheren, kritischen Zeitraum eingeprägt wurde, wieder zugänglich gemacht und umprogrammiert werden kann." Leary und Dilts wiesen nach, daß die Imprints „typischerweise, aber nicht immer ... mit den unbewußten Rollenmodellen von Bezugspersonen zu tun haben."[1]

Die limitierenden Verhaltensweisen, die von einem negativen Imprint herrühren, können transformiert werden, wenn das unbewußte Modellieren bewußt gemacht und eine neue Überzeugung ermöglicht wird dadurch, daß der Situation neue Perspektiven und Ressourcen zugefügt werden. Der folgende Prozeß ermöglicht dieses Reimprinting.

Reimprinting – Überblick

1. **Identifizieren Sie das Gefühl, das mit dem limitierenden Glaubenssatz oder Verhalten einhergeht.**
2. **Elizitieren und ankern Sie das Gefühl, und gehen Sie zu dem ersten Erlebnis, das mit diesem Gefühl verbunden ist. (Siehe die Methode *Suche nach dem Ursprung,* die in Kapitel 7 beschrieben ist, für Details dieses Prozesses.)**
3. **Lassen Sie den Klienten das Ereignis von außen beobachten und die Situation im Zusammenhang analysieren.**
4. **Fragen Sie den Klienten, welche Ressourcen er damals gebraucht hätte, um sich sicher zu fühlen.**
5. **Ankern Sie die Ressourcen und fügen Sie sie dem Ereignis zu.**
6. **Identifizieren und ankern Sie die Ressourcen, die eine andere wichtige Person damals gebraucht hätte, damit die Situation besser verlaufen wäre.**
7. **Fügen Sie die Ressourcen für die andere Person bei dem Ereignis zu.**
8. **Wiederholen Sie die Schritte 6 und 7, um alle wichtigen, an dem Ereignis Beteiligten mit Ressourcen auszustatten.**
9. **Nehmen Sie die Veränderungen (Reimprinting) durch die Zeit mit von der ursprünglichen Begebenheit bis in die Gegenwart.**
10. **Fragen Sie den Klienten, wie sich diese Veränderung auf seine Zukunft auswirken wird.**

Reimprinting – Schritte mit Beispielen

1. Identifizieren Sie die ursprüngliche Situation der Scham oder eines anderen Glaubenssatzes und lassen Sie den Klienten das Gefühl erleben.

Ryan hat ein „Karriereproblem". Jedes Mal, wenn er mit dem Gedanken spielt, seinen Chef um eine Beförderung zu bitten, hält ihn eine überwältigende Angst davon ab, zu seinem Chef zu gehen. Er ist sich sicher, daß er über die nötigen Fähigkeiten und die Erfahrung verfügt, die für den höheren Posten verlangt sind, und versteht die überwältigende Angst nicht, die ihn überkommt, wenn er den Posten erreichen will.

2. Elizitieren und ankern Sie das Gefühl, während Sie Ihren Klienten bitten, in der Zeit zurückzugehen bis zu dem Zeitpunkt, als er sich erinnert, das Gefühl erstmals erlebt zu haben. Seien Sie geduldig und geben Sie ihm so viel Zeit wie nötig. Die Gefühle können aus seiner Kindheit stammen, oder in einigen Fällen aus der Zeit vor seiner Geburt. (Siehe *Suche nach dem Ursprung*, die in Kapitel 7 beschrieben ist.)
Sie bitten Ryan, sich die Umstände vorzustellen, wie er sich um die Beförderung bewirbt und stellen eine erhebliche Veränderung seines Zustandes fest: Seine Hautfarbe verändert sich, ebenso seine Atmung und sein Muskeltonus. Sie ankern den Zustand, indem Sie sein Handgelenk drücken und bitten ihn, dieses Gefühl durch die Zeit zurückzuverfolgen, bis dahin, als er es erstmals spürte.

3. Wenn Ryan andeutet, daß er sich an das erste Mal erinnert, lassen Sie ihn aus der Situation „heraustreten" (und die Beobachterposition einnehmen, die in Kapitel 8 beschrieben ist) und die Situation beschreiben. „Wer ist noch anwesend?", „Was geschieht?", „Was fühlten Sie damals?", „Welche Glaubenssätze beschreiben dieses Gefühl?" Beobachten Sie die Physiologie des Klienten. Vielleicht nehmen Sie Anzeichen von Regression wahr, wie Stimmlage, Vokabular und Gesichtszüge eines Kindes.
Nach fast zwei Minuten nickt Ryan, um anzudeuten, daß er die Situation gefunden hat, in der er dieses Gefühl nach seinem Dafürhalten erstmals verspürte. Sie nehmen Ihre Hand von seinem Handgelenk und bitten ihn, aus dem Ereignis herauszutreten und es zu beschreiben.
„Ich bin erst ein Baby", antwortet er mit weicher Stimme. „Ich krabble auf dem Küchenboden herum. Mann, ist das erstaunlich. Der Boden mit den alten Fliesen, die wir damals hatten. Und ich sehe die Mangel, das altmodische Bügelding. Ich hatte das alles vergessen. Mutter macht das Abendessen. Vater läuft um den Tisch herum und erzählt. Er hat so Hosen mit Bügelfalten an und spitze Schuhe. Ich möchte, daß er mich hochhebt und ziehe an diesen weiten grünen Hosenbeinen, aber er tut es nicht. Er zieht sich nur zurück. Ich habe Angst. Ich bin nicht wichtig genug. Mich nimmt überhaupt niemand wahr."

4. Fragen Sie: Was hätten Sie damals gebraucht, um sich sicher zu fühlen? Denken Sie an die Ressourcen, die Sie heute haben und geben Sie sie Ihrem jüngeren Selbst.
„Ryan, denken Sie an Ressourcen, die Sie sich als Erwachsener angeeignet haben, die Ihnen geholfen hätten, wenn Sie sie auf magische Weise schon als Baby gehabt hätten. Vielleicht die Fähigkeit, Dinge für sich selbst zu tun, Ihre Wünsche und Bedürfnisse direkt auszudrücken, das Wissen, das Sie alles, was Sie brauchen, bekommen können." Ryan sagt, daß er als Erwachsener die Fähigkeit hat, sich selbst zu beschäftigen und seine eigene Gesellschaft zu genießen.
Wenn Ryan sich diese Ressourcen vorstellt, ankern Sie dieses Gefühl in der Nähe seines Ellbogens. „Nun stellen Sie sich vor, diese Ressourcen dem Baby zu geben, das Sie auf dem Küchenboden sehen."

5. Während der Klient das tut, ankern Sie die Ressource. Halten Sie den Anker und lassen Sie den Klienten die Situation mit den neuen Ressourcen wiedererleben und ihn feststellen, wie sich die Erfahrung verändert.

„Werden Sie nun wieder zu dem Baby mit diesen »magischen« Ressourcen in sich, und erleben Sie den Moment, den Sie eben beschrieben."

„Es ist komisch", sagt Ryan. „Es liegt mir nicht viel daran, hochgehoben zu werden. Ich krabble unter den Tisch und suche nach Spielzeug."

6 . Typischerweise beinhalten negative Prägungen das Verhalten anderer Personen in der Situation. Der Klient könnte beispielsweise sagen: „Ich hätte gebraucht, daß Vater liebevoll ist."

Um anderen Personen Ressourcen zu geben, lassen Sie den Klienten zuerst „ in die Schuhe seines Vaters schlüpfen" (nehmen Sie die *Andere Position*, wie in Kapitel 8 beschrieben) und identifizieren Sie die positive Absicht in dem ursprünglichen Verhalten. Dieser Schritt wird ihm helfen, sich bewußt zu werden, daß es eine GAB. Dann bitten Sie ihn, die Ressourcen zu identifizieren, die er (der Klient) nun hat, die es seinem Vater ermöglicht hätten, seine Bedürfnisse zu erfüllen (benutzen Sie den Namen des Vaters, Ian, um die Dissoziation aufrechtzuerhalten). Ankern Sie und lassen Sie ihn diese Ressource Ian geben. Halten Sie den Anker und lassen Sie das Erlebnis noch einmal ablaufen mit den neuen Ressourcen des Vaters. Achten Sie auf die Unterschiede.

„Ich möchte nun, Ryan, daß Sie heraustreten und die Situation von einer Beobachterposition aus betrachten. Schlüpfen Sie diesmal in Ians spitze Schuhe und sehen Sie die Szene durch seine Augen. Sagen Sie mir, was Sie erleben."

„Oh, das ist interessant. Ich fühle mich wirklich gestreßt. Meine Frau spricht über etwas, das mich beunruhigt und ich bin in Geldnot. Das Baby zieht an meinem Bein und ich habe den Druck in der Arbeit, die mich wirklich viel Energie kostet. Ich bin nicht sicher, ob ich das alles schaffe. Ich bin stolz auf meine Familie und meine Position und habe Angst, daß ich das nicht halten kann."

„Treten Sie aus der Szene heraus, Ryan. Welche Ressourcen haben Sie heute, die Ian damals geholfen hätten, sich sicherer zu fühlen? Vielleicht die gleichen, die Sie vorhin dem Baby gaben?"

„Ich habe meine Freunde als Unterstützung, die nicht über mich richten würden, wenn ich sie nicht beeindrucken könnte. Ich kann mit meiner Frau über finanzielle Probleme sprechen statt zu glauben, ich müßte sie ganz allein lösen. Und ich weiß, daß er sich OK fühlen würde, wenn ich ihm das Gefühl geben könnte, daß er unabhängig von seinen Leistungen geliebt wird."

Sie ankern diese Ressourcen an dem „ Ressourcenplatz" am Ellbogen und bitten ihn, Ian diese Ressourcen zu geben.

7. Lassen Sie den Klienten wieder in seinen Vater assoziieren, durch seine Augen schauen und die Unterschiede feststellen. Lassen Sie ihn die Unterschiede aus der Sicht seines Vaters beschreiben.

„Schlüpfen Sie nun wieder in Ians Schuhe mit diesen Ressourcen. Wie unterscheidet sich diese Erfahrung?"

„Jetzt halte ich das Baby. Mensch, das ist viel angenehmer. Ich fühle mich so viel entspannter und leichter. Sogar die Farben in der Küche wirken heller."

8. Wiederholen Sie die Schritte von oben mit allen an der Prägungssituation beteiligten Personen, ankern Sie die Ressourcen und lassen Sie den Klienten durch die Augen aller Beteiligten blicken.

„Ryan, wie steht es mit Ihrer Mutter, June? Treten Sie aus der Szene zurück und schauen Sie sie an. Schlüpfen Sie dann in ihre Schuhe. Welche Schuhe trägt sie?"

„Die üblichen hochhakigen Pumps. Sie tun weh. Ich möchte sie ausziehen, aber das würde nicht richtig aussehen. Ich habe Angst, daß die Leute uns nicht akzeptieren, wenn wir nicht richtig aussehen. Ich möchte so gern in dieser Stadt akzeptiert sein. Ich möchte, daß die Kinder in der Schule glücklich sind und Ian in seinem Beruf Erfolg hat. Ich gebe mir wirklich alle Mühe, das alles unter Kontrolle zu haben."

„Treten Sie wieder heraus, Ryan, und überlegen Sie, welche Ressourcen June gebraucht hätte, die ihr Leben sicherer gemacht hätten?"

„Ich würde ihr meine Turnschuhe geben! Und die Liebe, die ich Ian gab. Das Gefühl, daß das Aussehen keine Garantie für Akzeptanz ist. Liebe hingegen ist eine, meistens jedenfalls."

Wieder ankern Sie diese Ressource, während Ryan sie beschreibt. „Jetzt, wenn June diese Ressourcen hat, schlüpfen Sie wieder in ihre Schuhe und nehmen Sie die Unterschiede wahr."

„Ha! Die Schuhe sind verschwunden. Ich bin barfuß, sitze auf dem Boden. Ich bin neben Ian, rolle die Spielzeuglaster auf dem Boden herum und spreche mit Ryan. Wow. Es ist erstaunlich, wie viel Spaß das macht. Die Familie fühlt sich so verbunden."

9. Wenn der Prozeß abgeschlossen ist, halten Sie den Ressourceanker und bitten den Klienten, die Ressourcen durch die Zeit von dem ursprünglichen Erlebnis mit in die Gegenwart zu nehmen und darauf zu achten, wie sich sein Leben durch die neuen Ressourcen verändert.

„Ryan, ich möchte nun, daß Sie aus den Schuhen Ihrer Mutter heraustreten und sich die Szene wieder anschauen. In einem Moment werde ich den Ressourceanker berühren und Sie all diese Ressourcen von damals mit in die Gegenwart nehmen lassen, und Sie werden wahrnehmen, wie sich Ihr Leben dadurch verändert. Werden Sie nun wieder zu diesem sehr jungen Ryan. Ja, so ist es gut und nehmen Sie sich all die Zeit, die Sie brauchen, um mit diesen Ressourcen durch Ihr Leben vorwärtszugehen."

Sie berühren und halten den Anker und beobachten, wie Ryan seine veränderte Geschichte (changed history) wahrnimmt, und Sie amüsieren sich über seine überraschten Kommentare.

10. Lassen Sie ihn als nächstes sich seine Zukunft vorstellen, wie sie von den Veränderungen, die er gerade gemacht hat, beeinflußt wird. Geben Sie ihm Zeit, sich und seine Gefühle in einigen Situationen zu erleben.

„Ryan, nehmen Sie eine Situation aus der Zukunft vorweg und stellen Sie sie sich vor. Vielleicht eine, wenn Sie nach der Beförderung fragen, die Sie wollen. Nehmen Sie diese Ressourcen mit in die Zukunft, wenn Sie erleben, was immer da geschieht." Halten Sie den Anker und beobachten Sie, wie Ryan in der Zeit vorwärtsgeht.

„Wow, das ist wirklich anders," kommentiert Ryan. „Ich glaube, ich will den Job jetzt wirklich. Eine Menge andere Dinge haben sich auch geändert."

„Brauchen Sie noch etwas, Ryan, was es Ihnen erleichtert, sich für die Beförderung einzusetzen?"

Sollten Sie jetzt in einer Sackgasse feststecken, kann es sein, daß Sie auf eine andere negative Prägung gestoßen sind. Unglücklicherweise kommen Leute selten durch Ihre Kindheit, ohne einige Prägungen anzusammeln. Wiederholen Sie den oben beschriebenen Prozeß, indem Sie das Gefühl ankern, zurückgehen zu dem Zeitpunkt, als es erstmals auftrat etc.

Ryan hält diese Arbeit für abgeschlossen, zumindest für jetzt, deshalb hören Sie hier auf. Falls er auf eine andere Imprint-Situation stößt, die ihn in (der) Zukunft einschränkt, können Sie diesen Prozeß leicht wiederholen.

Einige Klienten haben in ihrer Kindheit so viel körperlichen oder verbalen Mißbrauch erlebt, daß ihnen das Reimprinting, um die Eltern zu stärken und die Erinnerungen wachzurufen, unbehaglich ist. Auch reicht dann diese Methode nicht aus, um eine positive Veränderung anzubieten. In solchen Fällen können Sie mit dem Prozeß „Magische Eltern" und dem „Trauma-Zerstörer", die später in diesem Kapitel beschrieben werden, erfolgreich stärkende Alternativen aufbauen.

Magische Eltern

Dieser Prozeß gestattet Ihren Klienten, eine fruchtbare, nährende Ressource zu schaffen, die ihr Leben positiv beeinflussen kann. Er hilft dabei, die Art von Eltern zu erleben, die zu einem gesunden Selbstbild führen.

Magische Eltern – Überblick

1. **Identifizieren Sie die unerfüllten Bedürfnisse des Klienten bezüglich seiner Mutter.**
2. **Identifizieren Sie die Eigenschaften, die eine Frau brauchen würde, um diese Bedürfnisse zu erfüllen.**
3. **Finden Sie Frauen, die über diese Eigenschaften verfügen und sie verkörpern.**
4. **Wiederholen Sie die Schritte 1-3 für den Vater.**
5. **Ermitteln Sie, wie diese Elternfiguren miteinander umgehen würden.**
6. **„Installieren“ Sie diese Eltern im Unterbewußtsein Ihres Klienten, während er sich in einem entspannten Zustand befindet.**
7. **Spielen Sie Erinnerungen mit den neuen Eltern durch, die vermitteln können.**
8. **Lassen Sie das Unterbewußte die neue elterliche Führung in Vergangenheit und Zukunft erfüllen.**

Magische Eltern – Schritte

1. Bitten Sie Ihren Klienten, auf der linken Seite eines Blatt Papiers aufzulisten, was er von seiner Mutter gebraucht hätte und nie bekam.

Zum Beispiel:

Von der Mutter gebraucht:

- Schutz vor dem Ärger des Vaters
- konsequent emotionales Verhalten
- Umarmungen/ gehalten werden
- miteinander Spielen, Freude

2. Schreiben Sie als nächstes auf die rechte Seite des Blattes, gegenüber von den Bedürfnissen, die Eigenschaften, über die eine Frau oder Mutter verfügen muß, um diese Bedürfnisse eines Kindes zu erfüllen.

Gebraucht von der Mutter:	dafür benötigte Eigenschaften:
Schutz vor dem Ärger des Vaters	Stärke, Selbstwertgefühl
konsequent emotionales Verhalten	Selbstvertrauen, Gesundheit
Umarmungen/gehalten werden	Wärme, Mitgefühl
miteinander spielen, Freude	Glücklichsein, verspielte Persönlichkeit

3. Bitten Sie Ihren Klienten, an Leute zu denken, die er kennt oder über die er gelesen hat, die diese Eigenschaften besitzen. Falls keine Person alle die gewünschten Eigenschaften verkörpert, kann der Klient eine Person „komponieren". Der Klient kann die komponierte „magische Mutter" so bestimmen, wie er es wünscht.

4. Lassen Sie die Klienten die Schritte 1-3 für eine Vaterfigur wiederholen. Ein fertiges Blatt könnte so aussehen:

Vom Vater gebraucht:	dafür benötigte Eigenschaften:
Sanftheit	Mitgefühl, Stärke
daß er mit mir ausgeht	Verspieltheit, extrovertierte Persönlichkeit
gehalten werden	Wärme
Unterstützung	starkes Selbstgefühl
nett zu Mutter	Selbstwertgefühl
mir sagen, daß ich hübsch bin	Bewußtsein der Auswirkung auf Kind

5. Besprechen Sie, was diese Eltern voneinander halten, wie sie miteinander umgehen würden und wie sich ihre Beziehung auf den Klienten ausgewirkt hätte.
Hinweis: Dieser Prozeß kann Ihrem Klienten auch helfen, Modelle für eine gesunde Ehe aufzubauen. Es gibt die Theorie, daß wir einen Elternteil internalisieren und den anderen heiraten. Falls das stimmt, kann es für die Wahl gesünderer Partner helfen, innere Bilder von gesunden Eltern aufzubauen.

6. Versetzen Sie den Klienten in eine Trance oder in einen entspannten Zustand. Lassen Sie diese neuen Eltern ihn bei seiner Geburt begrüßen. Sie sollen sich bei den alten Eltern für ihre Hilfe bedanken und sie wissen lassen, daß sich von jetzt an die „ magischen Eltern" um das Kind kümmern werden. Versichern Sie ihm, daß das seinen biologischen Eltern in keiner Weise schaden wird, falls er Bedenken hat.

7. Lassen Sie ihn mit seinen neuen Eltern zu einigen Begebenheiten reisen, die für das Selbstwertgefühl des Klienten abträglich waren. Spielen Sie die Situationen noch einmal mit den „ magischen Eltern" durch. Lassen Sie den Klienten feststellen, wie unterschiedlich sich diese Begebenheiten entwickeln.
Benutzen Sie die Entwicklungsstadien der Kindheit, die in Kapitel 1 behandelt wurden, um kritische Übergangszeiten genau festzustellen.

8. Bitten Sie das Unterbewußte, die neuen Eltern zu allen Gelegenheiten hinzuzaubern, als das Kind sie brauchte. Ermuntern Sie Ihren Klienten, all die Unterstützung und Liebe dieser neuen Eltern immer in sich zu spüren.

Jims magische Mutter

Jim wollte aufhören zu rauchen, aber alles, was er versuchte, schlug fehl. Er hatte seit seiner Schulzeit geraucht, und jetzt, mit 56, hielt ihn das Rauchen davon ab, mit Leuten zusammen zu sein, mit denen er gern zusammen war. Er hatte erfolglos versucht, mit dem Rauchen aufzuhören und jetzt war er verzweifelt.

„Ich glaube wirklich, mir gelingt überhaupt nichts, was ich unternehme", lamentierte er.

Seine interne Repräsentation dieses einschränkenden Glaubenssatzes war eine schwarze, schwere ovale Form in seiner Brust und seinem Hals.

„Wo haben Sie gelernt, daß Sie nicht erfolgreich sein konnten?"

„Von meiner Mutter; sie glaubte, Männer seien wertlos. Sie nörgelte ständig an meinem Vater herum. Ganz egal was er tat, es war ihr nie genug. Er hat uns schließlich verlassen, als ich 7 war."

„Mochten Sie Ihren Vater?" fragte ich.

„Ja, er war ein guter Vater. Ich habe ihn vermißt, nachdem er weg war."

„Hat Ihre Mutter je Ihre Bemühungen unterstützt?"

„Nein, nie. Sie muß in mir nur einen weiteren wertlosen Mann gesehen haben."

„Welche Eigenschaften würde sie brauchen, damit Sie Ihnen geben kann, was Sie brauchten?" fragte ich.

„Sie müßte selbst stark sein und glauben, daß ich erfolgreich sein kann. Sie müßte bereit sein zu geben und fürsorglich sein. Meine Mutter war nichts davon. Ich kann mir sie so auch nicht vorstellen."

„Kennen Sie eine Frau, die diese Eigenschaften, die Sie von einer Mutter gebraucht hätten, verkörpert?"

Jim dachte laut nach und zog verschiedene Leute in Erwägung, bevor er sich für eine entschied. „Ja! Es gibt eine Schauspielerin (ich kann mich nicht an ihren Namen erinnern), die genau so ist. Sie wäre eine wunderbare Mutter."

Ich bat Jim, sich vorzustellen, daß sein Vater mit ihr verheiratet gewesen wäre. „Was wäre geschehen?"

„Sie hätte Vater ermuntert statt ihm zu sagen, daß er wertlos ist, und er wäre glücklich und erfolgreich gewesen. Und zu mir wäre sie genauso gewesen."

Nachdem ich Jim in eine leichte Trance geführt hatte, schlug ich vor, daß seine „magische Mutter", die er Anastasia nannte, zu seiner Geburt zurückging, wo sie sich bei seiner biologischen Mutter dafür bedankte, daß sie ihr Bestes getan hat und nahm ihre Stelle ein. Ich ließ ihn sich vorstellen, daß Anastasia mit seinem

Vater da war, als er seine ersten Schritte machte und ich ließ ihn spüren, daß die beiden ermutigend und liebevoll ihre Arme nach ihm ausstreckten. Sie unterstützten und lehrten sein 5jähriges Selbst, Probleme zu löse, sein 8jähriges Selbst, soziale Fähigkeiten zu entwickeln, seinen Teenager, zu lernen, ein Mann zu werden, sein 21jähriges Selbst, eine Karriere und Familie aufzubauen und schließlich sein jetziges Selbst, Gesundheit dem Rauchen vorzuziehen.

Die Wirkung, erstmals mütterliche Unterstützung zu erleben, äußerte sich in Jims erleichtertem Schluchzen und Freude. Als Jim in sein Tagesbewußtsein zurückkehrte, sah er müde, entspannt und zuversichtlich aus.

„Das Bild in meiner Brust hat sich verändert! Es fühlt sich leichter an und bewegt sich, ich weiß, daß ich erfolgreich sein kann“, rief er aus.

Jim ist nun erfolgreich dabei, Ex-Raucher zu werden.

Die oben beschriebenen Prozesse bewirken sanfte Veränderungen, die viele Aspekte der Erfahrung eines Klienten durchdringen. Sie haben fruchtbare Wirkung. Wenn jemand in der Kindheit traumatische Erlebnisse erfahren hat, müssen erst die Furcht und die Angst im Zusammenhang mit diesen Erlebnissen reduziert werden, bevor andere Interventionen neue Möglichkeiten generieren können. Der nächste Teil dieses Kapitels beschreibt einen Prozeß, der Ihrem Klienten dabei helfen wird, die Auswirkungen eines schlimmen Kindheitstraumas zu lindern.

Kindheitstrauma, Inzest – Virginias Geschichte

Virginia wurde mit 8 Jahren von ihrem Onkel vergewaltigt. Im Alter von 55 löste der Anblick eines Penis immer noch Panik bei ihr aus. Sie hatte selten Geschlechtsverkehr mit ihrem Mann und wenn, dann bestand sie darauf, daß es dunkel war, damit sie ihn nicht anschauen mußte. Virginia wollte ihre Angst hinter sich lassen und mit ihrem Mann ein gesundes Sexualleben genießen.

Inzest kann das Selbstwertgefühl einer Person, ihre Beziehungen zum anderen Geschlecht und ihr innerstes Wesen in Mitleidenschaft ziehen. Es ist unerläßlich, diesem Trauma den Respekt und die Aufmerksamkeit zu widmen, die ihm gebühren. Der Trauma-Zerstörer (trauma disabler*)*, eine Abwandlung der NLP-Phobietechnik,* gibt dem Inzest-Opfer genug Abstand vom Schmerz, so daß der Schmerz anfangen kann zu heilen.

---

* Practitioner-Training von NLP Comprehensive.

Trauma-Zerstörer – Überblick

Die Klientin stellt sich folgendes vor:

1. **Stellen Sie sich vor, Sie sitzen in einem Kino.**
2. **Sehen Sie Ihr jüngeres Selbst vor dem Trauma auf der Leinwand.**
3. **Gehen Sie zu dem Selbst auf der Leinwand, trösten Sie dieses Selbst und geben Sie ihr einen Talismann, der sie an Ihre Gegenwart erinnert.**
4. **Schweben Sie zum Vorführraum und sehen Sie das Selbst, das im Kino sitzt und das jüngere Selbst auf der Leinwand.**
5. **Sehen Sie den Projektor mit einem Schwarzweißfilm des traumatischen Erlebnisses, der vor dem Ereignis beginnt und endet, nachdem es vorüber ist.**
6. **Schalten Sie den Projektor ein und schauen Sie sich den Schwarzweißfilm an, in dem Ihr jüngeres Selbst das Trauma erlebt. Bleiben Sie distanziert.**
7. **Nach dem Ende des Filmes assoziieren Sie sich in den Körper Ihres jüngeren Selbst und erleben Sie, wie der Film rückwärts zum Anfang läuft, schnell, Sie im Film.**
8. **Nehmen Sie das jüngere Selbst in sich hinein, um es zu beschützen.**

Trauma-Zerstörer – Schritte

Geben Sie Ihrer Klientin folgende Anweisungen:

1. *Stellen Sie sich vor, Sie sitzen in Ihrem Lieblingskino. Sie können die Stoffstruktur Ihres Sitzes spüren, Popcorngeruch in der Luft riechen, und Sie sehen eine große Leinwand vor sich. Sie fühlen sich sehr behaglich.* (Siehe nachfolgende Abb.)

2. *Sehen Sie Ihr jüngeres Selbst in einem Schwarzweißbild vor sich auf der Leinwand. Sie ist irgendwo, wo sie sicher ist, unmittelbar bevor das traumatische Ereignis stattfand.*

3. *Verlassen Sie Ihren Körper im Kinositz, schweben Sie in das Bild und strecken Sie Ihre Arme nach dem jüngeren Selbst aus. Sagen Sie ihr, daß sie das traumatische Erlebnis, das sich gleich erlebt, überleben wird – Sie sind aus ihrer Zukunft und der Beweis für ihr Überleben. Geben Sie ihr einen kleinen Gegenstand, der Ihnen wertvoll ist, den sie in der Hand halten kann als Erinnerung, daß Sie in Gedanken bei ihr sind und als innerer Beschützer während des Ereignisses fungieren.*

4. *Stellen Sie sich dann vor, die Leinwand zu verlassen und schweben Sie hinauf zum Vorführraum. Sie sitzen hinter einer Plexiglaswand neben dem Projektor. Sie sehen Ihr derzeitiges Selbst unter sich im Kinosessel sitzen, und Sie sehen das Bild Ihres jüngeren Selbst auf der Leinwand.*

Sie können das Sicherheitsgefühl Ihrer Klientin verstärken, indem Sie neben ihr sitzen, während Sie ihr diese Instruktionen geben. Sagen Sie ihr, daß Sie mit ihr im Vorführraum sind, und Sie beide schauen sich aus einer sicheren Position einen Film an, der gleich gezeigt wird. Halten Sie ihren Arm so, daß es für Sie beide bequem ist, um ihre Sicherheit zu ankern und sie an Ihre Gegenwart zu erinnern.

5. *Im Projektor ist ein Schwarzweißfilm, der davon handelt, daß Ihr jüngeres Selbst das Trauma erlebt und dann zu einem sicheren Ort zurückkehrt, so wie sie jetzt in dem ersten Bild auf der Leinwand gezeigt wird.*

6. *Wenn Sie bereit sind, schalten Sie den Projektor an. Denken Sie daran, daß ich hier an Ihrer Seite bin und daß zwischen uns und der Leinwand eine dicke Plexiglaswand ist. Sie werden in Schwarzweiß sehen, wie Ihr jüngeres Selbst dieses Ereignis erlebt. Während Sie zuschauen, werden Sie sich sicher und auf Distanz fühlen. Sie hält den Schatz, den Sie ihr gaben.*

7. *Wenn Sie das Ende des Filmes erreicht haben und der Film mit dem letzten Bild aufhört (wo sich Ihr jüngeres Selbst an dem ursprünglichen, sicheren Platz befindet), schweben Sie vom Vorführraum herab in Ihren Körper im Kinositz. Schweben Sie dann in den Körper Ihres jüngeren Selbst auf der Leinwand in das letzte Bild. Sobald Sie sich in Ihr jüngeres Selbst assoziiert haben, werde ich das Ende des Filmstreifens loslassen und der Film wird sehr schnell rückwärts und in Farbe ablaufen. Sie werden hören, wie die Geräusche in die Münder der Leute zurückgehen, die Dinge um sich herum rückwärts laufen sehen und spüren, wie Sie sehr schnell zum Anfangsbild zurückgezogen werden.*

Stellen Sie sicher, daß Ihre Klientin die Instruktionen versteht, bevor Sie anfangen. Achten Sie auf ihre physiologischen Reaktionen, während sie den Film anschaut. Falls sie sich nach vorn neigt, sich die Atmung beschleunigt, sie rot wird oder sich verspannt, ist sie zu sehr mit dem Erlebnis im Film assoziiert. Halten Sie an und lassen Sie sie stärker dissoziieren, indem Sie von vorn beginnen und andere Komponenten als Dissoziationshilfen hinzufügen, die am Ende dieser Schritte aufgeführt sind.

Wenn Sie diesen Schritt erfolgreich ausgeführt hat, geben Sie ihr folgende Anweisung:

8. *Kehren Sie nun in Ihren Erwachsenenkörper im Kinosessel zurück. Sie sehen Ihr jüngeres Selbst auf der Leinwand, im letzten Bild des Filmes. Sie hat das traumatische Ereignis hinter sich und ist wieder in Sicherheit. Schweben Sie in dieses Bild, nehmen Sie Ihr inneres Kind in die Arme und trösten Sie es. Laden Sie es ein, sich mit Ihrem Körper zu verbinden und einen sicheren Platz zu finden, wo es leben kann.*

Andere Möglichkeiten, die der Klientin helfen, vom traumatischen Ereignis dissoziiert zu bleiben, während sie es vom Vorführraum aus beobachtet, sind u.a.:

- **Machen Sie den Film alt.**
- **Lassen Sie das Bild zusammenschrumpfen, bis es winzig ist.**
- **Nur die untere Hälfte der Leinwand ist sichtbar.**
- **Alle Stimmen klingen wie die Stimme von Donald Duck.**
- **Erinnern Sie sie, daß sie die Kontrolle über den Projektor hat und ihn ausschalten kann.**

Hinweis:

Wenn sie sich in ihrem Stuhl zurücklehnt und das Kinn leicht hebt, wird es ihr leichter fallen, beim Zuschauen distanziert zu bleiben.

Wenn sie den rückwärtslaufenden Film erlebt, können Sie vielleicht eine Rückwärtsbewegung ihres Körpers feststellen.

Vielleicht müssen Sie diesen Vorgang einige Male wiederholen, um sicherzustellen, daß die traumatische Repräsentation nachläßt.

Diese Technik erlaubt Ihrer Klientin, das Ausmaß des Schreckens und die Belastung der traumatischen Erinnerung auf sie als Erwachsene zu reduzieren, so daß sie beginnen kann, diese Momente anzuschauen und zu heilen.

Die Intervention mit Virginia

Ich führte Virginia durch den Trauma-Zerstörer-Prozeß und startete den Film mit der Szene vor der Attacke, als sie sich sicher fühlte, und ich endete, als sie einige Jahre älter war und den Schutz ihres neuen Stiefvaters spürte. Als sie als Erwachsene in den Film „einstieg“ und die 8jährige tröstete, die sich kurz vor dem Trauma befand, konnte sie auch deutlich wahrnehmen, daß sie den Mißbrauch in keiner Weise provoziert oder ihm Vorschub geleistet hatte.

Nachdem ich mit ihr über das Ereignis gesprochen hatte, um sicherzustellen, daß sich die Furcht im Zusammenhang mit diesem Thema entschärft hat, fragte ich, wie sie sich bei dem Gedanken, die Genitalien ihres Mannes anzuschauen und zu berühren, fühlte. Sie schaute erstaunt und sagte, daß sie nun überhaupt kein Gefühl dazu habe.

Einige Wochen später erzählte Virginia von ihrer Überraschung und der Freude ihres Mannes, als sie vorschlug, die Nachttischlampe brennen zu lassen. Sie deutete an, daß sie überhaupt keine Angst hatte und sich zum ersten Mal sicher fühlte.

Unterdrückte Erinnerung oder langandauernder Mißbrauch

Wenn Ihre Klientin glaubt, ein Trauma erlebt zu haben, sich aber nicht daran erinnern kann, kann der Trauma-Zerstörer auch wirkungsvoll sein. Sie soll sich vorstellen, daß der Schwarzweißfilm, den sie anschaut, die Erinnerung an das Ereignis enthält. Wenn die Ängste, sich daran zu erinnern, nachlassen und die Klientin eine Möglichkeit hat, das Ereignis anzuschauen und sich dabei sicher zu fühlen, erlaubt das Unterbewußte vielleicht, daß die volle Erinnerung auftaucht und sie können sie noch einmal mit einer volleren Repräsentation durch das Ereignis führen. Der Trauma-Zerstörer wirkt jedoch auch, selbst wenn das Unterbewußte das Ereignis nie dem bewußten Verstand enthüllt.

Wenn sich der Mißbrauch über eine Reihe von Jahren hinzog, führen Sie Ihre Klientin für jedes von mehreren schlimmeren Ereignissen durch den Trauma-Zerstörer. Sie können Ihre Klientin sich auch vorstellen lassen, daß der gezeigte Film kurze Szenen von den Ereignissen über die Jahre hin enthält und endet, wenn sie älter und die Phase des Mißbrauchs vorüber ist.

10 Ein gesundes Selbstgefühl

„Ich wäre lieber irgend jemand anderes, nur nicht ich", klagt Norma, „ich hasse mich."

„Sie wären lieber irgend jemand anderes", entgegnen Sie, „sogar eine Frau im Iran oder in Kambodscha?"

„Na ja, nein, aber irgend jemand in Amerika. Ich bin langweilig. Wenn Sie wüßten, wie ich wirklich bin, würden Sie keinen Gedanken an mich verschwenden. Wenn ich nicht Ihre Klientin wäre und Sie dafür bezahlen würde, daß Sie mit mir reden, würden Sie es nie tun."

„Woher wissen Sie das, Norma?" fragen Sie.

„Ich mag mich nicht, warum sollte mich jemand anderes mögen?"

Obwohl Norma dabei ist, ein Gefühl für ihre Grenzen zu entwickeln, mag sie das „Ich" innerhalb dieser Grenze nicht. Die meisten Leute sind nicht in Verbindung mit den reichen inneren Ressourcen, die sie über Jahre hinweg entwickelt haben. Ihre Vorstellung von sich selbst basiert auf Äußerungen von Eltern, Lehrern und Menschen aus dem Bekanntenkreis, Äußerungen, die sie dann kritisch gegen sich selbst richten. Sie schätzen ihre Stärken oder Fähigkeiten zu überleben gering, und ihnen fehlt das Vertrauen auf ihre inneren Signale.

Merkmale einer gesunden Identität

Wenn Sie mit Co-Abhängigen arbeiten, ist es Ihre vorrangige Aufgabe, in Ihrem Klienten eine gesunde Identität aufzubauen. Er definiert sich selbst wahrscheinlich wie andere ihn sehen, mit wenig Gefühl für seine eigene Individualität. Sein größter Vorzug ist seine Fähigkeit, so zu sein, wie es seine Umgebung von ihm erwartet. Wenn sie ihn fragen, was er will, weiß er es wahrscheinlich nicht.

Ein Klient, der auf die Frage, „Wenn Sie irgend jemand auf der Welt sein könnten, wer würden Sie sein?" „Ich" antwortet, ist dabei, ein Gefühl für seine

Identität zu entwickeln. Die meisten Co-Abhängigen würden es vorziehen, jemand anderes zu sein, den sie glücklicher, gesünder, klüger, reicher, beliebter, attraktiver oder als „besser dran" einschätzen.

Was gehört zur Identität? Was läßt eine Person sich selbst als einen individuellen und wertvollen Menschen erleben, der das Beste verdient, was das Leben zu bieten hat? Hier einige Komponenten, die wir für wichtig halten:

- **gesunde Grenzen:** Grenzen, die den Bereich eines Individuums deutlich machen, Intimität erlauben, ohne zu Verstrickungen zu führen
- **Wertschätzung seiner selbst:** ein Gefühl, sich selbst zu mögen, das Zusammensein mit sich selbst zu genießen
- **Selbstvertrauen:** Glaube an die eigenen Fähigkeiten, lohnende Ziele zu erreichen
- **Respekt für sich selbst:** sein eigenes Verhalten und die eigenen Gedanken als ehrbar und wertvoll zu erachten
- **Fokus:** ein Gefühl für die Richtung oder dem Zweck, der dem eigenen Leben Bedeutung gibt
- **Herkunft:** Verständnis für den eigenen Hintergrund, die Vorfahren und Verwandten
- **Gemeinschaft:** ein Gefühl, von anderen Menschen, mit denen man zu tun hat, akzeptiert zu werden; ein Gefühl, dazuzugehören, Mitgefühl für andere
- **Bewußtheit:** seine eigenen Gefühle, Wünsche und Bedürfnisse und seinen Körper zu kennen
- **Spiritualität:** ein Gefühl für seine Mission, Transzendenz oder Verbindung mit etwas außerhalb von einem selbst.

Es ist irreführend anzunehmen, daß Co-Abhängige keine Identität haben. Sie haben gewöhnlich eine Identität, die sie selbst als schwach, wertlos, fehlerhaft, oder auf eine andere Art unzulänglich darstellt. Die Identität verändert sich je nach Situation und den anwesenden Personen, und dies führt zu ständiger Angst. Ihre Herausforderung besteht darin, ihnen zu helfen, eine Identität zu entwickeln, die ihnen Stabilität, Vergnügen und Freude bereitet.

Ein starkes Selbstgefühl aufzubauen wird die Grenzen Ihres Klienten stärken, weil es sein Bewußtsein seines individuellen Wertes fördert. Einige Techniken, um ein positives Selbstbild zu entwickeln, sind in diesem Kapitel erklärt. Im folgenden Abschnitt geht es um die Wertschätzung des eigenen Körpers.

Sich des eigenen Körpers bewußt werden und ihn wertschätzen

Trainieren, um den Körper zu perfektionieren (nach Madison Avenue-Standard), ist vielleicht die einzige Gelegenheit, bei der jemand seinem Körper Aufmerksamkeit schenkt. Leute ignorieren Schmerz oder beseitigen ihn; sind frustriert, wenn sie eine Bewegungseinschränkung bemerken; und werden verrückt, wenn sie an Gewicht zunehmen. Selten behandeln sie ihren Körper freundlich und respektvoll. Klienten beizubringen, ein freundschaftliches Verhältnis zu ihrem Körper zu haben, schafft ein starkes Fundament für eine gesunde Identität.

Symptome wie Kopfschmerzen, eine Magenverstimmung, Engegefühl in der Brust oder im Hals bieten Gelegenheit, mit dem Körper zu kommunizieren. Klienten werden sich häufig über diese Symptome beklagen, wenn sie in Ihre Praxis kommen. Vielleicht werden sie auch das Gesicht verziehen oder sich vorsichtig bewegen. Nutzen Sie diese Gelegenheiten, um Informationen zu sammeln. Häufig sind Symptome elegante Botschaften des Unterbewußten, daß etwas Aufmerksamkeit verlangt.

Eds Geschichte ist ein gutes Beispiel

Fassungslos über die plötzliche Ankündigung seiner Frau, daß sie die Scheidung will, begann Ed eine Therapie. Er wollte eine Möglichkeit, July davon zu überzeugen, bei ihm zu bleiben. July sagte ihm, daß sie sich zu dieser Entscheidung gezwungen sah, nachdem sie jahrelang aus seinem Berufsleben ausgeschlossen, an den Wochenenden eine „Golfwitwe“ war und sich hauptsächlich um die Kinder zu kümmern hatte. Sie plante, ihrem Beruf nachzugehen und wollte, daß Ed aus ihrem gemeinsamen Haus ausziehe und die drei Kinder im Alter von 8, 10 und 12 donnerstags bis sonntags zu sich nehme. Seit dieser Ankündigung wurde Ed von Schmerzen in der Brust geplagt.

Ich bat Ed, die Ereignisse, die zu Julys Ankündigung geführt hatten, darzulegen. Er hatte weder Streit noch Unzufriedenheit bemerkt, die dazu hätten führen können. Er nahm einfach die äußeren Signale nicht wahr und ich vermutete, daß er auch seine inneren ignorierte. Ich erkundigte mich, wie es ihm mit ihrer Erklärung gehe und wie er sich jetzt fühle.

„Ich weiß nicht. Ich kann einfach nicht glauben, daß sie mir das antut. Ich habe im Fitness-Studio einiges getan, um diese Schmerzen loszuwerden.“ „Erzählen Sie mir, wie Sie sich jetzt im Moment fühlen", ermunterte ich ihn. „Ich möchte nicht in diesen ganzen ‚Gefühlskram' reinrutschen. Es ist mir egal, was ich fühle, und ich möchte es auch gar nicht wissen. Helfen Sie mir nur, meine Frau wieder zurückzubekommen und diesen Schmerz loszuwerden", verlangte er. „Ich kann Ihnen nicht versprechen, daß Ihre Frau wider zurückkommt, aber wir können untersuchen, warum sie ging und Möglichkeiten suchen, wie Sie sie ermuntern können, wieder zurückzukommen. Vielleicht haben Sie Julys Gefühle und Bedürfnisse ausgeschlossen, ebenso wie Ihre eigenen. Gefühle sind wie die rot aufleuchtende Ölkontrollampe in Ihrem Auto. Wenn Sie das Signal lange genug ignorieren, frißt der Motor sich fest und das Auto bleibt mit einem kapitalen Motorschaden stehen. Stellen Sie sich einen Moment lang vor, daß Gefühle Signale Ihres Körpers sind, daß Sie auf etwas achten müssen. Zum Beispiel weiß ich jetzt, daß Ihnen Ihre Brust eng erscheint und daß es Ihnen schwer fällt, tief zu atmen. Stimmt das?"

„Ja, ich schätze, Sie haben recht", gab er zu.

„Wenn dieses Engegefühl eine Botschaft wäre, welche könnte es sein?"

„Ich schätze, daß ich eng bin", schnauzte er.

Ich wählte die Satzergänzungsmethode, die in Kapitel 7 beschrieben ist, um Ed zu helfen, die Bedeutung seiner Gefühle wertzuschätzen. Ich hätte dieses Thema auch mit Reframing oder Reimprinting angehen können.

Ed hat, wie viele Leute, gelernt, seine inneren Signale zu unterdrücken. Einige Klienten sind so geschickt, daß sie Schmerz ignorieren können, bis es zu spät ist. Sie sterben an einem Herzinfarkt oder ein Geschwür bricht durch, bevor es beachtet wird.

Wenn Klienten erst einmal lernen, daß der Körper ein Freund ist, der Feedback gibt, können sie ein Bündnis mit ihrem Körper entwickeln statt einer Kampfbeziehung. Ein ganz entscheidender Aspekt eines gesunden Selbstbildes ist, seinen Körper als Teil seiner selbst zu akzeptieren und seinen Botschaften zu vertrauen.

Wir haben die folgende Übung als sehr machtvoll erlebt, obwohl sie sehr einfach ist. Sie erlaubt den Leuten, die in einer „Nicht-Selbst-Position" feststecken, mit ihrem Körper in Kontakt zu kommen. Lassen Sie sie diese Übung täglich allein durchführen, um ihre Fähigkeit zu steigern, sich ihrer eigenen Gefühle und Emotionen bewußt zu sein.

Bewußtheit und Integration – Überblick

1. **Bitten Sie Ihre Klientin, ruhig dazusitzen, die Augen zu schließen und tief zu atmen.**
2. **Lassen Sie sie beschreiben, wie sich die verschiedenen Körperteile jetzt im Moment für sie anfühlen.**
3. **Bitten Sie sie, gleichzeitig all die verschiedenen Gefühle in ihrem Körper wahrzunehmen.**
4. **Lassen Sie sie ihre Augen öffnen und Sie anschauen, während sie ganz mit ihren Gefühlen in Kontakt bleibt, so als ob sie Sie von irgendwo ganz tief innen anschaut, nicht nur aus ihren Augen.**
5. **Bitten Sie sie, alle Emotionen wahrzunehmen, die sie jetzt hat.**
6. **Lassen Sie sie die Augen schließen und „bei diesen Emotionen bleiben"; bitten Sie sie, ihre Augen wieder zu öffnen und Sie anzuschauen, während sie mit diesen Gefühlen in Kontakt bleibt.**
7. **Nun soll sie all ihren Wahrnehmungen und Gefühlen gegenüber respektvoll sein und wertschätzen, daß es ihre eigenen sind, nicht die von jemand anderem.**
8. **Sagen Sie ihr, daß sie alle ihre Gefühle erleben kann, während sie mit anderen interagiert, und daß Respekt für ihre eigenen Gefühle ihr erlauben wird, mit dem Wissen um ihre eigenen Bedürfnisse zu reagieren.**

Bewußtheit und Integration – Schritte

1. Bitten Sie Ihre Klientin, ruhig dazusitzen, ihre Augen zu schließen und tief zu atmen. Sagen Sie ihr, daß Sie ihr Fragen stellen werden, die sie in ein oder zwei Worten beantworten soll. Ihre Antworten müssen keine perfekten Beschreibungen sein, nur wie sie es jetzt am besten zustande bringt.

2. Lassen Sie sie beschreiben, wie sich ihre verschiedenen Körperteile im Moment für sie anfühlen. Nennen Sie in willkürlicher Reihenfolge alle Körperteile, so daß sie Ihre Fragen nicht vorwegnehmen kann. Zum Beispiel:
Sie: *Sagen Sie mir in ein oder zwei Worten, wie sich Ihre Zehen anfühlen.*
Klientin, nach einer Pause: *Kribbelig.*
Sie: *Wie fühlt sich Ihre Kopfhaut an?*
Klientin: *Angespannt.*
Sie: *Wie fühlen sich Ihre Waden an?*
Klientin, mit gerunzelten Augenbrauen: *Gut.*

Sie: *Wie fühlen sich Ihre Schultern an?*
Klientin: *Schmerzhaft.*
Sie: *Wie fühlt sich Ihr Kiefer an?*
Klientin: *Angespannt.*
Sie: *Wie fühlt sich Ihr Magen an?*
Klientin: Ruhig.
Sie: *Wie fühlt sich Ihr Herz an?*
Klientin: *Leer.*
Und so weiter, bis sie alle Muskelpartien und Organe in ihrem Körper beschrieben hat.

3. Bitten Sie sie, gleichzeitig alle unterschiedlichen Gefühle in ihrem Körper wahrzunehmen. Dabei soll sie sich erlauben, ganz in ihrem Körper zu sein und sich all ihrer Gefühle bewußt zu sein. Lassen Sie sie in ihre Gefühle atmen und sich mit ihnen allen verbinden.

4. Lassen Sie sie ihre Augen öffnen und Sie anschauen, während sie völlig in Kontakt mit ihren Gefühlen bleibt, so als ob sie Sie von irgendwoher tief innen anschaut, nicht nur aus ihren Augen. Blicken Sie sie schweigend an.

5. Lassen Sie Ihre Klientin die Augen wieder schließen, nachdem Sie sich kurze Zeit angeschaut haben. Bitten Sie sie, alle Emotionen wahrzunehmen, die sie jetzt empfindet. Lassen Sie sie sich mit diesen Emotionen verbinden und sie vollständig erleben.

6. Während sie mit diesen Gefühlen in Kontakt bleibt, lassen Sie sie die Augen wieder öffnen und Sie anschauen. Sagen Sie ihr, daß sie Ihnen erlauben kann, sie selbst und ihre Emotionen zu sehen.

7. Kurz darauf lassen Sie sie ihre Augen wieder schließen und ganz in Kontakt mit sich selbst sein. Sie soll nun all ihren Wahrnehmungen und Gefühlen gegenüber respektvoll sein und wertschätzen, daß es ihre eigenen sind, nicht die von jemand anderem.

8. Sagen Sie ihr, daß sie alle ihre Gefühle erleben kann, während sie mit anderen interagiert, und daß ihr Respekt für ihre eigenen Gefühle ihr erlauben wird, im Wissen um ihre eigenen Bedürfnisse zu reagieren.

Die nächste Übung hilft Ihren Klienten, Körpersignale zu interpretieren.

Mit dem Körper kommunizieren – Schritte

1. Stellen Sie Rapport her und bitten Sie Ihre Klientin, ihren Körper wahrzunehmen: Lassen Sie sie in Gedanken von ihren Füßen nach oben wandern und ihren physiologischen Zustand wahrnehmen.

2. Falls ein Körperteil Ihrer Klientin schmerzt, ermuntern Sie die Klientin, sich vorzustellen, was der Schmerz ausdrücken könnte und sprechen Sie über seine Bedeutung.

3. Falls Sie Schwierigkeiten hat, die Botschaft oder Intention zu verstehen, finden Sie einen Satzstamm, um die Bedeutung aufzudecken. „Wenn meine Schultern sprechen könnten, würden sie sagen ..."

4. Fordern Sie Ihre Klientin auf, sich häufig während des Tages ihrer Körpersignale bewußt zu werden und die Satzergänzungs-Methode zu verwenden, um die Botschaften zu übersetzen.

Der Scheinwerfer

Die Scheinwerfer-Technik hilft Ihrem Klienten, sich selbst schnell zu entspannen.

Scheinwerfer – Schritte

1. Bitten Sie Ihren Klienten, sich entspannt hinzusetzen oder hinzulegen und sich einige Augenblicke auf seinen Atem zu konzentrieren.

2. Wenn er ruhig zu sein scheint, bitten Sie ihn, sich ein sanftes Scheinwerferlicht an seinen Fußsohlen vorzustellen, das die Haut durchdringt und durch seine Beine nach oben fließt. Das Licht schickt ein goldenes Leuchten voraus, das nach Spannung oder Schmerz im Körper sucht.

3. Sollte das Licht auf so einen Schmerz im Körper treffen, wird es dort anhalten und die Stelle sanft umkreisen und massieren, bis alle Spannung sich aufgelöst hat. Danach wird das Licht weiter durch den ganzen Körper nach oben fließen.

4. Während das Licht nach oben wandert, hinterläßt es ein ruhiges, entspanntes Gefühl und füllt den Körper mit goldenem Licht.

5. Wenn das Licht den ganzen Körper erfüllt, lassen Sie den Klienten das Licht sanft durch die Nase ausatmen, bis es verschwunden ist.

Hinweis: Wenn irgendeine Mißempfindung weiterbesteht, wenden Sie die oben beschriebene Satzstamm-Methode an, um seine Botschaft zu ermitteln.

„Wenn ich eine Farbe wäre"

Eine andere Strategie, um das Bewußtsein von Körperempfindungen zu evozieren, hat mit „Systemüberlappung" zu tun. Üblicherweise verlassen sich Menschen hauptsächlich auf eines der drei Repräsentationssysteme, die in Kapitel 3 beschrieben sind:

- **Visuell** – in Bildern verarbeiten; charakteristische verbale Beschreibung: sehen, Fokus, Blick, schauen, klären.
- **Auditiv** – verarbeiten in Tönen und Worten; charakteristisch sind Wendungen wie einstimmen, klingt echt, klingt gut, klickt.
- **Kinästhetisch** – verarbeiten in Gefühlen, körperlich und emotional; charakteristisch sind Worte wie erfassen, spüren, ein Gefühl haben, fühlen.

Oft hilft es dem Klienten, das System, in dem er sich am wohlsten fühlt, zu utilisieren und es mit einem zu „überlappen", das er nicht so häufig verwendet, um seine Flexibilität zu steigern, auf Information zuzugreifen. Wenn jemand beispielsweise hauptsächlich visuell ist und er seine internalen Bilder in Töne und Gefühle übersetzt, dann überlappt das visuelle System mit dem auditiven und kinästhetischen. Wenn jemand auditiv ist, lassen Sie ihn ein Geräusch oder eine Stimme in einer Farbe oder einem Gefühl darstellen, dann überlappt das Auditive mit dem Visuellen und Kinästhetischen. Wenn jemand hauptsächlich kinästhetisch ist, und seine Gefühle in eine Farbe, Form und ein Geräusch übersetzt, dann überlappt die kinästhetische Modalität mit der visuellen und der auditiven.

Für Klienten, die besonders von ihrem Körper dissoziiert sind, stellt dieser visuell orientierte Prozeß eine Möglichkeit dar, unbewußte Botschaften besser zu interpretieren.

Farben – Überblick

1. **Lassen Sie Ihre Klientin eine Farbe auswählen, die die Klientin beschreibt.**
2. **Lassen Sie sie darüber sprechen, in welcher Hinsicht diese Farbe sie repräsentiert.**
3. **Lassen Sie sie mögliche Stellen in ihrem Körper identifizieren, die nicht von der ersten Farbe repräsentiert werden und sie Farben auswählen, die diese Stellen repräsentieren.**
4. **Lassen Sie sie beschreiben, wie sie jede Farbe auswählte und wie sie jede Empfindung repräsentiert.**
5. **Ermuntern Sie sie, diesen Prozeß internal einige Male am Tag zu machen, um ihr Körperbewußtsein zu steigern.**

Farben – Schritte

1. Bitten Sie Ihre Klientin, die Farbe zu beschreiben, die sie benutzen würde, wenn ihr jemand eine Schachtel Buntstifte gäbe und sie sich selbst kolorieren sollte nach ihren Körperempfindungen in diesem Augenblick.

2. Lassen Sie sie zuerst eine Farbe auswählen und Ihnen erzählen, wie sie sich fühlt, zum Beispiel türkis.
Eine Klientin antwortete: „ Türkis ist eine schnelle Farbe. Da ist viel Bewegung drin und es erinnert an Elektrizität. Ich fühle mich die meiste Zeit türkis. Mein Körper ist in Harmonie. Jeder Teil kommuniziert mit den anderen Teilen."
Der athletische Körperbau und die flüssigen Bewegungen der Frau unterstrichen, was sie beschrieb.

3. Bitten Sie die Klientin, ihren Körper auf Stellen hin zu überprüfen, die sich nicht „türkis" anfühlen.
Lassen Sie sie sich vorstellen, wie sie jeden der abweichenden Körperteile mit der Farbe koloriert, die zu dem Körpergefühl paßt. Verwenden Sie für Klienten, die Schwierigkeiten haben zu visualisieren oder für alle Klienten, die Spaß daran haben, großformatiges Einpackpapier und zeichnen Sie die Umrisse des Klienten nach. Stellen Sie dann Buntstifte zur Verfügung und lassen Sie sie ihr Bild nach ihrem Körperempfinden anmalen.

4. Bitten Sie sie zu beschreiben, wie sie jede Farbe auswählte und wie die Farbe mit ihren Empfindungen zusammenhängt.

5. Fordern Sie sie auf, ihr Farb-/Körperbewußtsein mehrmals täglich weiterzuentwickeln, um ihre bewußte Verbindung mit ihrem Körper zu verbessern.

Wenn die Klientin mit dem Prozeß, Wahrnehmungssysteme zu überlappen, vertraut ist, wird sie Spannungen in bestimmten Körperbereichen lindern können, indem sie einfach eine Farbe visualisiert, die sie als beruhigend empfindet und diese Farbe in den verspannten Bereich schicken. Steife Gelenke können beweglicher werden, unruhige, empfindliche Mägen können beruhigt werden, schmerzende Köpfe können sich behaglicher anfühlen und so weiter.

Variationen von „Farben" für auditive Klienten

Überwiegend auditive Klienten können Körperempfindungen leichter in Töne als in Bilder übersetzen. Verwenden Sie den Prozeß von oben, indem sie Farben durch Töne ersetzen. Oder überlappen Sie von einer Farbe zu einem Ton oder umgekehrt. Töne können alles sein, was dem Klienten in den Sinn kommt. Sie können von murmelnden Bächen zu Symphonien reichen, von knirschendem Sand zu Grollen, von inneren Stimmen zu Flugzeugmotoren.

Das jüngere Selbst des Klienten wertschätzen

Wertvolle Eigenschaften, die der Klient schon immer hatte, zu identifizieren, hilft ihm, ein Gefühl für seine Identität und Selbstachtung aufzubauen.

Es folgt ein Prozeß, der diese Eigenschaften definieren und integrieren hilft:

Wertschätzung der Persönlichkeitsanteile – Schritte

1. **Weisen Sie Ihren Klienten an, sich vorzustellen, er sei ein Baby von noch nicht zwei Jahren. Vielleicht muß er sich an ein Photo von sich oder an Erzählungen seiner Eltern über sich in diesem Alter erinnern.** Oder lassen Sie den Klienten auf der Time Line zu dem gewünschten Alter zurückgehen. (Siehe Kapitel 3 zur Beschreibung der Time Line.)
2. **Bitten Sie ihn, eine Eigenschaft aufzuschreiben, die er an sich in diesem Alter bewundert.**
   Beispiel: *Abenteuerlust oder Neugier*

3. **Fragen Sie ihn, was er über sich selbst glauben muß, um über diese Eigenschaft zu verfügen. Schreiben Sie den Glaubenssatz neben die Eigenschaft.**
   Beispiel: *Ich bin tapfer, oder: Ich kann lernen.*
4. **Besprechen Sie mit dem Klienten, wie dieser Glaubenssatz sich heute manifestiert und unterstützen Sie die Wertschätzung dieses Glaubenssatzes.**
5. **Laden Sie ihn ein, diesen Teil von sich in seiner Handfläche zu visualisieren und plazieren Sie ihn dann in ihn oder in seinen inneren Rückzugsort.**
6. **Wiederholen Sie diesen Prozeß für die folgenden Altersstufen: 2-3, 4-5, 6-11, 12-21, 21-30, 31-40, 55 bis zur Gegenwart.** (Diese Altersstufen entsprechen den Eriksonschen Altersstufen, die in Kapitel 1 beschrieben sind.)

Eine typische Liste kann so aussehen:

Alter	**Eigenschaft**	**Glaubenssatz**	**Manifestation im Erwachsenenalter**
2	Neugier	Ich kann lernen.	Abendschule
5	Kaspern	Ich werde beachtet	Sprechen in der Öffentlichkeit
16	Beliebtheit	Ich bin liebenswert.	viele Freunde
27	Engagement	Ich kann intim sein.	dauerhafte Ehe
35	Flexibilität	Ich kann mich anpassen.	neuer Beruf

Durch diesen Prozeß hat der Klient eine Reihe von positiven Selbstbildern, die als Ressourcen internalisiert sind. Diese Strategie ist vor allem hilfreich für Klienten, die sich nutzlos oder wertlos fühlen.

Verstrickung

Manchmal verliert jemand seine Identität als Individuum, wenn er mit jemand anderem sehr engen Kontakt hat, oder mit einer anderen Person verstrickt ist. Seine Aufmerksamkeit ist so von dem anderen Menschen in Anspruch genommen, daß seine eigenen Gefühle, Bedürfnisse, Wünsche und Sehnsüchte hinter der Beziehung zurücktreten.

Anfangs suchen Menschen Partner, die unterentwickelte oder abgelehnte Anteile ihrer selbst manifestieren. Ein ruhiger, zurückhaltender Buchhalter sucht sich vielleicht eine draufgängerische und freimütige Frau aus. Ein äußerst ehrgeiziger Typ A mag eine künstlerisch oder kontemplativ oder spirituell veranlagte Person heiraten.

Diese komplementäre Anziehungskraft ist eine Bewegung in Richtung Ganzheit. Menschen suchen sich einen Partner aus, der von ihnen selbst sehr verschieden ist, als eine Art der Balance. Diese Art von Beziehung kann jedoch zu Verstrickung führen mit dem Menschen, der die Lücke füllt.

Der folgende Prozeß, der von Lara Ewing[1] beigesteuert und beschrieben wurde, ist eine Möglichkeit, Ihren Klienten dabei zu helfen, zu beginnen, diese Anteile wieder zu re-klamieren. Er ist in zwei Abschnitte unterteilt: 1.) Identifizieren der Verstrickung und Zurückholen des entfremdeten (oder unterentwickelten) Teils; 2.) Wertschätzung der verstrickten Person und Rückgabe der entliehenen Attribute.

Den entfremdeten Teil identifizieren und wieder in Besitz nehmen – Überblick

1. **Helfen Sie der Klientin zu entdecken, welchen Teil ihrer selbst die andere Person, die Substanz oder die Aktivität repräsentiert. Welchen Zweck erfüllt das?**
2. **Identifizieren Sie den Teil des Selbst, der verloren war und vom anderen Menschen personifiziert wird.**
3. **Helfen Sie der Klientin, mit den Verlustgefühlen in Kontakt zu kommen, die mit dem abgelehnten Teil assoziiert sind.**
4. **Wenden Sie die Suche nach dem Ursprung (Kapitel 7) an und lassen Sie Ihre Klientin die Zeit wieder erleben, als sie den abgelehnten Teil ihrer Selbst verlor.**
5. **Helfen Sie ihr, dem jüngeren verlorenen Selbst die Ressourcen zu geben, die es braucht, um die Begebenheit sicher und erfolgreich zu überstehen. (Ankern, Kapitel 3)**
6. **Lassen Sie die Klientin den Teil erwachsen werden, so alt, wie die Klientin jetzt ist.**
7. **Integrieren Sie den Teil wieder, indem Sie ihn in den Körper und in den inneren Rückzugsort bringen. (Innerer Rückzugsort, Kapitel 8)**

Den Beitrag der anderen Person anerkennen – Überblick

1. **Ihre Klientin soll sich bei der verstrickten Person, der Substanz oder Aktivität für den Versuch, den fehlenden Teil zu ersetzen, bedanken.**
2. **Lassen Sie die Klientin den geborgten Teil respektvoll zurückgeben.**
3. **Lassen Sie die Klientin eine Vorstellung von einer gesünderen und harmonischeren Beziehung entwickeln, die die alte ersetzen kann.**

Der Prozeß im Detail mit einem Beispiel:

Den entfremdeten Teil identifizieren und wieder in Besitz nehmen – Schritte

1. Welchen Teil Ihrer Klientin repräsentiert die andere Person/Substanz/Aktivität? Welchen Zweck erfüllt das?

Lois seufzte: „Ich bin frühzeitig alt. Ich bin überhaupt nicht mehr lustig. Meine Freunde und meine Familie sind alle auf mich angewiesen, aber sie sind nicht wirklich gern mit mir zusammen. Ich werde von der Verantwortung, die ich trage, überwältigt. Ich möchte diese Menschen nicht fallenlassen, aber ich fühle mich jeden Tag schwerer." Tatsächlich hatte Lois in den letzten Jahren 15 Kilo zugenommen.

„Mein Mann dagegen ist der typische Hansdampf in allen Gassen. Er ist bei allen beliebt, er ist in jeder Gruppe der Sonnyboy. Ihm fällt es schwer, in einem Job zu bleiben oder etwas zu Ende zu führen. Ich versuche ihm zu helfen, aber er würde lieber nur mit seinen Kumpels pokern.

Wir scheinen so verschieden zu sein. Ich frage mich, was uns damals angezogen hat. Jeder von uns ist so spezialisiert. Wenn Sie uns zusammenfügen würden, ergäben wir einen ganzen Menschen."

Es wurde klar, daß Lois sich gezwungen fühlte, mehr als den angemessenen Anteil an Verantwortung zu übernehmen, während ihr Mann den Spaß beisteuerte.

2. Identifizieren Sie den Teil des Selbst, der verloren wurde und von der anderen Person verkörpert wird.

Ich bat Lois, sich auf ihren Zwang, zu viel Verantwortung zu übernehmen, zu konzentrieren. Ich begann mit der Frage: „Welchen Teil von sich mußten Sie aufgeben, um das zu tun?"

„Meine spielerische Seite, meine Sorglosigkeit."

3. Helfen Sie der Klientin, mit den Verlustgefühlen in Kontakt zu kommen, die mit dem entfremdeten Teil assoziiert sind.
„Ich möchte gerne, daß Sie darauf achten, wie es sich anfühlt, diesen Teil Ihrer selbst verloren zu haben" leitete ich sie an.
Lois Gesicht sackte zusammen, und ihre Schultern sanken nach unten.

4. Wenden Sie die transderivationale Suche nach dem Ursprung (Kapitel 7) an und lassen Sie Ihre Klientin die Zeit wieder erleben, in der sie den abgelehnten Teil ihrer selbst verlor.
„Verfolgen Sie dieses Verlustgefühl in der Zeit rückwärts bis dahin, wo Sie sich erinnern können, es das erste Mal gespürt zu haben", sagte ich.
Nach einigen Minuten begann Lois leise zu schluchzen: „Ich war sieben Jahre alt. Das Haus brannte. Meine Eltern waren beide betrunken. Mein Vater war ohnmächtig geworden und seine Zigarette fiel auf den Teppich. Es war niemand da, der hätte helfen können. Ich mußte meine Mutter mobilisieren, mir dabei zu helfen, ihn aus dem Haus zu zerren.
Eine Nachbarin rief die Feuerwehr. Ich kann immer noch den Ekel und das Mitleid in ihrem Gesicht sehen, als wir dastanden und zuschauten, wie das Haus brannte. Ich wußte, daß alles immer von mir abhängen würde. Ich konnte es mir nicht leisten, ein Kind zu sein."
„Finden Sie den verspielten Teil von sich, den Sie an dem Tag wegschickten, Lois. Erzählen Sie mir über diese verspielte Lois."
„Sie ist auf ihren Knien, zusammengekauert in einer Ecke und versteckt ihr Gesicht. Ich kann ihr Gesicht sehen. Ich habe sie weggeschickt – ich konnte sie nicht ertragen."

5. Geben Sie dem jüngeren verlorenen Selbst die Ressourcen, die es braucht, um die Begebenheit sicher und erfolgreich zu überleben.
Ich ermutigte Lois: „Gehen Sie zu ihr und beruhigen Sie sie."
Lois schluchzte stärker. Ihr Gesicht wurde weicher und sah sehr jung aus.
„Geben Sie ihr nun die Ressourcen, die sie gebraucht hätte. Helfen Sie ihr, eine andere Entscheidung zu treffen."
Lois berichtete, daß sie ihren verspielten Teil tröstete, und ihm Schutz, Mut und Liebe gab. Ihre Entscheidung war, ihre Fähigkeit, verantwortlich zu sein, dafür einzusetzen, das Leben zu genießen – die ganze Zeit über immer wieder zu spielen und in ihrem Leben Raum und Zeit für Spaß zu schaffen. Sie sah viel jünger aus.

6. Die Klientin soll den Teil erwachsen werden lassen, so alt, wie sie jetzt ist.
„Erlauben Sie dem Teil, so alt zu werden, wie Sie heute sind", schlug ich vor. „Nehmen Sie sich alle Zeit, die Sie dafür brauchen, um die Ressourcen zu assimilieren, die Sie als Erwachsene haben."
„Oh, sie sieht so glücklich aus."

7. Integrieren Sie den Teil wieder, indem Sie ihn in den Körper und in den inneren Rückzugsort bringen.
„Lois, heißen Sie nun den wiedererlangten Teil zu Hause willkommen. Nehmen Sie sie in Ihren Körper, in Ihren Rückzugsort. Verpflichten Sie sich, daß Sie diesen Teil immer schätzen und nie mehr verlassen werden."

Den Beitrag der anderen Person anerkennen – Schritte

1. Ihre Klientin soll sich bei der verstrickten Person, der Substanz oder Aktivität für den Versuch, den fehlenden Teil zu ersetzen, bedanken.
„Wenn Sie das getan haben, Lois, können Sie jetzt Ihre eigene Fähigkeit, Spaß zu haben und spontan zu sein, erforschen und entwickeln. Bob braucht das nicht für Sie zu tun. Das wird die Art Ihrer Beziehung mit ihm ändern. Während Sie diese Veränderung durchlaufen, möchte ich, daß Sie damit beginnen, ihm dafür zu danken, daß er diesen Teil von Ihnen vertreten hat. Erkennen Sie alles an, was er Ihnen gegeben hat, indem er dies tat."
Lois sagte zu einem Bild ihres Mannes: „Bob, du warst eine Quelle der Lebensfreude in meinem Leben. Wo ich ernst war, hast du Lachen und Spontaneität beigetragen. Unsere Kinder haben von dir gelernt, die Rosen zu riechen und die Suppe zu würzen. Danke, daß du spielerisch bist."

2. Lassen Sie die Klientin den geborgten Teil respektvoll zurückgeben.
„Da Sie nun Ihren eigenen sorglosen Geist besitzen, kann Ihre Beziehung wachsen. Bob hat Ihnen auch erlaubt, einen Teil seiner Verantwortlichkeit zu übernehmen. Sie brauchen das nicht länger zu tun. Geben Sie ihm respektvoll die Teile von ihm zurück, die Sie verwahrten."
Lois bewegte ihre hohlen Hände von der Mitte ihres Körpers aus auf den imaginären Bob zu, so als ob sie ihm eine Substanz reichen würde. Ihre Hände kippten allmählich die „Substanz" aus wie in wartende Hände. Sie lachte: „Was für eine Erleichterung."

3. Lassen Sie die Klientin eine Vorstellung von einer gesünderen und harmonischeren Beziehung entwickeln, die die alte ersetzen kann.
„Stellen Sie sich vor, wie Ihre neue Beziehung mit Bob sein kann" schlage ich ihr vor.
„Na ja, zuerst einmal gehe ich morgen abend zum Country- und Western-Tanz, statt den Rasen zu mähen. Ich rufe meine Freundin an und sage ihr, daß ich nun doch mit ihr nach Carmel fahre. Ich werde Bob bei seinen Angelegenheiten aus dem Weg gehen und sie ihn auf seine Art erledigen lassen. Und wenn ich weniger darüber weiß, werde ich weniger versucht sein, mich einzumischen und ihm zu sagen, wie er Dinge erledigen soll."

„Das ist die neue Art zu sein, Lois, und es mögen einige Anpassungen von Ihnen beiden notwendig sein, um die Veränderungen ganz zu durchlaufen. Wie werden Sie mit möglichen Rückschlägen oder Wachstumsschmerzen umgehen?"
„Oh, ich kann mich hier recht schnell verändern, schätze ich. Ich glaube, wir müssen eine Form der Arbeitsteilung finden. Das kann für uns beide manchmal Angst auslösen – für mich, Dinge unerledigt zu lassen und für ihn, Verantwortung zu übernehmen. Aber zwischen uns ist genug Stärke, daß das funktionieren wird."

Die identitätsbildenden Prozesse, die wir bislang besprochen haben, haben mit der Vergangenheit des Klienten zu tun. Das zukünftige Selbst und das alte Selbst sind zwei Bilder von einem Selbst in der Zukunft, die Inspiration und Selbst-Coaching ermöglichen.

Das zukünftige Selbst

Um ein veraltetes Selbstbild gegen ein weiterentwickeltes einzutauschen, braucht Ihre Klientin vielleicht einen Coach und Mentor – jemand, der als Beispiel dafür dient, wie sie in Zukunft sein will und der sie ermutigt und ihre Bemühungen, das Ziel zu erreichen, unterstützt. Das zukünftige Selbst dient diesem Zweck.

Das zukünftige Selbst – Überblick

1. **Lassen Sie Ihre Klientin sich eine Repräsentation von ihrem idealen Selbstbild machen.**
2. **Stellen Sie alle Auswirkungen auf die Klientin fest, wie es für sie ist, das Ziel zu erreichen.**
3. **Lassen Sie Ihre Klientin sich vorstellen, wie ihr zukünftiges Selbst in einem Stuhl ihr gegenüber sitzt.**
4. **Bieten Sie Ihrer Klientin an, mit Ihrer Hilfe in ihr zukünftiges Selbst zu schlüpfen und auf dem Stuhl zu sitzen, auf dem diese Repräsentation ist.**
5. **Fragen Sie Ihre Klientin, welchen Rat das zukünftige Selbst anzubieten hat.**
6. **Bitten Sie Ihre Klientin, dem zukünftigen Selbst für diese Aussicht zu danken.**
7. **Führen Sie sie zu ihrem ursprünglichen Stuhl zurück.**
8. **Lassen Sie Ihre Klientin das zukünftige Selbst vor sich sitzen sehen. Bitten Sie sie, die Arme auszustrecken und diese Erscheinung liebevoll in ihren inneren Rückzugsort aufzunehmen.**

Schritte zu einem zukünftigen Selbst

1. Lassen Sie Ihre Klientin sich ein Bild davon machen, wie sie aussehen, sich anhören und handeln wird, wenn sie ihren Idealzustand erreicht hat. Stellen Sie sicher, daß es sich um einen SEINS-Zustand handelt und daß er anziehend ist. Schließen Sie die beruflichen, sozialen, emotionalen, körperlichen und spirituellen Komponenten mit ein.

Norma sieht sich mit ihrem Idealgewicht, konservativ, aber farbenfroh gekleidet. Sie merken den Enthusiasmus in ihrem Gesicht und fragen zur Bekräftigung nach, ob sie dieses zukünftige Selbst mag.

„Ja, sie sieht glücklich und erfüllt aus ..."

2. Stellen Sie sicher, daß die Klientin für alle Konsequenzen gerüstet ist, die damit einhergehen, das gewünschte Ziel zu erreichen.

„Wie wird es sich auf Ihre Beziehung mit Steve auswirken, wenn Sie Ihr gewünschtes Gewicht erreichen?" fragen Sie.

Norma betrachtet einen Moment lang das Bild und antwortet: „Mensch, der wird bestimmt nervös werden. Er wird ein wenig unsicher sein. Jetzt kann er sich sicher fühlen, weil er weiß, daß mich kein anderer will."

„Wird Ihr zukünftiges Selbst auf eine Art mit ihm interagieren, die Sie gutheißen?"

„Klar, sie wird bestimmter sein, aber sie ist auch nett. Sie wird ihm aber sein Trinken nicht mehr durchgehen lassen."

„Wie wird sie damit umgehen?" fragen Sie.

„Sie wird ihm sagen, daß er zu den Anonymen Alkoholikern gehen soll oder sich irgendwo anders Hilfe holen soll. Wenn er das nicht tut, wird sie sich von ihm trennen!"

„Ist sie dazu bereit, falls es dazu kommt?"

„Es ist ein Teil dieses Bildes; es erscheint natürlich", sagt Norma.

Sie identifizieren Normas zukünftiges Selbst als positiv und fahren fort ...

3. Stellen Sie einen Stuhl vor Ihre Klientin, der Klientin zugewandt. Verwenden Sie eine Entspannung oder Hypnose, damit sie sich entspannt. Bieten Sie ihr an, daß sie ihr zukünftiges Selbst auf dem Stuhl vor sich sitzen sieht, das ihr akzeptierend und liebevoll zulächelt.

4. Fordern Sie Ihre Klientin auf, aufzustehen und dabei ihren derzeitigen Körper im Stuhl zu verlassen; dann soll sie sich (mit Ihrer Hilfe) umdrehen und sich langsam hinsetzen, während sie sich mit dem zukünftigen Selbst vereinigt.

5. Fragen Sie Ihre Klientin, wie es so ist in diesem zukünftigen Selbst. Welchen Rat hat das zukünftige Selbst für die jüngere Norma?

Unter Ihrer Führung steht Norma auf, dreht sich um und läßt sich vorsichtig in dem Stuhl ihres zukünftigen Selbst nieder.

„Wie fühlt es sich an, in diesem Körper zu sein", fragen Sie.

„Leichter, ich fühle mich vollständiger ... und glücklicher", berichtet Norma.

„Welchen Rat haben Sie für Ihr jüngeres Selbst? Wie kann sie den Erfolg erreichen, den Sie jetzt erleben?"

„Sie muß Vertrauen zu sich haben; sie ist es wert" antwortet Norma.

6. Bitten Sie Ihre Klientin, dem zukünftigen Selbst für diese Perspektive zu danken.

„Nehmen Sie sich einen Moment und genießen Sie es, in diesem zukünftigen Selbst zu sein und nehmen Sie die Gedanken und Gefühle wahr", raten Sie Norma. „Dann danken Sie ihr für die Gelegenheit, ihre Einsichten zu erfahren."

7. Leiten Sie Ihre Klientin zu dem Stuhl, auf dem sie zuerst saß.

„Nehmen Sie meine Hand, stehen Sie auf und gehen Sie heraus aus Ihrem zukünftigen Selbst. Drehen Sie sich um und vereinigen Sie sich langsam wieder mit Ihrem heutigen Körper.

8. Weisen Sie Ihre Klientin an, sich ihr zukünftiges Selbst noch einmal als Bild vorzustellen, wie sie vor ihr sitzt und ihr zulächelt. Bitten Sie sie, ihre Arme auszustrecken und das Selbst zu umarmen und es dann in ihren inneren Rückzugsort zu nehmen.

Eine andere Strategie, um internale Ressourcen aufzubauen, ist, das alte Selbst zu elizitieren. Das alte Selbst unterscheidet sich vom oben beschriebenen zukünftigen Selbst dadurch, daß es Weisheit anbietet, wohingegen das zukünftige Selbst ein Ziel oder eine Fähigkeit personifiziert.

Der Prozeß lehnt sich an einen von Lara Ewing und Robert McDonald entwickelten an.

Die alte Weise – eigene Entscheidungen treffen

Die Vorstellung von der alten Weisen gibt uns ein Gefühl von Kontinuität und Sicherheit im Hinblick auf die Zukunft. Die Ratschläge, die unsere Klienten von den alten Weisen erhalten haben, sind erstaunlich weise und nützlich und helfen ihnen bei ihren Entscheidungen.

Die alte Weise – Schritte

1. Stellen Sie einen Stuhl vor Ihre Klientin, der Klientin zugewandt. Wenden Sie eine Technik zur Entspannung oder Hypnose an, damit sie sich entspannt. Bieten Sie ihr an, daß sie in dem Stuhl vor sich eine alte Frau sitzen sieht, die sie liebevoll und akzeptierend anlächelt. Sie erklären: „Auch wenn diese Frau sehr alt ist, ist sie würdevoll und strahlt Gesundheit aus. Sie hat ein erfüllendes Leben geführt."

2. Wenn Ihre Klientin beginnt, diese weise Frau deutlich zu sehen, sagen Sie: „Sie nehmen wahr, daß diese alte Weise sehr betagt ist, und sie nehmen Sie immer deutlicher wahr. Sie ist hierher gekommen, um Ihre Beraterin zu sein. Sie versteht alles, was Sie je erlebt haben und was Sie noch erleben werden. Sie hat bereits alles durchlebt. Sie können ihre Akzeptanz und ihr Verständnis für Sie in Ihrem jetzigen Lebensabschnitt spüren."

3. Fordern Sie Ihre Klientin auf, an eine Frage oder eine Sorge zu denken, die von dem Rat dieser alten Weisen profitieren würde. Bieten Sie an, daß die Frage der alten Frau telepathisch übermittelt werden könnte.

4. Helfen Sie Ihrer Klientin, Ihren derzeitigen Körper zu verlassen und sich mit der alten Weisen zu vereinigen. Regen Sie an, daß sie sich entspannt, während Alter und Weisheit in sie hineinströmen.

5. Bitten Sie Ihre Klientin zu beschreiben, wie es sich anfühlt, in diesem Selbst zu sein und welchen Rat die Weise für ihr jüngeres Selbst hat. Geben Sie ihr alle Zeit, die sie braucht, um dies zu erfahren.

6. Bitten Sie Ihre Klientin, der Weisen für diese Perspektive zu danken und helfen Sie ihr, in ihren derzeitigen Körper zurückzukehren.

7. Weisen Sie sie an, ihre weise Alte noch einmal anzuschauen, wie sie vor ihr sitzt und ihr zulächelt. Bitten Sie sie, die Arme auszustrecken und dieses Selbst zu umarmen und sie dann behutsam in ihren inneren Rückzugsort zu nehmen.

8. Sprechen Sie mit Ihrer Klientin über den Rat der Weisen und wie er ihre Entscheidungen beeinflussen kann.

Teile-Party

Ihr Klient hat eine ganze Anzahl von unterschiedlichen Teilen oder Unterpersönlichkeiten, die seine Identität bereichern. Diese Teile können entscheidend sein, um Probleme zu lösen und Entscheidungen zu treffen. Um sich kongruent zu fühlen und kongruent zu handeln, müssen alle diese Teile miteinander kooperieren. Eine Art, diese Zusammenarbeit zu bewerkstelligen, ist die Teile-Party, die von der Familientherapeutin Virginia Satir erfunden wurde.

Teile-Party – Überblick

1. **Identifizieren Sie eine Situation, in der sich Ihre Klientin hin- und hergerissen fühlt.**
2. **Helfen Sie ihr, die Unterpersönlichkeiten oder die inneren Teile, die den Konflikt repräsentieren, aufzulisten.**
3. **Lassen Sie sie sich einen runden Tisch vorstellen und all die in Schritt 2 genannten Teile an den Tisch einladen.**
4. **Bestimmen Sie einen unparteiischen Moderator aus der versammelten Gruppe, der die Diskussion leitet.**
5. **Lassen Sie die Klientin die vorgebrachten befürwortenden Aussagen oder die Einwände anhören.**
6. **Lassen Sie der Klientin dem Moderator die Rolle zuweisen, einen Konsens in der Gruppe herzustellen, wobei gewährleistet ist, daß die Bedürfnisse jedes Teils erfüllt werden.**
7. **Bitten Sie die Klientin, den Teilen zu danken und sie zu ermuntern, weiterhin zusammenzuarbeiten, um die neue Vereinbarung zu unterstützen.**

Hier führen wir Norma als Beispiel an:

Teile-Party – Schritte mit Beispiel

1. Identifizieren Sie das Problem oder die Umstände, in dem/denen sich ihre Klientin hin- und hergerissen fühlt.
Norma kann sich nicht entscheiden, ob sie an einem Weight Watchers-Treffen teilnehmen soll oder nicht.

2. Helfen Sie Ihrer Klientin, eine Liste all der Unterpersönlichkeiten oder inneren Teile anzufertigen, deren sie sich bewußt ist.
Normas Liste beinhaltet:

- die Fünfjährige
- den rebellischen Teenager
- die Mutter
- die, die sich überißt
- die Ehefrau
- die Alte Weise
- die Berufstätige
- die Tochter
- die, die gesund ißt
- die kreative Denkerin

3. Lassen Sie die Klientin sich einen großen runden Tisch vorstellen und diese Teile dahin einladen, einen nach dem anderen, die mit der Entscheidung oder dem Problem am Tisch zu tun haben.
Normas Teile sind alle anwesend, jeder nach seiner Rolle gekleidet.

4. Lassen Sie die Klientin einen unparteiischen Moderator für die Diskussion bestimmen. Gewöhnlich wird das der kreative Teil sein, aber ein anderer Teil mag geeigneter sein.
Norma wählt ihre alte Weise zum Moderator, und alle Teile stimmen ihrer Wahl zu.

5. Lassen Sie die Klientin die befürwortenden Aussagen oder die Einwände anhören, die jeder Teil zum Diskussionsthema beitragen kann.
Normas „ gesunde Esserin" möchte den Weight Watchers beitreten, weil sie überzeugt ist, daß sie das auf dem Weg halten und gesund essen lassen wird. Ihre „ Fünfjährige" ist dagegen, aus Angst, ihr könnten dadurch Genüsse entgehen. Ihr „ Teenager" ist auch dagegen, aus Angst, sich vor all diesen anderen Leuten zu zeigen. Die „ Ehefrau" war sich nicht sicher, ob sie an den Treffen teilnehmen kann, ohne Reibereien mit Steve heraufzubeschwören, aber die „ Berufstätige" erinnert sie daran, daß sie weiß, wie sie für sich selbst eintreten kann. Die übrigen Teile neigen dazu, an den Treffen teilzunehmen.

6. Lassen Sie der Klientin dem Moderator die Verantwortung übertragen, die Bedenken jedes Teils anzuhören und in der Gruppe einen Konsens herbeizuführen. Es ist entscheidend, daß die Bedürfnisse jedes Teils erfüllt werden.
Der Konsens ist, den Weight Watchers beizutreten. Die „ Weise" hilft den Teilen zusammenzuarbeiten, um alle Bedürfnisse zu befriedigen. Die „ kreative Denkerin" verspricht, den „ Teenager" und die „ Fünfjährige" zu beschützen. Die „ Berufstätige" wird dafür zuständig sein, mit Steve zurechtzukommen. Die „ gesunde Esserin" stimmt zu, Norma zu motivieren und die Kommunikation zwischen den anderen Teilen in Zukunft zu koordinieren.

7. Lassen Sie die Klientin sich bei den Teilen bedanken und sie ermuntern, die Kommunikation fortzusetzen und zusammenzuarbeiten, um die neue Vereinbarung einzuhalten.
Norma fühlt sich kongruent im Hinblick auf ihre Entscheidung, und ihre früheren Befürchtungen sind der Bereitschaft gewichen, es zu versuchen. Später berichtet sie voller Stolz, daß sie es genossen hat, an dem Treffen teilzunehmen und daß sie sich auf das nächste freut.

Die Teile-Party kann auch dazu verwendet werden, einen Klienten mit der Vielfältigkeit seiner Persönlichkeit bekanntzumachen und ihm zu helfen, eine Identität aufzubauen. In diesem Fall stellt sich jeder Teil einfach vor und nennt seine positive Funktion innerhalb der Persönlichkeit.

Vielfältige Ressourcen in den inneren Rückzugsort integrieren

Sie haben wahrscheinlich viele Ressourcen, wie das oben beschriebene zukünftige Selbst, bei Klienten utilisiert, um ihnen zu helfen, das „Selbst", das sie wünschen, zu kreieren. Nach einer speziellen Intervention ist es schön, einen Ort zu haben, an dem die Ressourcen für den künftigen Gebrauch aufbewahrt werden. Wir finden den in Kapitel 8 beschriebenen inneren Rückzugsort ideal.

In der Time Line-Strategie (beschrieben in Kapitel 3) lassen Sie Ihre Klientin Eigenschaften ihrer selbst in verschiedenen Altersstufen ihres Lebens wertschätzen. Sie beurteilt sie dahingehend, wie sie jeweils ihr Leben beeinflussen und identifiziert die positiven Glaubenssätze, die sie über sich selbst hat. Wenn sie damit fertig ist, bitten Sie sie, diese Fähigkeiten in ein Bild, ein Geräusch oder ein Gefühl zu kristallisieren, das in den Rückzugsort genommen werden kann. Nehmen Sie wahr, wie sich als Ergebnis davon „das Ambiente" im inneren Rückzugsort verändert.

Bei Reimprinting (Kapitel 9) kreiert der Klient nicht nur für sich selbst Ressourcen, sondern auch für bedeutende andere Menschen in seinem Leben. Diese Ressourcen kann der Klient integrieren, wenn er sie wertschätzt und in seinem Rückzugsort aufbewahrt.

Wenn die positive Absicht jedes Teils gewürdigt ist (siehe Kapitel 7), kann sie in den inneren Rückzugsort aufgenommen werden.

Sie werden viele Möglichkeiten finden, den inneren Rückzugsort zu nutzen, und indem Sie Ressourcen hinzufügen, wird er für Ihren Klienten zunehmend mächtig und positiv werden. Wenn Sie ihn nicht benutzen, wird er allmählich schwinden. Im Fall einer wichtigen Ressource wie dem Rückzugsort, werden Sie es gewinnbringend finden, immer wieder damit zu arbeiten.

Wenn Sie Ressourcen in Ihrer Klientin aufbauen, wird deren Identität zunehmend stärker werden. Sie werden Veränderungen in ihrem Selbstbewußtsein und in der Qualität und dem Blickwinkel ihrer Erfahrungen feststellen, die sie in ihren Sitzungen beschreibt. Sie wird seltener „Opfer" sein. Vielleicht wollen Sie anhand der Liste von Identitätsmerkmalen am Anfang des Kapitels regelmäßig bei Ihren co-abhängigen Klienten überprüfen, in welchen Bereichen noch Arbeit nötig ist. Sobald die Identität Ihrer Klientin stabil ist, kann sie sich wirkungsvoll Ziele setzen und sie systematisch erreichen.

11 Problemlösung/Zielsetzung

Mein ganzes Leben lang wollte ich ,jemand sein'.
Aber jetzt sehe ich, daß ich genauer hätte sein sollen.
– Jane Wagner

Norma sieht unglücklich aus. Sie sinkt mit mehr Seufzern und einem stärkeren Gefühl von Niedergeschlagenheit als gewöhnlich in den Stuhl, in dem sie immer sitzt. „Ich habe es wieder getan. Ich habe Debbies Tagebuch unter ihrer Matratze hervorgekramt und darin gelesen. Es ist ein Zwang. Ich muß wissen, was sie denkt. Dafür gibt es keine Rechtfertigung. Ich hasse mich dafür, daß ich das tue. Ich glaube, daß Menschen ein absolutes Recht auf eine Privatsphäre haben! Als ich Steve erwischte, wie er meine Post las, als wir erst kurz verheiratet waren, hätte ich ihn beinahe geschlagen. Warum tue ich das nur meiner Tochter an?"

Norma hat einen typischen inneren Konflikt beschrieben. Sie möchte einerseits – und andererseits auch nicht – ein bestimmtes Verhalten an den Tag legen, aber der „möchte"-Teil gewinnt. Obwohl Normas Zwang in bezug auf das Tagebuch ihrer Tochter eine tiefere Bedeutung hat als reine Neugier, ist es nützlich, das Thema anzugehen, indem man die positiven Absichten sowohl des Verhaltens als auch des Teils von ihr, der es mißbilligt, herausfindet.

Klienten klagen gewöhnlich darüber, daß sie sich verändern wollen, aber nicht können. Ein Klient mag sich vielleicht wünschen, abzunehmen und mit einer Diät beginnen, nur um in der Woche darauf einen Eßanfall zu bekommen. Ein anderer mag schwören, mit dem Rauchen aufzuhören, zwei Wochen lang aufhören und sich in einem Moment der Schwäche mit einer Zigarette in der Hand wiederfinden. Wieder eine andere mag sich vielleicht wünschen, selbstbewußter zu sein, aber wenn die Situation kommt, sich selbst zu behaupten, lächelt und beschwichtigt sie. Jemand anderes verspricht sich vielleicht, sich nicht wieder zu betrinken und wacht am nächsten Morgen mit einem Kater auf.

Jedes Mal, wenn eine Person sich schwört, sich zu verändern und dabei scheitert, wird eine Polarität erzeugt. Ein Teil will sich verändern, und ein anderer fährt mit dem alten Verhalten fort. Solche Polaritäten erzeugen innere Kriege und führen Co-Abhängige dazu, sich selbst jedes Mal, wenn sie eine Schlacht verlieren, zu schelten. So höhlen sie das Selbstwertgefühl weiter aus.

Der Reframing-Prozeß hilft, zwischen den gegnerischen Teilen Koalitionen zu bilden und schafft innere Harmonie. Fünf Dinge müssen geschehen, um die Polarität aufzulösen, die bei dem Versuch entsteht, alte Glaubenssätze und Gewohnheiten zu verändern.

Grundvoraussetzungen für die Lösung von inneren Konflikten

1. Die Polaritäten der Situation müssen identifiziert und ins Bewußtsein gebracht werden.
2. Die positive Absicht sowohl des Wunsches, sich zu ändern, als auch des Widerstands müssen aufgedeckt, verstanden und akzeptiert werden.
3. Der Konflikt muß aufgelöst werden durch Verständnis für die positiven Absichten der beiden Verhaltensweisen.
4. Alternative Verhaltensweisen, die beide positiven Absichten erfüllen, müssen generiert werden.
5. Die alternativen Verhaltensweisen müssen zunächst mit der Identität der Person kongruent sein und dann integriert werden.

Reframing ist die logische Weiterentwicklung des Prozesses „Teile anerkennen", der in Kapitel 7 *(Positive Absicht)* beschrieben ist. Die folgenden Schritte sind eine Bearbeitung des grundlegenden Reframing-Prozesses, der in dem Buch *Reframing* beschrieben ist:

Reframing-Schritte – Überblick

1. **Identifizieren und externalisieren Sie die Polaritäten.**
2. **Identifizieren Sie die positive Absicht jedes Teils.**
3. **Stimmen Sie die Ziele aufeinander ab.**
4. **Entwickeln Sie Wahlmöglichkeiten für neue Verhaltensweisen.**
5. **Planen Sie, wann die Klientin die neuen Wahlmöglichkeiten nutzen wird.**

Wir benutzen hier Normas Dilemma mit Debbies Tagebuch, um den Reframing-Prozeß zu demonstrieren.

Reframing – Schritte mit Beispiel

1. Identifizieren und externalisieren Sie die Polaritäten.
a. Identifizieren Sie das *unerwünschte* Verhalten oder Gefühl.
Debbies Tagebuch lesen.

b. Identifizieren Sie das *erwünschte* Verhalten oder Gefühl.
Debbies Privatsphäre achten.

c. Bitten Sie die Klientin, ihre Hände mit den Handflächen nach oben auszustrecken.

d. Nun soll sie die beiden Teile bitten, die jeweils einen Aspekt des Konflikts repräsentieren, je in einer Hand zu erscheinen. Falls es ihr schwerfällt, einen Teil in ihrer Hand zu sehen, ermuntern Sie sie, wahrzunehmen, was sie fühlt, hört oder spürt.
Norma fühlt, daß der Teil, der Debbies Tagebuch lesen will, in ihrer rechten Hand ist, weil die sich auszustrecken beginnt, als sie den Teil bat, sich in ihrer Hand zu zeigen. Ihre linke Hand fühlt sich schwer und schlaff an. Ihrer Interpretation nach bedeutet das, daß der „Privatsphäre"-Teil in dieser Hand ist. Sie fragen sie, wie die beiden Teile aussehen. „Ich kann nichts sehen", sagt sie, „aber ich höre die Stimme jedes Teils; sie sprechen mit mir."

2. Identifizieren Sie die positive Absicht jedes Teils.
a. Weisen Sie die Klientin an, nach der positiven Absicht jedes Teils zu fragen.
Norma fragt den Tagebuch-Teil, was er für sie zu tun versucht. Nachdem sie aufmerksam zugehört hat, antwortet sie überrascht: „Er stellt sicher, daß Debbie nicht unglücklich ist oder wegen etwas leidet, wobei ich ihr helfen könnte."
Dann fragt Norma, was der Privatsphären-Teil für sie erreichen will. Wieder hört sie aufmerksam zu. „Er möchte, daß ich stolz auf mich bin, weil ich weiß, daß ich mich aus ihren Angelegenheiten raushalten kann."

b. Bitten Sie jeden Teil, dem anderen seine positive Absicht zu erklären. (Vielleicht deutet Ihre Klientin an, daß sich die beiden Teile unbehaglich fühlen, wenn sie miteinander kommunizieren. In diesem Fall versichern Sie den Teilen, daß es nicht nötig für sie ist, dem anderen Teil zuzustimmen, nur zuzuhören und die positiven Absichten des anderen Teils zu verstehen.)
Norma bittet den Tagebuchteil, dem Privatsphären-Teil seine positive Absicht zu erklären. Wenn Norma wahrnimmt, daß das geschehen ist, bittet sie die beiden Teile, Rollen zu tauschen: der Privatsphären-Teil soll dem Tagebuch-Teil seine positive Absicht erklären.

3. Stimmen Sie die Ziele aufeinander ab.

a. Wenn die positiven Absichten ausgesprochen und kompatibel sind, fragen Sie die beiden Teile, ob sie bereit sind, in gegenseitigem Interesse zusammenzuarbeiten. Versichern Sie jedem Teil, daß seine positive Absicht weiterhin erfüllt wird und zwar ebenso gut oder besser als bisher.

Sicherzustellen, „daß Debby glücklich ist und nicht leidet" und „Norma zu erlauben, sich stark zu fühlen und Debbie ihre Privatsphäre zuzugestehen", schließen sich als Ziele nicht aus. Sobald dies beiden Teilen klar ist, fragt Norma, ob sie bereit sind, zusammenzuarbeiten. Sie stimmen zu, es zu versuchen.

b. Wenn die Teile auf die Bitte zusammenzuarbeiten positiv reagieren, bitten Sie Ihre Klientin, ihre Hände langsam aufeinander zuzubewegen und dabei auf beide Teile zu achten. Wenn die Teile keine Einwände haben, gestatten Sie ihnen, zusammenzukommen.

Falls ein Teil etwas dagegen hat, sich dem anderen anzuschließen, helfen Sie Ihrer Klientin, diese Einwände anzusprechen. Falls einer der Teile Einwände hat, muß mehr Information gesammelt werden. Das ist kein Problem, sondern eine Gelegenheit, mehr zu lernen.

Norma beginnt, ihre Hände langsam aufeinander zuzubewegen. Sie merkt, daß der Tagebuch-Teil zögert und hält ihre Hände ungefähr 10 cm voneinander entfernt. Sie fragen, was sein Widerstreben ausdrückt. Norma glaubt, er fürchtet, eventuell seine ganze Verbindung zu Debbie zu verlieren, wenn er mit dem anderen Teil zusammenarbeitet.

Sie schlagen vor, daß sich aus dem Hinweis, „sich aus Debbies Angelegenheiten rauszuhalten", sogar noch bessere Möglichkeiten für Normas Verbindung zu ihrer Tochter eröffnen können. Sie versichern dem Teil, daß Sie ihn später um Hilfe bitten werden, wenn es darum geht, diese besseren Möglichkeiten auszuwählen.

Norma spürt, wie sie sich entspannt und beginnt, ihre Hände wieder aufeinander zuzubewegen. Diesmal taucht kein Widerstand auf, und die Teile bewegen sich aufeinander zu und werden eins.

c. Fragen Sie die Klientin, wie der resultierende Teil aussieht, sich anhört und anfühlt.

Norma entspannt sich sichtlich, als die beiden Teile zu einem werden und ruft aus: „Ich kann jetzt den neuen Teil sehen. Es ist ein durchscheinender rosa Ball. Er fühlt sich sehr leicht und luftig an."

d. Lassen Sie die Klientin diesen neuen, integrierten Teil in sich hineinnehmen.

Sie lassen Norma den Teil an ihr Herz nehmen und spüren, wie er nach innen wandert, um einen sicheren Platz zum Leben zu finden.

Anmerkung: Oft werden Sie Schritt 4, *Neue Wahlmöglichkeiten schaffen,* mit jedem Teil anwenden müssen, bevor die zwei Teile zusammenkommen.

4. Schaffen Sie Wahlmöglichkeiten für neues Verhalten.
a. Wenden Sie sich an einen kreativen oder ressourcevollen inneren Teil und bitten Sie ihn, neue Verhaltensweisen zu kreieren, die die positiven Absichten des neuen Teils erfüllen. Der bewußte Verstand muß diese Wahlmöglichkeiten nicht kennen.
Als Sie Norma bitten, sich an ihren kreativen Teil zu wenden, ist sie verdutzt: „Aber ich bin kein kreativer Mensch."
Sie erklären ihr, daß ihre Fähigkeit, sich ihre Konfliktparteien vorzustellen und mit ihnen zu kommunizieren, ein Hinweis darauf ist, daß sie durchaus kreativ ist.
„Oh, ich glaube, Sie haben recht", antwortet sie und fragt ihren kreativen Teil, ob er bereit wäre, jetzt mit ihr zu kommunizieren. „Ja", sagt sie nach kurzem Nachdenken.
„Wie wissen Sie, daß er bereit ist?" fragen Sie.
„Ich sehe so eine Art Zauberin in meinem Kopf. Sie lächelt mir zu."
„Bitten Sie die Zauberin, sich viele Wege auszudenken, wie der neue Teil alle seine Kriterien erfüllen kann: sicherzustellen, daß es Debbie gutgeht und Ihre Selbstachtung. Vielleicht sind Ihnen die Wahlmöglichkeiten bewußt, vielleicht aber auch nicht."

b. Bitten Sie den neuen Teil (oder jeden Teil, falls dieser Schritt durchgeführt wird, bevor die beiden Teile aufeinander abgestimmt sind), von den Möglichkeiten, die sich der kreative Teil ausgedacht hat, mindestens drei Verhaltensweisen auszuwählen, die genauso gut oder besser sind als die alten. Bitten Sie den Teil, die Klientin wissen zu lassen, wann diese Wahl getroffen ist, indem er ihr ein spezielles Signal gibt wie z.B. ein verbales „ja" oder ein starkes Gefühl oder ein Bild.
Sie beauftragen Norma, den neuen Teil zu bitten, mindestens drei der zahlreichen Alternativen, die ihr kreativer Teil vorgeschlagen hat, auszuwählen. „Der Ball leuchtet jetzt heller", antwortet sie.
„Lassen Sie ihn heller aufleuchten und dann wieder zu seiner normalen Helligkeit zurückkehren, jedes Mal wenn er eine Wahl trifft. Sagen Sie mir, wenn Sie drei haben."
Nach zwei Minuten ist der Prozeß abgeschlossen.
„Läßt Ihr neuer Teil Sie wissen, welche Verhaltensweisen das sind?" fragen Sie Norma.
„Ich weiß nicht. Ein Punkt, der mir einfällt, ist, mich jeden Abend mit Debbie hinzusetzen und mit ihr zu reden. Ihr eine Chance zu geben, sich zu öffnen. Ich weiß nicht, was die anderen Möglichkeiten sein könnten."

Obwohl Klienten oft davon profitieren, die neuen Verhaltensweisen bewußt zu kennen, gibt das Unterbewußte diese Information nur selten preis. Ein bewußtes Kennen der Alternativen ist für die Wirksamkeit des Prozesses nicht nötig. Die Klientin wird sich manchmal einfach dabei wiederfinden, etwas Neues zu tun oder anders zu handeln.

c. Fragen Sie den neuen Teil, ob er bereit ist, eine dieser neuen Verhaltensweisen sofort anzuwenden, um seine positive Absicht zu erfüllen. Wenn ja, bitten Sie ihn, damit anzufangen. Wenn nein, fragen Sie, unter welchen Bedingungen er bereit wäre, anzufangen.

Normas Teil signalisiert seine Bereitschaft, indem er heller leuchtet und dann zu seiner normalen Helligkeit zurückkehrt.

5. Planen Sie, wie die Klientin die neuen Verhaltensweisen einsetzt.

a. Sprechen Sie mit der Klientin über die Umstände, die in der Vergangenheit das unerwünschte Verhalten auslösten. Bitten Sie den neuen Teil, diese Umstände zu nutzen, um statt dessen die neuen Verhaltensweisen auszulösen.

Norma weiß, daß die Zeit am Morgen, nachdem Debbie sich auf den Weg zur Schule macht, für sie die Zeit der größten Versuchung war.

b. Bitten Sie den Teil, ein Signal der Zustimmung zu geben, wenn er keine Einwände hat.

Ihr Teil stimmt zu, indem er hell aufleuchtet.

Sollte der Teil seine Zustimmung verweigern, bitten Sie ihn, seine positive Absicht mitzuteilen und gehen Sie mit dem Prozeß von oben darauf ein.

c. Lassen Sie die Klientin innerlich überprüfen und alle Teile fragen, ob die neue Vereinbarung zufriedenstellend ist. Falls nicht, stellen Sie Fragen, um die Einwände aufzudecken und gehen Sie mit diesem Prozeß darauf ein.

Norma stellt diese Frage und hält inne, um zuzuhören und auf die Antworten zu achten. „Ich fühle mein Herz rasen – als ob ich mich fürchte."

„Fragen Sie sich, was das bedeutet", ermuntern Sie Norma.

„Ich habe Angst davor, nicht zu wissen, wie ich mit Debbie ehrlich reden kann – sie zu fragen, was mit ihr los ist."

„Ginge es Ihnen besser, wenn wir Ihre neue Möglichkeit, Debbie nahe zu sein, in einem Rollenspiel üben würden? Würde das Ihre Einwände zufriedenstellen?"

„Ja, mein Herz fühlt sich ruhiger an."

Sie üben mit Norma Möglichkeiten, wie Sie mit Debbie reden kann, und bei ihrer nächsten Sitzung deutet Norma voller Stolz an, daß sie die ganze Woche nicht in Debbies Tagebuch gelesen hat. Sie fühlt sich auch weniger unter Druck, ihr Geschenke zu kaufen. Zeit darauf zu verwenden, mit ihr zu reden und ihr zuzuhören, schafft die Verbundenheit, für die Geschenke ein unbefriedigender Ersatz waren.

Ihren Klienten den Reframing-Prozeß beizubringen und sie zu ermuntern, ihn für sich selbst anzuwenden, gibt ihnen das Werkzeug, ihre Motive für unerwünschtes Verhalten zu verstehen und eine Möglichkeit, Alternativen zu kreieren. Vielleicht möchten Sie diese Technik mit Ihren Klienten üben und ein Future Pace machen, wie sie sie anwenden: „Sie können sich vorstellen, wie diese Art, die weniger wünschenswerten Eigenschaften von sich zu verstehen und zu transformieren, für Sie ganz automatisch werden kann."

Die Macht des Reframing – Randys Geschichte

Randy war ein finanziell erfolgreicher Verkäufer im technischen Bereich. Seine Vorgesetzten waren besorgt, daß sein Lebenswandel seine Gesundheit und seine Arbeitsleistung beeinträchtigen könnte. Mit 28 kaufte er ein neues Haus, fuhr einen teuren Sportwagen und gab viel Geld für „Regenerations-Drogen" aus. Er arbeitete 60 Stunden in der Woche wie ein Besessener und feierte dann von Freitagnacht bis Sonntagmorgen.

Sein Lebensstil war körperlich und emotional aufwendig, was ihn motivierte, eine Therapie zu beginnen. Ich fragte ihn, wie er statt dessen leben wolle. Er sagte, daß er sich ausruhen wolle, sich selbst „nähren" und eine intime Freundschaft entwickeln wolle. Randy nannte den Teil, der diese Ziele hatte, den „Ruhe"-Teil. Den anderen Teil nannten wir „Aufregung".

Ich führte Randy dahin, den „Aufregungs"-Teil in der einen und den Ruhe-Teil in der anderen Hand erscheinen zu lassen und wahrzunehmen, welcher Teil in welcher Hand war. In seiner rechten Hand sah Randy ein Bild von sich selbst mit einem schiefen Grinsen und einem Drink in der Hand. Ein kontemplatives Bild von ihm zeigte sich in seiner linken Hand.

Ich bat Randy, ihn zu fragen, was Aufregung für ihn erreichen wolle. Die Worte, die ihm einfielen, waren: „bleib jung", „keine Langeweile", „Aufregung in meinem Leben haben", „anders sein als Vater".

Ich fragte ihn, was die letzte Aussage für ihn bedeutet. Er sagte, sein Vater sei autoritär, fad und langweilig. Randy respektierte diese Aspekte seines Vaters nicht und hatte als Teenager geschworen, daß er nie so sein würde. Sein selbstzerstörerisches Verhalten folgte nur diesen Anweisungen.

Als der Ruhe-Teil nach seiner positiven Absicht gefragt wurde, antwortete er: „persönliche Entwicklung", „Gesundheit", „Ausgeglichenheit", „Langlebigkeit", „sich um die Karriere kümmern", „Konsequenz", „Integrität und Selbstrespekt".

Wir fragten die beiden Teile, ob sie bereit wären, zusammenzuarbeiten, wobei wir jedem versprachen, daß seine Integrität nicht gefährdet würde. Beide stimmten zu. „Aufregung" willigte unter der Bedingung ein, daß „Ruhe" verspricht, nicht langweilig zu sein. Ich wies Randy an, seine Hände nur so schnell oder langsam, wie es ihm richtig erschien, aufeinander zuzubewegen und bat ihn, darauf zu achten, ob ein Teil irgendwelche Einwände hätte oder widerwillig wäre. Es gab keine Einwände und die beiden Teile wurden zu einem zusammengebracht. Ich ermunterte Randy, den neuen Teil in sich hineinzunehmen.

Am Ende des Prozesses war Randy sehr skeptisch, ob sich sein Verhalten so schnell ändern könnte.

Ich merkte an, daß es möglicherweise ein paar Wochenenden dauern könnte, bis das neue Verhalten einsetzt, daß er aber nicht überrascht sein solle, wenn die Veränderung bereits am nächsten Wochenende anfange.

Als Randy zur nächsten Sitzung kam, berichtete er erstaunt, daß er am Freitagabend, als er seine Kumpels in der Kneipe an der Ecke traf, zwei Drinks mit ihnen trank und dann früh nach Hause schlafen ging. Er berichtete glücklich, daß er sein neues Haus aufgeräumt hätte, jede Nacht 8 Stunden schlief und sich am Montag großartig fühlte.

Eine andere Strategie, Ihren Klienten zu helfen, die innere Kommunikation zu verbessern und Ziele zu erreichen, ist nachfolgend beschrieben.

Neue Wahlmöglichkeiten probieren

Den Menschen, den Sie in der Zukunft sehen,
ist der Mensch, der Sie sein werden.
– Glenn Van Ekeren

Normas Chef schaut ihr immer über die Schulter, wenn sie mit Kunden telefoniert. „Er macht mich verrückt", sagt sie mit zusammengebissenen Zähnen. „Dem werde ich meine Meinung sagen." In dem Maß, wie ihre Selbstachtung wächst, wächst auch Normas Selbstbewußtsein, aber Sie sind besorgt, daß sie ungeschickt taktiert, wenn sie für sich selbst eintritt.

„Was wollen Sie, daß geschieht, Norma?"

„Ich möchte ihm eine reinhauen", sagt Norma heftig.

Weil Sie davon überzeugt sind, daß Norma nicht bekommt, was sie will, wenn sie ihm „eine reinhaut", schlagen Sie vor, daß Sie beide einen Plan entwickeln, der ihren Interessen dient.

Co-Abhängige haben unter Umständen keinen Aktionsplan, wie sie neue Verhaltensweisen durchführen können. Wenn Sie Ihrer Klientin helfen, neue Reaktionen in der sicheren Umgebung Ihrer Praxis zu üben, kann das ihr Vertrauen in ihre

Fähigkeiten aufbauen, anders zu handeln, sie auf unerwartete Gegenmaßnahmen anderer vorbereiten und ihre Reaktionen verfeinern.

Um unseren Klienten zu helfen, neue Gewohnheiten zu formen, geben wir ihnen ein Blatt mit fünf Fragen und führen sie dann durch die einzelnen Schritte anhand einer Situation in der Vergangenheit, die negative Auswirkungen für sie hatte.

Ziele spezifizieren: Die fünf Fragen – Schritte

1. Was wollen Sie?
Nicht, was Sie nicht wollen!!!
Wie wird die Situation sich aus Ihrer Perspektive anfühlen, klingen, aussehen, wenn Sie bekommen, was Sie wollen?

2. Was bedeutet es für Sie, das zu erreichen?
Was bedeutet es für Sie, dieses Ziel zu erreichen? Welche Werte oder Kriterien erfüllt das? Sind Sie bereit, die dafür nötigen Schritte zu unternehmen?

3. Ist es Ihnen möglich, so wie die Dinge jetzt stehen, zu bekommen, was Sie wollen?
Wie realistisch ist das Ziel? Sind an der Verwirklichung andere beteiligt? Stellen Sie sich die Situation aus der Sicht eines anderen Beteiligten vor, aus der Perspektive eines Beobachters und aus Ihrer eigenen Perspektive, um diesen Punkt zu klären.

4. Wird das, was Sie jetzt tun, oder was Sie bereits getan haben oder zu tun planen, Ihnen das geben, was Sie wollen?
Analysieren Sie Ihre Handlungen in der Vergangenheit und in der Gegenwart, die mit Ihrem Ziel zu tun haben, um sabotierende Verhaltensweisen zu identifizieren. Betrachten Sie Ihre Verhaltensweisen auch aus der Perspektive von anderen Beteiligten und aus einer Beobachterposition.

5. Was können Sie noch tun, um das zu bekommen, was Sie wollen?
Probieren Sie neue Verhaltensweisen aus, indem Sie sich von der Beobachterposition aus selbst anleiten, bis Sie mit dem Ergebnis zufrieden sind. Überprüfen Sie das Ergebnis aus allen drei Perspektiven. Finden Sie mindestens drei Möglichkeiten, um Ihr Ziel zu erreichen.

In der tatsächlichen Praxis sind oft mehrere Versuche nötig, bis ein handhabbares Ziel formuliert ist. Hier sind nun Normas Antworten:

Was wollen Sie? (Schritt 1)
„Ich möchte, daß er aufhört", murrt Norma.
„Formulieren Sie das positiv. Was wollen Sie statt dessen?" antworten Sie.
„Ich möchte ihm eine reinhauen!"

Was bedeutet es für Sie, das zu erreichen? (Schritt 2)
„Was wird das für Sie bringen?" fragen Sie.
„Nicht viel, schätze ich, außer daß ich mich besser fühle ... und entlassen werde."
„Nun, dann lassen Sie uns etwas überlegen, was Ihnen tatsächlich nützt."

Was wollen Sie? (Wieder Schritt 1)
„Ich möchte, daß er in seinem Büro bleibt und darauf wartet, bis ich ihm berichte."

Was bedeutet es für Sie, das zu erreichen? (Wieder Schritt 2)
„Was bedeutet das für Sie, wenn er das tut?"
„Es bedeutet, daß er meinem Urteil vertraut und mich meine Arbeit tun läßt", antwortet Norma.
„Wenn er Ihrem Urteil vertraut, was erreichen Sie damit?"
„Ich werde mich wertgeschätzt fühlen und mehr Freude an meiner Arbeit haben."

Das ist ein Ziel, von dem Sie glauben, daß es das ist, was Norma wirklich will, deshalb fahren Sie jetzt fort mit Schritt 3.

Ist es Ihnen möglich, so wie die Dinge jetzt stehen, zu bekommen, was Sie wollen?
Sie bitten Sie, das letzte Mal, als sich ihr Chef über ihre Schulter beugte, zu betrachten, als ob es sich auf einer Bühne oder in einem Kino abspielte und sie im Publikum wäre. Diese Perspektive gestattet Norma, emotional distanziert zu sein.

„Nachdem Sie sich dieses Ereignis aus dieser Perspektive angeschaut haben, glauben Sie, daß es Ihnen möglich ist, von Ihrem Chef zu bekommen, was Sie wollen?" fragen Sie.

„Ja, er kann vernünftig sein und ich denke, er schätzt meine Arbeit wirklich."

„Sind Sie in der Lage, sich anders zu verhalten, um festzustellen, was dann passiert?"

„Natürlich", antwortet Norma.

Wird das, was Sie jetzt tun, oder was Sie bereits getan haben oder zu tun planen, Ihnen das geben, was Sie wollen? (Schritt 4)
„Norma, was haben Sie bisher unternommen, um Ihren Chef dazu zu bringen, Sie Ihre Arbeit tun zu lassen?"

„Ich habe ihm böse Blicke zugeworfen. Ich habe mich bei ihm darüber beschwert, daß es mich nervös macht. Es funktioniert nicht", antwortet sie.

„Glauben Sie, daß ihm eine reinzuhauen funktionieren würde?", provozieren Sie sie.

„Nein", gluckst sie, „aber es würde mir Spaß machen."

Was können Sie noch tun, um das zu bekommen, was Sie wollen? (Schritt 5)

„Lassen sie uns verschiedene Möglichkeiten dafür überlegen, was Sie tatsächlich tun können, um ihn loszuwerden."

Nach einem Brainstorming fallen Ihnen drei Vorschläge ein. Norma kann: 1. höflich aber abrupt das Telefongespräch mit einem Kunden beenden, jedesmal, wenn sich ihr Chef über sie beugt; 2. ein ernstes Gespräch mit ihm führen und ihm erklären, daß er dadurch, daß er ihr über die Schulter schaut, sie davon abhält, gute Arbeit zu leisten; 3. das Telefongespräch rasch beenden, ihre Geldbörse nehmen und das Büro verlassen, um eine Pause zu machen.

Sie offerieren, daß sie sich die Begebenheit anschaut, als ob sie sich auf einer Bühne abspielte. „Sie sind Normas Regisseurin im Publikum. Leiten Sie sie bei jeder neuen Handlung an und achten Sie auf die Reaktionen ihres Chefs."

Norma leitet sich selbst an, jedes Szenario auszuprobieren und achtet auf seine Reaktionen. Dann sagt sie: „Das ‚Gesprächs'-Szenario gefällt mir am besten und wenn das nicht funktioniert, kann ich jedesmal, wenn er sich über mich beugt, aufhören zu telefonieren. Ich glaube, bei ihm funktioniert beides, und das ist sicher für mich: Ich werde nicht entlassen."

„Er ist etwas verletzt, wenn ich meine Bedenken äußere, aber er respektiert mich. Wenn ich jedesmal aufhänge, frustriert ihn das, aber die Botschaft kommt an. Beides flößt ihm Respekt ein."

„Gut, nun spielen Sie die Szenarios in Ihrem eigenen Körper und nehmen Sie wahr, wie es sich anfühlt", antworten Sie.

Als sie das tut, errötet sie etwas und sieht sehr zufrieden mit sich aus.

„Das ist gut. Es macht mir noch ein bißchen Angst, aber ich fühle mich großartig, wenn ich beides getan habe."

Bei ihrer nächsten Sitzung berichtet Norma, daß ihr Gespräch wirkungsvoll war und daß sie nur einmal ein Telefongespräch beenden mußte, bis ihr Chef sich an ihre Abmachung hielt.

Einer der machtvollsten Aspekte der hier vorgestellten Intervention ist, daß sie den Klienten Kontrolle gibt. Besonders Co-Abhängige neigen dazu, die Lösung ihrer Probleme außerhalb ihrer selbst zu suchen. Wenn sie das Zentrum der Kontrolle in sich sehen, steigt ihre Selbstachtung. Die folgenden Leitlinien geben genaue Anweisungen, wie man Ziele wirkungsvoll formuliert.

Kriterien wohlgeformter Ziele

Wenn Sie Ihrem Klienten helfen, erwünschte Ziele zu formulieren, halten Sie sich an folgende Richtlinien:

1. Formulieren Sie das Ziel positiv.

Ich möchte mich zufrieden fühlen.

Nicht – Ich möchte aufhören, depressiv zu sein.

2. Stellen Sie sicher, daß das Ziel vom Klienten ausgeht und innerhalb seiner Kontrolle liegt.

Ich möchte positiv über mein Leben denken.

Nicht – Wenn Lois mich lieben würde, wäre ich glücklich. Oder: Was glauben Sie, brauche ich?

3. Stellen Sie sicher, daß das Ziel genau und sinnesspezifisch formuliert ist.

Ich möchte mich entspannt fühlen, eine angenehme Stimme (oder Stille) in meinem Kopf hören und innere Bilder sehen, die positive Gefühle hervorrufen.

Nicht – Ich möchte mich einfach gut fühlen.

4. Überlegen Sie die positiven und negativen Auswirkungen, die es für Sie insgesamt hat, wenn Sie das Ziel erreichen.

Ich werde die Sympathie (d.h. Aufmerksamkeit) meiner Zimmergenossen verlieren, wenn ich glücklich bin. – *negative Auswirkung*

Ich werde viel mehr Energie und Enthusiasmus haben. – *positive Auswirkung*

Ich werde mein Selbstbild von einem traurigen Menschen in einen zufriedenen ändern und meine Märtyrerrolle aufgeben müssen. – *negative Auswirkung*

Die Leute werden anders auf mich reagieren. – *positive und negative Auswirkungen*

5. Stellen Sie sicher, daß das Ziel in handhabbare Schritte unterteilt ist.

Identifizieren Sie spezifische Schritte, die der Klient unternehmen kann, um sicherzustellen, daß er Zeit für Vergnügen hat. Morgens gute Musik hören, könnte beispielsweise eine Möglichkeit sein, um positive Gefühle zu erzeugen.

Quellen der Befriedigung herauszufinden, wie z.B. einem Kind beim Lernen helfen, karitativ tätig sein oder mit einem Freund sprechen, stellen ebenfalls spezifische, machbare Aktivitäten dar. Chunken Sie die Aufgaben in meßbare und in zeitlich überschaubare Einheiten herunter.

6. Stellen Sie sicher, daß der erste Schritt spezifisch und leicht zu tun ist.

Identifizieren Sie eine Tätigkeit, die zuverlässig Vergnügen bereitet, ganz egal wie einfach oder klein sie ist. Gemütlich ein heißes Getränk zu sich nehmen ist z.B. typischerweise eine angenehme Erfahrung. Machen Sie es zur Aufgabe, zu einer bestimmten Zeit 10 Minuten darauf zu verwenden, nur das zu tun.

7. Finden Sie mehr als eine Wahlmöglichkeit, um das Ziel zu erreichen.

Je höher die Anzahl der Wahlmöglichkeiten, desto größer ist die Chance eines Erfolgs. Identifizieren Sie eine große Anzahl an Wegen, Zufriedenheit zu spüren. Das wird zweifellos dazu führen, daß einige Quellen von Unzufriedenheit beseitigt werden und die Anzahl der Vergnügungen sich erhöht. Die Flexibilität in den Möglichkeiten, sich zufrieden zu fühlen, verhindert das Gefühl, versagt zu haben, wenn eine Möglichkeit nicht funktioniert.

Die Zukunft nutzen, um die Gegenwart zu schaffen

Hinterher ist man klüger als vorher.

Leute, die ständig erfolgreich sind, sind Träumer. Sie haben eine reiche, farbige und unmittelbare Vorstellung von ihren Zielen, und diese Vision motiviert und leitet sie Tag für Tag in ihren Handlungen.

Co-Abhängige haben gewöhnlich begrenzte Vorstellungen von ihrer Zukunft. Ihre Träume hängen oft von Umständen ab, die außerhalb ihrer Kontrolle liegen, wie in einer Lotterie zu gewinnen. Viele können sich einfach nicht vorstellen, daß ihre Zukunft unter ihrer Kontrolle ist. Sie können ihnen dabei helfen, erfolgreiche Träumer zu werden, indem sie ihre Zukunft anziehender machen.

Die nachfolgend beschriebene „Als ob“-Technik wird Ihren Klienten helfen, ein starkes, motivierendes Ziel aufzubauen und ihnen eine Möglichkeit bieten, mit ihrer inneren Weisheit in Kontakt zu kommen, die Einsichten und Wege zeigen kann, die für das Erreichen des Ziels nötig sind.

Der „Als ob"-Prozeß – Schritte

1. Lassen Sie Ihren Klienten sich vorstellen, daß es ein Jahr später ist (oder einen für seine Situation angemessenen Zeitraum) und daß er sein Ziel erreicht hat oder sein Problem überwunden hat. Er soll sich vorstellen, wie er Ihnen erzählt, wie sein Leben ist, seit er seine Probleme gelöst hat.
Helfen Sie ihm, eine voll assoziierte Zukunftsperspektive aufzubauen, indem Sie ihn bitten, zu beschreiben, welche Kleidung er trägt, ihn bitten, die Haltung des erfolgreichen Selbst einzunehmen und mit einer Stimme zu sprechen, die mit seinem Erfolg kongruent ist.

2. Lassen Sie Ihren Klienten beschreiben, wie es ihm damit geht, das Problem gelöst oder das Ziel erreicht zu haben. Lassen Sie ihn erzählen, wie seine Beziehungen zu anderen jetzt sind, wie sein Alltag aussieht, klingt und sich anfühlt.

3. Lassen Sie ihn als nächstes erklären, wie er dieses Ziel erreicht hat und so tun, „als ob" er sich an einen Weg erinnert, den er zu seinem Ziel ging. Lassen Sie ihn die ersten Schritte herausfinden, die er auf diesem Weg unternahm.
Sie können ihm dabei helfen, diese Zukunftsperspektive voll zu erleben, indem Sie Verben in der Vergangenheitsform verwenden, wenn Sie ihn danach fragen, wie er seine Ziele erreichte.

4. Lassen Sie ihn in die Gegenwart zurückkehren und sich innerlich verpflichten, den ersten Schritt auf seinem Weg zu unternehmen.

Der folgende Bericht zeigt, wie dieser Prozeß einem Klienten half, seine kreativen Fähigkeiten zur Problemlösung anzuzapfen und seine Grenzen zu überschreiten. Achten Sie darauf, wie die Therapeutin sicherstellt, daß der Klient die Bedingungen der Wohlgeformtheit verwendet, wenn er seine Erfahrung beschreibt.

Der „Als ob"-Prozeß – Johns Geschichte

John: *Ich möchte mit meinem Job aufhören, aber ich weiß nicht, wie ich ohne überleben soll. Autos verkaufen ist nicht das, was ich in meinem Leben machen möchte, aber ich weiß nicht, wie ich etwas anderes machen kann.*

Sie: *John, unser Verstand kann ganz wunderbar Probleme lösen und Ziele erreichen, wenn wir ihn nur in die richtige Richtung lenken. Von welchem Beruf haben Sie als Kind geträumt?*
John: *Ich habe es sehr geliebt, im Freien zu sein. Ich wollte Förster oder Fährmann sein, aber das ist lange her.*
Sie: *Lassen Sie uns einfach vorstellen, daß es möglich ist und daß Sie im Freien arbeiten. Es ist einige Jahre später als jetzt, sagen wir fünf Jahre später und Sie sind zurückgekommen, um mir zu erzählen, wie gut die Dinge stehen und daß Sie genau das tun, was Sie tun wollen. Schildern Sie es mir, als ob Sie diesen Traum jetzt erleben.*
John: *Wo soll ich anfangen?*
Sie: *Sagen Sie mir, welche Kleidung Sie tragen?*
John: *Ich glaube, ich habe ein Flanellhemd an und Jeans. Das ist viel bequemer als Anzug und Krawatte, was ich heute tragen muß.*
Sie: *Das ist Jahre her, John. Denken Sie daran, die Gegenwartsform zu verwenden, wenn Sie über Ihren neuen Beruf sprechen. Was für Schuhe tragen Sie?*
John: *Okay. Ich habe Wanderstiefel und Wollsocken an. Ich mag diese Kleidung. Darin fühle ich mich zu Hause.*
Sie: *Sagen Sie mir, was Sie jetzt tun, um Ihren Lebensunterhalt zu verdienen.*
John: *Ich bin Fährmann.*
Sie: *Was müssen Sie in Ihrer Arbeit tun?*
John: *Wie meinen Sie das?*
Sie: *Beschreiben Sie Ihren üblichen Tagesablauf als Fährmann.*
John: *Nun, ich stehe jeden Morgen früh auf und prüfe das Getriebe.*
Sie: *Wann müssen Sie aufstehen?*
John: *Ungefähr um halb fünf.*
Sie: *Ist das schwierig für Sie?*
John: *Nein, ich betrachte den Sonnenaufgang und trinke eine Tasse Kaffee, bevor irgend jemand anderes wach ist.*
Sie: *Wie schön, fahren Sie fort.*
John: *Ich überprüfe die Boote auf undichte Stellen hin, zähle die Schwimmwesten und all so etwas. Dann lade ich die Ausrüstung in den Anhänger, um alles zum Fluß zu bringen und treffe die Fährmänner ungefähr um 9 Uhr morgens unten am Ladeplatz. Da sind auch noch einige andere und wir sprechen über die Pläne für den Tag. Dann beladen wir die Flöße und fahren den Fluß hinunter. Meistens machen wir Ein-Tages-Touren, aber diese Tour dauert eine Woche, und deshalb haben wir eine Koch- und Campingmannschaft, die wir an verabredeten Stellen entlang des Flusses treffen werden.*
Sie: *Was gefällt Ihnen am besten an Ihrem Job?*

John: *Draußen sein – die saubere Luft, das Wasser und die Sonne. Ich fühle mich lebendig – Teil der Natur.*

Sie: *Was ist das Schwierigste für Sie an Ihrem Job?*

John: *Das Ausladen und Einpacken am Abend. Denn da bin ich todmüde.*

Sie: *Ist es das wert?*

John: *Ja, das würde ich viel lieber tun als Autos verkaufen, auch wenn ich von der Tagesarbeit auf dem Fluß erschöpft bin.*

Sie: *Was hält Ihre Frau Jane von Ihrem neuen Job?*

John: *Sie kommt zurecht damit. Zuerst gefiel ihr die Idee, aufs Land zu ziehen, nicht, aber sie arbeitet in der Stadt als Immobilienmaklerin und paßt sich gut an. Es war ihr sowieso immer zuwider, den Leuten zu sagen, daß ich Autoverkäufer war.*

Sie: *Arbeiten Sie für einen Ausrüstungslieferanten oder haben Sie Ihre eigene Firma?*

John: *Im Moment arbeite ich für den größten Ausrüstungslieferanten in Colorado, aber ich spare für mein eigenes Unternehmen, und ich lerne, mich in das Geschäft einzuarbeiten, indem ich für den Besten arbeite.*

Sie: *Wie haben Sie den Übergang von Ihrem alten Job in diesen neuen geschafft?*

John: *Na ja, ich glaube, ich habe ein paar Ausrüstungsfirmen angeschrieben, um herauszufinden, was man als guter Fährmann braucht. Ich habe Jane gesagt, was ich machen will. Zuerst war sie sehr besorgt, aber als wir die Möglichkeiten untersuchten, entspannte sie sich. Wir fanden eine kleine Stadt in der Nähe des größten Flusses mit Fährbetrieb in Süd-Colorado, wo ein Makler gebraucht wurde und das entschied, wo wir leben würden. Wir sparten genug Geld, so daß wir fast ein Jahr davon hätten leben können, und so waren wir ohne große Mühen versorgt.*

Sie: *Wie lange hat das gedauert?*

John: *Nur ein Jahr, als wir es einmal beschlossen hatten. Wir haben unsere Ausgaben gekürzt und jeden Pfennig auf die Bank getragen. Das war ein Kampf, aber wir hatten einen Traum, an dem wir gemeinsam arbeiteten und das hat auch Spaß gemacht.*

So ähnlich geht das Gespräch weiter, indem Sie Fragen stellen wie: Wie hat John die Vorstellungsgespräche bekommen? Wie hat er die Erfahrung gewonnen, die ein Fährmann braucht? Wie hat er seinen speziellen Job gefunden? Wie ist seine Beziehung mit Jane, seit sie umgezogen sind? Was waren ihre nächsten Pläne usw.? Sie beenden das Gespräch mit der Frage:

Sie: *Was war der erste Schritt, den Sie unternahmen, der Sie dahin brachte, wo Sie jetzt sind?*

John: *Ich habe in der Bücherei ein paar Nachforschungen über die Industrie angestellt – Handelsblätter und so etwas.*

Sie: *Großartig. Erlauben Sie sich jetzt, in die Gegenwart zurückzukommen, John. Sind Sie bereit, diesen ersten Schritt zu unternehmen?*
John: *Ja, ich glaube, es ist mir wirklich möglich, aus meinem Trott herauszukommen. Vielleicht muß ich auch anfangen, mit Jane darüber zu sprechen!*

Sie sprechen mit John über die verschiedenen Schritte, die nötig sind, um seinen Traum wahr werden zu lassen.

Eine andere wichtige Komponente für das Erreichen von Zielen ist die Fähigkeit, Kritik zu äußern und annehmen zu können. Co-Abhängige haben typischerweise schreckliche Angst davor, Fehler zu machen und vermeiden Kritik um jeden Preis. Ihre Unfähigkeit, Feedback zu geben und anzunehmen, hält sie davon ab, zu anderen ehrlich zu sein, ihre eigenen Verhaltensweisen klar zu sehen und Änderungen vorzunehmen, um ihren Kurs zu korrigieren. Die folgenden Prozesse beschreiben Wege, Ihren Klienten diese Fähigkeit zu ermöglichen.

Kritik

„Jedesmal, wenn mich meine Mutter kritisiert, fühle ich mich wieder wie ein kleines Mädchen. Am Ende weine ich oder streite mit ihr. Innerhalb von Sekunden verändert sich mein Alter von 35 auf 5 Jahre. Das macht mich wütend auf mich selbst.“

Norma berichtet auch, daß sie sich in der Arbeit am meisten davor fürchtet, daß ihr Chef einen Fehler entdeckt. Sie braucht eine Strategie, um als Erwachsene auf ihre Mutter zu reagieren und sich ressourcevoll zu fühlen, wenn sie bei der Arbeit einen Fehler macht.

Jeder macht Fehler. Auf Fehler positiv zu reagieren, erleichtert das Leben ungemein. In angemessener Weise selbstbewußt sein und fähig sein, angemessene Kritik anzunehmen, sind zwei Eigenschaften, die Co-Abhängige flexibel machen. Die folgenden Kritiktechniken werden Ihren Klienten helfen, sich mit Feedback wohlzufühlen.

Auf Kritik reagieren – Überblick

A. Emotional angemessen reagieren und die Reaktion ankern

1. Bestimmen Sie, wie sich Ihre Klientin fühlen will, wenn sie kritisiert wird.
2. Sie soll sich in den Zustand begeben. Ankern Sie.
3. Sie soll sich in weitere ressourcevolle Zustände begeben. Ankern Sie.
4. Überprüfen Sie den Anker.
5. Finden Sie heraus, wie diese Ressource-Zustände ihre Reaktionen in der Zukunft beeinflussen.

B. Übung mit früherer Kritik

1. Elizitieren Sie eine Erinnerung, als Ihre Klientin kritisiert wurde.
2. Lassen Sie sie das Ereignis aus einer dissoziierten Position betrachten.
3. Feuern Sie die Ressource-Anker, während sie zuschaut, wie sie kritisiert wird.
4. Sammeln Sie Informationen über die Kritik.
5. Lassen Sie die Klientin sich ein Bild von der Kritik machen. (2. Dissoziation)
6. Lassen Sie die Klientin auf der Leinwand mehr Information sammeln.
7. Überlegen Sie Wege, wie sie ihr Verhalten ändern kann, falls sie die Kritik als berechtigt ansieht.
8. Integrieren Sie das Selbst, das mit Kritik umgehen kann.

Auf Kritik reagieren – Schritte

A. Emotional angemessen reagieren und die Reaktion ankern

1. Fragen Sie Ihre Klientin, wie Sie sich fühlen will, wenn sie kritisiert wird. Sich neugierig und aufgeschlossen fühlen sind gute Alternativen zu Ärger und Abwehrhaltung.

2. Bitten Sie Ihre Klientin, sich an das letzte Mal zu erinnern, als sie sich neugierig fühlte (oder jede andere angemessene Reaktion). Das kann jede beliebige Situation gewesen sein, nicht nur solche, in denen sie kritisiert wurde. Ankern Sie diesen Zustand. (Siehe Kapitel 3 für die Anleitung zum Ankern.)

3. Lassen Sie sie sich vollständig an alle anderen emotionalen Zustände erinnern, die ihr die Reaktion auf Kritik erleichtern und angenehmer machen und ankern Sie diese Zustände an derselben Stelle wie den ersten Zustand. Das baut Ressourcen auf oder stapelt sie. (Siehe Anker stapeln in Kapitel 3)

4. Testen Sie den Anker, indem Sie Ihre Hand entfernen und Ihre Klientin in ein Gespräch über das Wetter oder irgendein anderes nichtemotionales Thema verwickeln, um den Zustand zu unterbrechen. Testen Sie den Anker nach einigen Momenten und stellen Sie sicher, daß sie in den Ressource-Zustand kommt, wenn der Anker gefeuert wird.

5. Sprechen Sie mit ihr darüber, wie die Fähigkeit, diese Ressourcen zu haben, sich künftig auf ihren Umgang mit Kritik auswirken wird.

B. Übung mit Kritik in der Vergangenheit*

1. Bitten Sie die Klientin, sich an eine Zeit zu erinnern, als sie kritisiert wurde.

2. Lassen Sie sie sich selbst und den Kritiker auf einer imaginären Leinwand vor sich sehen.

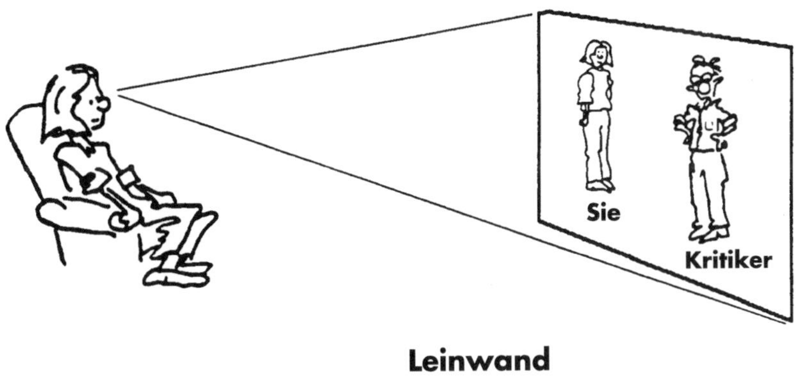

* Dieser Prozeß wurde von Steve Andreas von NLP Comprehensive in Boulder, Colorado, entwickelt und ist in dem Buch *Mit Herz und Verstand* von Connirae und Steve Andreas beschrieben.

3. Feuern Sie den Anker für den ressourcevollen Zustand, den Sie oben gesetzt haben, während sie sich selbst auf der Leinwand dabei beobachtet, wie sie kritisiert wird.

4. Während sie die Situation betrachtet, fragen Sie, ob die andere Person ihr genug Informationen darüber gegeben hat, daß sie die Art der Kritik genau verstehen kann.
Normas Mutter sagt beispielsweise oft, Norma sei faul. Norma ist nicht ganz klar, was sie meint.
Wenn die Kritik, wie in Normas Fall, nicht spezifisch ist, soll die Klientin sich sehen, wie sie den Kritiker nach mehr Information fragt, bis die Beschwerde klar ist und ein Verhalten spezifiziert.

5. Lassen Sie die Klientin sich auf der Leinwand sehen, wie sie sich ein Bild macht von dem Verhalten, das der Kritiker ihr vorgeworfen hat und dann so, wie sie sich erinnert. Lassen Sie sie die beiden Bilder vergleichen.

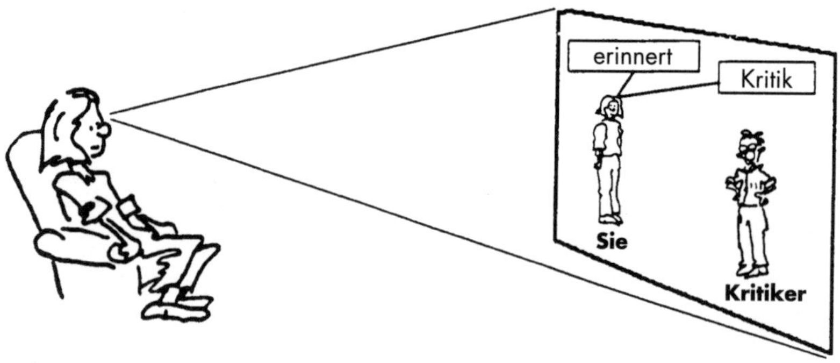

Wenn sie zusammenpassen, d.h. wenn die Kritik stimmt, soll sie sich eine geeignete Reaktion ausdenken. Das könnte z.B. eine Entschuldigung, eine Erklärung oder eine Entschädigung sein.
Falls die Kritik einen Unterschied in den Werten der Klientin und des Kritikers deutlich macht, dürfte eine Entschuldigung unangebracht sein. „Ich denke, wir sehen die Dinge einfach unterschiedlich" ist dann angemessen.

6. Wenn die Klientin die Situation anders in Erinnerung hat als der Kritiker, soll das Selbst auf der Leinwand mehr Informationen einholen. Wenn auch die zusätzliche Information keine Einigung darüber bringt, wie sich die Situation ereignet hat, lassen Sie die Klientin antworten: „Ich denke, wir haben das einfach unterschiedlich in Erinnerung."

7. Falls die Kritik berechtigt ist, beraten Sie mit der Klientin Möglichkeiten, wie sie ihr Verhalten in Zukunft verändern kann, und erinnern Sie sie daran, daß jeder Mensch Fehler machen darf.

8. Lassen Sie sie die Arme ausstrecken und das Selbst auf der Leinwand in sich hineinnehmen, so daß die Strategien, die sie gerade geübt hat, jetzt integriert sind.

Mit der Kritik-Strategie in die Zukunft gehen (Future Pace)

Um Ihre Klientin darauf vorzubereiten, mit der Situation umzugehen, wenn sie das nächste Mal kritisiert wird, können Sie in einem Rollenspiel die Person spielen, die sie wahrscheinlich kritisieren wird. Lassen Sie sie in ihrer Reaktion die oben beschriebenen Schritte anwenden. Stellen Sie sicher, daß sie ihren positiven Ressource-Anker selbst auslösen kann.

Der *Laptop-Bildschirm-Anker* aus Kapitel 8 ist als zusätzliche Schutzmaßnahme sehr wirkungsvoll.

Weil Co-Abhängige zu schwachen Grenzen neigen, haben sie die Tendenz, sich unangemessenes Verhalten von anderen länger gefallen zu lassen als sinnvoll ist. Wenn sie sich schließlich doch der Situation stellen, schneiden sie schlecht ab – entweder wütend oder mit übertriebener Entschuldigung. Die folgende Strategie bietet Leitlinien, beleidigendem Verhalten wirkungsvoll zu begegnen.

Kritik äußern – Überblick

1. **Helfen Sie Ihrer Klientin, das Problem so zu klären, wie sie es sieht.**
2. **Besprechen Sie mit ihr, wie sie sich wünscht, daß diese Person statt dessen handeln soll.**
3. **Lassen Sie sie sich auf einer Kinoleinwand vorstellen, wie sie die andere Person mit dem Problem konfrontiert.**
4. **Analysieren Sie die Reaktion der anderen Person und, falls nötig, helfen Sie der Klientin, ihr Verhalten anzupassen, damit sie das Ergebnis erzielt, das sie sich wünscht.**
5. **Wenn sie mit ihrem Verhalten zufrieden ist, lassen Sie die Klientin das Selbst von der Leinwand in sich hineinnehmen, um das neue Verhalten zu integrieren.**
6. **Erinnern Sie Ihre Klientin, daß die andere Person sich vielleicht nicht ändern möchte oder nicht in der Lage ist, sich zu ändern und bestimmen Sie, welche Wahlmöglichkeiten in der Kontrolle Ihrer Klientin liegen, falls das passiert.**

Kritik äußern – Schritte mit Beispiel

1. Helfen Sie Ihrer Klientin, das Problem so zu klären, wie sie es sieht.
Norma beklagt sich darüber, daß ihre Mutter bei jedem Besuch an ihren Eßgewohnheiten herumnörgelt, was nur dazu führt, daß sie sich ihres Gewichts noch mehr schämt.

2. Besprechen Sie mit ihr, wie sie sich wünscht, daß diese Person statt dessen handeln soll.
Norma erzählt Ihnen, daß sie möchte, daß ihre Mutter zu nörgeln aufhört. Sie ermuntern sie, das positiv zu formulieren: „Was wollen Sie, daß sie statt dessen tut?"
Sie entscheidet sich, daß es ihr lieber wäre, wenn ihre Mutter sie über ihre Arbeit fragen würde. Darauf ist Norma stolz.

3. Nun soll sie sich selbst und die andere Person vor sich auf einer Kinoleinwand vorstellen. Lassen Sie sie auf der Leinwand sehen, wie sie die andere Person konfrontiert. Die Begegnung sollte folgenden Parametern entsprechen:
Beschreiben Sie das verletzende Verhalten kurz; begrenzen Sie die Beschreibung auf ein spezifisches Verhalten oder ein spezifisches Ereignis.

Trennen Sie das Verhalten von der Person.
Verwenden Sie „Ich"-Aussagen – ich fühle, ich denke; nicht: „Du denkst so oder so, du bist so oder so."
Vermeiden Sie es, dem beleidigenden Verhalten Motive zu unterstellen.
Beschreiben Sie das erwünschte Verhalten.
Sie lassen Norma sich in ihrem Stuhl zurücksetzen, nach oben schauen und sich dabei vorstellen, daß sie auf der Leinwand vor sich einen Film von sich und ihrer Mutter sehen kann. Sie hört und sieht sich sagen:
„Mutter, wenn du mir sagst, daß ich zu viel esse, fühle ich mich wie ein kleines Mädchen, das unartig ist. Das hilft mir nicht bei meiner Diät. Tatsächlich esse ich mehr, weil ich mich schäme. Ich hätte es lieber, wenn du mir Komplimente machen oder mich nach meiner Arbeit fragen würdest."

4. Analysieren Sie die Reaktion der anderen Person und, falls nötig, helfen Sie der Klientin, ihr Verhalten anzupassen, damit sie das Ergebnis erzielt, das sie sich wünscht.
Norma sieht ihre Mutter antworten: „Ich versuche nur, dir zu helfen. Jemand muß dich ja an deine Diät erinnern." Sie läßt sich selbst auf der Leinwand antworten: „Ich schätze es, daß du dich kümmerst, aber deine Bemerkungen helfen mir nicht. Wenn du mir helfen möchtest, dann kannst du dich auf meine guten Seiten konzentrieren. Das wird dazu beitragen, daß ich besser für mich selbst sorge." Norma sieht ihre Mutter widerwillig zustimmen.

5. Wenn sie mit ihrem Verhalten zufrieden ist, lassen Sie die Klientin das Selbst von der Leinwand in sich hineinnehmen, um das neue Verhalten zu integrieren.
Wenn Sie Norma geholfen haben, das Selbst auf der Leinwand anzuweisen, angemessen und auf verschiedene Arten zu reagieren und ihr die Reaktionen gefallen, lassen Sie sie die Arme ausstrecken nach diesem Selbst und es nach innen nehmen.

6. Erinnern Sie Ihre Klientin, daß die andere Person sich vielleicht nicht ändern möchte oder nicht in der Lage ist, sich zu ändern und bestimmen Sie, welche Wahlmöglichkeiten in der Kontrolle Ihrer Klientin liegen, falls das passiert.
Norma entscheidet, daß sie auf folgende Arten reagieren kann, falls ihre Mutter ihre Eßgewohnheiten auch nach dem Gespräch weiterhin kritisiert: die Bemerkungen ignorieren und das Gespräch auf ein anderes Thema lenken, sagen: „Danke, daß du mir das mitteilst", oder bei weiteren unangemessenen Kommentaren klare Konsequenzen ziehen (wie sich zu weigern, ihre Mutter zu besuchen).

Dieses Kapitel bot Möglichkeiten, Ihre Klienten dabei zu unterstützen, innere Konflikte im Hinblick auf Ziele zu lösen, anziehende, wohlformulierte Ziele zu entwickeln, motivierende innere Ressourcen aufzubauen und gut mit Kritik umzugehen. Im nächsten Kapitel werden Ressourcen und Strategien besprochen, die Klienten in Beziehungen mit Mißbrauch helfen.

Anmerkung: In diesem Kapitel dient Norma zum letzten Mal als Beispiel. Normas Reise verläuft heute ohne professionelle Unterstützung.

12 Körperliche Sicherheit/ Mißbrauch

Nicht den Tod sollte der Mensch fürchten, sondern nie begonnen haben zu leben.
– Mark Aurel

Eleanors Geschichte

Eleanor war ungefähr sechs Wochen bei mir in der Beratung, als wir auf ihre Unfähigkeit, ihrer Intuition zu vertrauen, zu sprechen kamen. Ich bat sie, etwas über ihre Kindheit aufzuschreiben und darüber, wie Intuition in ihrer Familie entwickelt wurde. Ihre Geschichte ging ungefähr so:

„Sei ganz du selbst, und alles ist in Ordnung" hörte ich meine Mutter sagen, als ich klein war und loszog, um etwas zu unternehmen, was mir Angst einflößte, wie z.B. auf eine Geburtstagsparty zu gehen. „Erinnere dich daran, so nett zu handeln, wie du aussiehst" fügte sie gewöhnlich hinzu.

Vom Tonfall ihrer Stimme her konnte ich sagen, daß diese Worte nicht mysteriös gemeint waren und sie nicht wollte, daß ich Schwierigkeiten hätte, sie zu verstehen. Ich weiß, daß „ich selbst sein" nicht kompliziert sein sollte, ebensowenig wie „so nett zu handeln wie ich aussah", zumal meine Mutter mich angezogen hatte. Aber es war kompliziert. Ich erinnere mich, daß ich mich fragte, wann ich alt genug wäre, zu wissen, wer ich bin, so daß ich ich selbst sein konnte. Wie IST man man selbst und handelt außerdem gleichzeitig so nett, wie man aussieht? Was, wenn man sich schrecklich fühlt und nett aussieht? Oder, Gott bewahre, man scheußlich AUSSAH und fühlte ..., aber das war jenseits meiner Vorstellung.

Ich fürchtete immer den von allen am wenigsten enträtselbaren Vorschlag, „sei du selbst" und hoffte auf konkretere: stütz deine Ellbogen nicht auf dem Tisch auf; sprich nicht mit vollem Mund; sprich nur, wenn du angesprochen wirst; iß, was du auf den Teller bekommst, ob es dir schmeckt oder nicht; sag bitte und danke; sitz damenhaft;

sprich leise; schmolle nicht; warte, bis die Gastgeberin ihre Gabel zur Hand nimmt, bevor du zu essen beginnst; kaue leise; und unvermeidlich: Sei du selbst.

Ich merkte schließlich, daß Mutters Ermahnungen sich gegenseitig ausschlossen, oder es war zumindest sehr gut möglich, doch Mutter sprach sie aus, als ob sie gleichzeitig Sinn ergäben. Es war so, als ob sie gesagt hätte: „Viel Spaß beim Schwimmen, und denk daran, nicht naß zu werden.“ An einigen Tagen, besonders an Tagen von Geburtstagsfeiern, zu denen ich nicht gehen wollte, hätte „ich selbst zu sein“ bedeutet, mit dem Fuß aufzustampfen und mich zu weigern, das blöde rosa Kleid und die schwarzen Lackschuhe anzuziehen. An solchen Tagen hätte „Ich selbst sein“ bedeutet, zu Hause zu bleiben und vor dem Kamin mit meinen Barbiepuppen zu spielen und sie mit roten Zimtbonbons zu füttern, um die Krankheiten zu heilen, die ich mir für diesen Tag für sie ausgedacht hatte. Ich selbst zu sein hätte bedeutet zu sagen, daß ich nicht auf Bobbys Geburtstagsfeier gehen will, obwohl meine Mutter die Einladung für mich zugesagt hatte, als seine Mutter mich einlud, und ich haßte Bobby, weil ich in seiner Nähe eine Gänsehaut bekam, obwohl wir erst fünf waren.

„So nett zu handeln wie ich aussah“ war in der Tat Schauspielen (Wortspiel: to act as nice ... was to ACT indeed; to act – handeln und schauspielen; Anm d.Ü.). Es bedeutete, so zu tun, als ob ich auf Bobbys Geburtstagsfeier gehen wollte, für Vater einen Knicks zu machen und zu lächeln. Es bedeutete, meine Barbies ohne Klagen wegzuräumen, mich zu fügen, wenn mein Haar mit der Lockenschere traktiert und mein Gesicht mit einem kratzigen, heißen Waschlappen geschrubbt wurde. Es bedeutete, daß ich mit dem Risiko, daß mir im Auto schlecht würde, in ein unheimliches Haus gefahren werden mußte. Ein Haus mit komischen Gerüchen und Leuten, wo ich essen mußte, was mir auf den Teller gelegt wurde und wo ich ewig bleiben mußte, obwohl ich doch die ganze Zeit daheim und sicher sein wollte. Oh, es war so schwierig, „so nett zu handeln wie ich aussah“.

Damals wußte ich nur, daß ich verwirrt war. Mehr als alles andere in der Welt wollte ich meine Mutter glücklich machen und das tun, worum sie mich bat. Natürlich vertraute ich darauf, daß sie nur das von mir verlangte, was auch zu tun möglich war. Als sie mich deshalb bat, ich selbst zu sein und „so nett zu handeln wie ich aussah“, versuchte ich es und fühlte mich hoffnungslos verwirrt. Ich beschloß, daß ich dumm war, weil ich nicht wußte, wie ich das, was mir aufgetragen war, tun sollte. Je länger ich es probierte, desto weniger vertraute ich mir selbst. Als ich dann ein Teenager war, hatte ich keine Ahnung, wer ich war oder auch nur die entfernteste Vorstellung davon, wie ich ich selbst sein konnte. Das „Handeln“/Schauspielen klappte wie am Schnürchen. Ich konnte mich genauso benehmen, wie ich es wollte und hatte es mit dem „Eindruckmachen“ zu einer wahren Kunstfertigkeit gebracht. Mutter hörte häufig von ihren Freunden und meinen Lehrern, was für ein nettes Mädchen ich sei, und das war genau das, was sie hören wollte. Endlich, ich hatte es geschafft, Mutter eine Freude zu machen.

Eine Erziehung wie die von Eleanor ist keineswegs ungewöhnlich und führt zu Erwachsenen, die wenig oder kein Gefühl für sich selbst haben. Wenn man in solchen Klienten Selbstwertgefühl aufbaut, haben wir oft festgestellt, daß sie kein Fundament haben, auf dem man aufbauen kann. Wir können nicht davon ausgehen, daß eine Klientin, wenn sie erst Grenzen in ihrem Schutzraum aufgebaut hat, sichere Entscheidungen für sich treffen kann darüber, welche Personen vertrauenswürdig sind und welche Vorgehensweisen zuträglich sind. Manche Klienten haben keine Richtlinie, nach der sie Entscheidungen treffen, weil sie ihr ganzes Leben lang ihre Entscheidungen auf der Grundlage getroffen haben, was andere Menschen sich wünschen oder raten. Wenn wir den Klienten geholfen haben, Grenzen zu errichten, müssen wir ihnen helfen, Richtlinien aufgrund ihrer eigenen Erfahrung zu entwickeln.

Überprüfung der Realität (reality check) • Anderen vertrauen – Überblick

1. **Bitten Sie Ihre Klientin, an eine Person zu denken, der sie vertraut und ihre damit verbundenen Gefühle zu beschreiben.**
2. **Sie soll sich an einige erfolgreiche Situationen erinnern, als sie anderen vertraute und diese Gefühle verbinden.**
3. **Ankern Sie das „Vertrauens"-Gefühl.**
4. **Halten Sie den Anker und lassen Sie sie auf der Time Line von der Gegenwart aus rückwärts zurückgehen und noch weitere Vertrauenserfahrungen wiedererleben.**
5. **Gehen Sie von der Time Line herunter und lassen Sie die Klientin spezifische, ihr bekannte Merkmale beschreiben, wann es sicher ist, zu vertrauen.**
6. **Unterbrechen Sie den Zustand.**
7. **Bitten Sie die Klientin, an eine Gelegenheit zu denken, als ihr Vertrauen mißbraucht wurde. Stellen Sie diese internale Erfahrung denen des Vertrauens gegenüber.**
8. **Sie soll die Unterschiede, die sie bemerkt, identifizieren, während sie Schritt 7 mit anderen Erfahrungen des Vertrauensbruchs wiederholt.**
9. **Halten Sie den Vertrauensanker, während sie wieder in der Gegenwart auf der Time Line steht und durch die Zeit vorwärts geht, um mit der Fähigkeit, vertrauenswürdige Menschen zu identifizieren, in die Zukunft zu gehen (Future pace).**

Falls die Klientin keine Time Line installiert hat, siehe dafür Kapitel 3.

Überprüfung der Realität • Anderen vertrauen – detaillierte Schritte

1. Bitten Sie die Klientin, an eine Person zu denken, die sie schon lange kennt und der sie vertraut. Dies sollte jemand sein, der sie gut genug kennt, um eine Gelegenheit gehabt zu haben, ihr Vertrauen zu mißbrauchen, es aber nicht getan hat.
Falls der Klientin so eine Person nicht einfällt, lassen Sie sie sich diese Eigenschaften vorstellen, über die so eine Person verfügen würde, und die Person beschreiben. Ebenfalls soll die Klientin beschreiben, welches Gefühl die Person in ihr hervorrufen würde, wenn sie ihr begegnete.

2. Bitten Sie sie, sich zusätzlich an Situationen zu erinnern, in denen sie Menschen vertraut hat und diese sie unterstützten, auch wenn sie das in anderen Situationen nicht taten. Bitten Sie sie, diese Vertrauensgefühle aus all den Situationen zu „stapeln".

3. Ankern Sie das Vertrauensgefühl und bitten Sie die Klientin, dieses Gefühl immer intensiver zu erleben, während Sie den Anker drücken. Lassen Sie sie diese Erfahrung in allen Repräsentationssystemen erleben – visuell (Bilder), kinästhetisch (Gefühle) und auditiv (Geräusche).

4. Beginnen Sie damit, daß Ihre Klientin in der Gegenwart auf ihrer Time Line steht. Halten Sie den Anker und gehen Sie langsam mit ihr auf der Time Line zurück. Bleiben Sie dabei bei jedem erfolgreichen Vertrauenserlebnis in ihrer Vergangenheit stehen.

5. Wenn sie fertig ist, lassen Sie sie von der Time Line heruntergehen und Ihnen über die Situationen, in denen sie vertraute, erzählen. Finden Sie speziell heraus, WIE sie weiß (was sie sieht, hört, fühlt), wann es angemessen ist, jemandem zu vertrauen. Dies sollten dieselben Merkmale der internalen Erfahrung sein, die Sie schon vorher im Prozeß geankert haben, und die Sie jetzt der Klientin ins Bewußtsein bringen.

6. Unterbrechen Sie den Zustand.

7. Lenken Sie die Aufmerksamkeit der Klientin auf einen neutralen Zustand und bitten Sie sie, an eine Situation zu denken, als ihr Vertrauen mißbraucht wurde. Bitten Sie sie dann, an den Moment vor dem Vertrauensbruch zu denken und lassen Sie sie ihre internale Erfahrung mit der oben identifizierten Vertrauenserfahrung vergleichen.

8. Lassen Sie sie die feinen Unterschiede, die sie wahrnimmt, beschreiben und Schritt 5 mit anderen Erfahrungen des Vertrauensmißbrauchs wiederholen. Fahren Sie fort, bis die Klientin zuversichtlich ist, daß sie eine vertrauenswürdige Person erkennen kann.

9. Bitten Sie Ihre Klientin, wieder auf ihrer Time Line in der Gegenwart zu stehen. Stehen Sie neben ihr und halten Sie den vorher gesetzten Vertrauensanker. Halten Sie den Anker, und lassen Sie sie auf der Time Line vorwärtsgehen, während sie ihrem Unbewußten erlaubt, zu üben, die Vertrauensprüfung durchzuführen. Da unwahrscheinlich ist, daß sie genau weiß, was in der Zukunft geschehen wird, weisen Sie darauf hin, daß ihr Unbewußtes weiß, wie es seine neue Fähigkeit an vielfältige Situationen anpassen kann.

Hinweis: Co-Abhängige tendieren dazu, in nachteilige Beziehungen involviert zu werden, selbst wenn ihre Vertrauensprüfer sie davor warnen. Dazu kommt es, weil ihr niedriges Selbstwertgefühl ihnen sagt, daß sie niemand Besseres verdient hatten, oder sie sind so einsam, daß sie jede Beziehung für besser halten als gar keine. Ein dritter Grund dafür, daß sie trotz ihrer inneren Warnsignale in schädliche Beziehungen involviert werden, ist, daß viele Co-Abhängige sich an Mißbrauch gewöhnt haben, weil sie in Familien aufwuchsen, in denen sie mißbraucht wurden. John Bradshaw ist der Überzeugung, daß Menschen danach süchtig werden können, mißbraucht zu werden, was mit der Regel zu tun hat, daß negative Aufmerksamkeit besser ist als gar keine.

Weil dieses Syndrom so tückisch ist, kann es notwendig sein, eine Reihe von Interventionen zu kombinieren, um es zu verändern. Einige davon können sein, Selbstwert aufzubauen, Change History, Wissen um die Familiengeschichte und andere Strategien, um eine Identität aufzubauen, die in diesem Buch beschrieben sind.

Überprüfung der Realität • Internale/externale Referenz

Ein anderer Aspekt von Eleanors Unschlüssigkeit bezog sich auf Lernen. Als Kind wurde sie von ihrem perfektionistischen Vater fortwährend beschämt, weil sie Dinge nicht wußte, darunter auch solche, die sie gar nicht wissen konnte.

Ich erinnere mich, daß Vater mich mit gerunzelter Stirn anschaute, wenn ich ihn etwas fragte. Es war aber noch mehr als ein Stirnrunzeln. Ich fühlte mich, als ob ich etwas sehr Schlimmes getan hätte und daß ich ausgesprochen dumm war, weil ich etwas nicht wußte.

Zweifellos behandelte Eleanors Vater sie so, wie er als Kind behandelt worden war und wiederholte unbewußt das Verhalten seiner Eltern als die einzige Wahlmöglichkeit, die er hatte. Vielleicht wollte er Eleanor entmutigen, Fragen zu stellen, damit sie auf andere nicht dumm wirkt. Vielleicht wußte er selbst keine Antworten auf ihre Fragen und schämte sich, das zuzugeben. Was auch immer seine Gründe waren, seine Reaktionen auf Eleanors Fragen führten dazu, daß sie glaubte, die Antworten bereits wissen zu müssen. Als Kind hatte sie keine Möglichkeit zu verstehen, daß ihr Vater in seinen Wahlmöglichkeiten eingeschränkt war. Sie glaubte, es wäre an ihr gewesen, es besser zu wissen.

Was das Problem noch verschlimmerte, war, daß Eleanors Vater ihre Meinung auch noch verächtlich machte. Wenn sie fröhlich hereinkam und eine Fernsehsendung beschrieb, die ihr gefallen hatte, pflegte ihr Vater den Kopf zu schütteln und sie so anzublicken, daß sie in sich zusammensank. Worte hätten ihre Begeisterung, und letztlich ihren Mut, etwas mitzuteilen nicht so wirkungsvoll brechen können.

Sie ging bald dazu über, ihre Gefühle in Frage zu stellen. „Wenn mir das gefällt und Vater hält es für blöd, muß ich blöd sein. Ich behalte meine Gefühle besser für mich, bis ich gelernt habe, was gut und was schlecht ist." Eleanor erkannte bald, daß die Erwachsenen die richtigen Meinungen hatten. Kinder sollten ihren Gefühlen nicht vertrauen, sollten nicht über ihre Gefühle sprechen, sollten keine Gefühle haben.

Als Erwachsene haben Menschen, die in solchen Familien aufwuchsen, wahrscheinlich wenig Vertrauen in ihren eigenen Geschmack, ihre Überzeugungen oder Meinungen. Wahrscheinlich warten sie darauf, die gängigen Ansichten zu hören, bevor sie ihre äußern. Sie wissen nicht genau, was sie wirklich wollen, noch verpflichten sie sich innerlich intensiv für irgend etwas, weil sie als Kinder so stark beschämt wurden. Auf Nummer Sicher zu gehen wird zu ihrer „Philosophie". Wie bei der post-traumatischen Streß-Störung lauert überall die Drohung, falsch zu liegen, bereit, das wahrlich dumme Wesen des Menschen einer kritischen und gefährlichen Welt zu offenbaren. Um eine solche Bloßstellung zu vermeiden, behalten Co-Abhängige ihre Meinung für sich, gestatten anderen, für sie Entscheidungen zu treffen und leben lieber mit Ergebnissen, die sie nicht mögen, als sich dem Risiko auszusetzen, lächerlich gemacht zu werden, wie sie es als Kinder erlebten.

Selbstvertrauen (self-reliance) muß, wie jede neue Fähigkeit, in machbare Einheiten aufgeteilt werden. Je nachdem, wie stark das Selbstvertrauen des Klienten ist, können Sie die Schritte unterschiedlich gewichten. Die unten beschriebene Methode ist für Klienten mit wenig Selbstvertrauen.

Interne Referenz aufbauen – Schritte

JA • NEIN • VIELLEICHT

1. Bitten Sie Ihre Klientin, an etwas zu denken, das sie sicher mag. (Eis, Robert Redford-Filme, Wandern)

2. Lassen Sie sie das Gefühl identifizieren, das sie hat, wenn sie WEISS, daß sie etwas mag. Elizitieren Sie die Bestandteile ihrer inneren Repräsentation, die Lokalisierung (rechts oder links, oben oder unten; Anm. d.Ü.) des Bildes, Farbe oder das Fehlen von Farbe, Stillstand oder Bewegung, Beschaffenheit, Nähe etc. Elizitieren Sie ebenso die auditiven und kinästhetischen Bestandteile. Geben Sie ihr Zeit, GENAU auf die Erfahrung zu achten, wenn sie WEISS, daß sie etwas mag.
Lassen Sie diese Information zunächst auf sich beruhen.

3. Lassen Sie sie als nächstes an etwas denken, das sie *mögen sollte oder vorgibt zu mögen,* weil dieses Verhalten „akzeptiert" wird. (Sushi, Woody Allen-Filme, Aerobics)

4. Lassen Sie sie das Gefühl identifizieren, das sie hat, wenn sie VORGIBT, etwas zu mögen, um anderen zu gefallen oder einen erwünschten Eindruck zu machen.
Elizitieren Sie die gleichen Bestandteile wie in Schritt 2. Lassen Sie diese Information zunächst auf sich beruhen.
An dieser Stelle verändern wir nichts. Der erste Schritt ist, das Muster zu erkennen. Versichern Sie Ihrer Klientin, daß mit keinem ihrer Verhaltensmuster etwas VERKEHRT ist. Sie trifft jetzt, genau wie in der Vergangenheit, die beste Wahl, die ihr zur Verfügung steht. Weisen Sie sie auch auf die Vorteile hin, in der Lage zu sein, sich anpassen zu können. Erinnern Sie sie daran, daß wir nur neue Wahlmöglichkeiten hinzufügen, keine wegnehmen.

5. Als drittes bitten Sie Ihre Klientin, das Gefühl zu identifizieren, das sie hat, wenn sie etwas NICHT MAG. Gehen Sie vor wie bei Schritt 2 und 4 und lassen Sie auch diese Information zunächst auf sich beruhen.

6. Bitten Sie Ihre Klientin, eine Woche lang GENAU auf ihre inneren Zustände im Alltag zu achten. Beim Einkaufen soll sie darauf achten, welches der drei „Gefühle" sie verspürt, wenn sie mit Freunden einkauft, wenn sie ihre Freizeitbeschäftigung mit Mann oder Partner auswählt, wenn sie mit ihren Kindern oder Arbeitskollegen zu tun hat. Hier geht es darum, die Zustände wahrzunehmen. Für das Gespräch in der nächsten Sitzung ist es hilfreich, diese in einem Tagebuch zu notieren.

Viele Klienten werden Situationen finden, in denen sie nicht wissen, wie sie sich fühlen. Wenn sie ein Kunstwerk betrachten oder ein Paar Schuhe oder ein Lied hören, haben sie vielleicht keine Ahnung, ob sie das mögen oder nicht. Bitten Sie sie auch darauf zu achten, wann das auftritt, und geduldig zu sein. Diese Situationen werden weniger werden in dem Maß, wie die Klienten mit ihren Vorlieben in Kontakt kommen.

Nachdem die Klientin ihre inneren Zustände ein oder zwei Wochen lang beobachtet hat (bestimmen Sie die angemessene Zeitdauer nach der Reaktion Ihrer Klientin), stellt sie vielleicht fest, daß sie ganz von selbst „ehrlicher" auf ihre Gefühle reagiert. Je nach dem Grad ihres Selbstwertgefühls wird sie vielleicht selbstbewußter und braucht keine weiteren Interventionen, um ihren Gefühlen entsprechend handeln zu können. Einige Klienten werden zusätzliche Ressourcen brauchen, um ihre Reaktionsmuster zu verändern. Eine Kombination der in diesem Buch beschriebenen Interventionen wird die Kongruenz noch steigern.

Ihre Arbeit mit einer Klientin kann dadurch erschwert werden, daß sie in einer „mißbrauchenden Beziehung" lebt. Leslies Geschichte leitet den nächsten Abschnitt ein, der Informationen über und Strategien für die Arbeit mit solchen Klienten enthält.

Leslies Geschichte

Wenn er zur Tür hereinkommt, weiß ich schon, daß all meine Vorbereitungen für einen schönen Abend vergeblich waren. Ich habe die Fußböden gescheuert, die Teppiche gesaugt, die Möbel abgestaubt und einen Braten mit Kartoffeln für das Abendessen zubereitet.

Er schwankt. Mein Herz rutscht mir in die Hose und Schreck jagt mir durch den Körper. Wenn ich ihm nur seinen Willen lasse, rede ich mir ein, ist es für mich OK. Ich weiß, daß ich zwangsläufig etwas sagen oder tun werde, daß er ausrastet. Das Baby wird weinen und er wird mir vorwerfen, eine schlechte Mutter zu sein. Der Braten wird zu sehr durch sein, das Lächeln auf meinem Gesicht zu süß.

Wenn Rob nüchtern ist, ist er faszinierend. Er ist ein begabter Künstler und bezaubert seine Gönner und Freunde. Er ist ein großartiger Liebhaber und ein stolzer Vater. Unser Leben ist immer interessant: Musiker, Künstler und Schriftsteller kommen häufig zu Besuch. Unsere Nächte sind voll philosophischer und ethischer Diskussionen. Die guten Zeiten sind sehr gut. Rob bewirkt, daß ich mich erwachsen, sexy und intelligent fühle, auch wenn ich erst neunzehn bin. Er ist acht Jahre älter und ich bewundere seine Bauernschläue.

Heute abend ist er nicht witzig. Er ist betrunken. Ich helfe ihm, sich auf seinen Platz am Eßtisch zu setzen und stelle seinen Teller vor ihn hin.

„Was ist das für eine Scheiße?" knurrt er. Ich reagiere nicht. Egal was ich sage, es wird falsch sein.

Ich schneide das Essen für das Baby und fange an, den Jungen zu füttern.

„Warum ist er nicht im Bett? Es ist schon spät", will Rob wissen.

„Ich wollte, daß wir heute miteinander zu Abend essen", erkläre ich.

Dadurch scheint Rob besänftigt und kämpft damit, seine Gabel zum Mund zu führen. Er ist widerwärtig. Sein Atem riecht nach Alkohol und sein Hemd ist zerrissen – als ob er in eine Schlägerei geraten wäre.

Bobbie spuckt seine Karotten aus und beginnt zu greinen. „Oh Gott, nicht jetzt", bete ich. Ich versuche, Bobbie abzulenken, um ihn zu beruhigen.

„Ich hab dir doch gesagt, daß das Kind im Bett sein sollte", brüllt Rob und nimmt Bobbie.

„Nein, ich bringe ihn ins Bett. Du bist zu betrunken" sage ich, und im selben Moment tut es mir leid.

„Niemand kann mir vorschreiben, was ich mit meinem Kind tue!" Er schwankt ins Kinderzimmer. Bobbie schreit und strampelt, um sich von Rob loszureißen. Ich packe ihn wieder und lege ihn in die Wiege.

„Trau dich das nicht! Ich bin der Vater dieses Kindes und ich bringe ihn ins Bett." Er schwankt wieder auf die Wiege zu. Ich bin zu Tode erschreckt. In seinem Zustand wird er Bobbie weh tun. Ich stehe zwischen ihm und dem Baby.

„Geh mir aus dem Weg." Er schiebt mich beiseite und fällt dabei. Während er sich anschickt, wieder aufzustehen, laufe ich in unser Schlafzimmer. Er schwankt hinter mir her. „Dir werde ich's zeigen, mir frech zu kommen", schreit er. Er hebt seinen Arm und ich spüre die Wucht seiner Hand quer über meinem Gesicht, so daß ich auf das Bett zurückfalle. Er packt mich am Hals, hält mich unten und schreit mir Schimpfwörter ins Gesicht.

Wenn ich es schaffe, locker zu lassen und keinen Widerstand leiste, wird es wahrscheinlich bald vorbei sein. Er wird bald ohnmächtig werden.

Leslies Geschichte ist nicht ungewöhnlich. Sie hat gelernt, jede ihrer Bewegungen dem Zustand ihres Mannes anzupassen.

Eine besonders wichtige Situation, bei der internale Referenzen mit ins Spiel kommen, sind intime Beziehungen. Es ist bekannt, daß Frauen oft jahrelang in Beziehungen bleiben, in denen sie gewalttätig behandelt oder emotional mißbraucht werden. Leute, die keine Erfahrung mit dem Mißbrauchssyndrom haben, können nicht verstehen oder wertschätzen, warum das passiert. „Ein Schlag und ich wäre auf und davon", hört man Leute sagen. „Die Frau ist genauso schuld wie ihr Mann, wenn sie bleibt und das hinnimmt."

Sicherlich, nicht alle Gewalt in Beziehungen wird von Männern gegen Frauen ausgeübt, aber es ist die am häufigsten vorkommende Variante, deshalb werden wir uns in unserer Diskussion auf diese Dynamik beschränken. Warum bleibt jemand in einer Mißbrauchssituation? Warum heiratet eine Frau einen Mann, der sie bereits vor der Hochzeit körperlich mißbraucht hat? Warum wählt sie einen Mann, der wenig genug von ihr hält, um sie zu demütigen und sie zu schlagen?

Antworten darauf können teilweise in der Familiengenealogie gefunden werden. Gewalt wird, wie Alkohol und Mißbrauch von Substanzen, oft von Generation zu Generation weitergegeben. Kinder, die von ihren Eltern mißhandelt wurden, mißhandeln ihrerseits als Erwachsene oft ihre Kinder und Partner. Dieses Verhalten wird selten bewußt gewählt; es resultiert aus jahrelangem Modell-Lernen. Selbst Menschen, die schworen, dieses Verhalten nie zu wiederholen, können sich dabei ertappen, unter Streß in die alten Muster zurückzufallen.

Frauen, die sahen, wie ihre Mütter von ihren Vätern mißhandelt wurden, heiraten gewalttätige Männer, in dem unbewußten Versuch, das Verhalten zu „ändern". Sie können sogar metaphorisch ihre Väter heiraten, in der Bemühung, endlich den Mann zu erreichen, der so fern, furchterregend und erhaben war. Natürlich, so argumentiert das Unbewußte, würde man in der Situation als Partnerin mehr Einfluß haben.

Opfer, die in einer Familiensituation aufwuchsen, in der sie abgewertet, beschämt oder ignoriert wurden, sind an Mißbrauch gewöhnt und suchen ihn unglaublicherweise. Menschen, die in gewalttätigen Familien aufwuchsen, neigen dazu, „normale" Familiensituationen langweilig zu finden. Es braucht eine Krise, um das Interesse von vielen Menschen aus dysfunktionalen Familien zu wecken. Unbewußt suchen mißhandelte Frauen, die vertraute „aufregende" Umgebung wiederzuerlangen, an die sie sich als Kind gewöhnt haben.

Auch Menschen, die nicht in einer mißbrauchenden Familie aufwuchsen, können sich in einer Mißbrauchssituation wiederfinden. Karen Pryor[1] beschreibt das Muster der „konditionierten Verstärkung“, das die Mißbrauchten zu bleiben reizt. Die anfängliche Aufregung, Bewunderung, Romantik und Intimität, die in den frühen Stadien einer Beziehung offenkundig sind, sind so mächtig, daß sie die Mißbrauchten darauf konditionieren, wie verrückt nach dem Knopf zu suchen, der sie, wenn er gedrückt wird, wieder belohnt. Zu Beginn überschüttete sie der Mißhandler mit so viel wunderbaren Aufmerksamkeiten, und die Mißhandelte glaubt, daß ihr diese Aufmerksamkeiten wieder gewährt werden, wenn sie den richtigen Mix an Verhaltensweisen herausfindet.

Schließlich und wohl am wichtigsten ist das Selbstbild der Frau. Auf der tiefsten Ebene glaubt sie, daß sie Liebe nicht verdient. Wenn sie sich noch stärker anstrengt, eine hingebungsvolle Gattin und Mutter zu sein, noch raffiniertere und anregendere Mahlzeiten zuzubereiten, den Haushalt ordentlicher zu führen, schlanker, hübscher, süßer, anziehender, intelligenter, gehorsamer oder interessanter zu sein, dann, so glaubt sie, wird sie schließlich die Liebe ihres Mannes verdienen. In diesem Glaubenssystem steckt die Illusion von Kontrolle. Sie glaubt, diese Dinge unter Kontrolle zu haben und arrangiert sich mit dem Mißbrauch als einer „vorübergehenden“ Erfahrung – eine, die sie beenden kann, wenn sie sich endlich im Griff hat.

Tatsächlich wird aber nichts von dem, was sie tut, das mißbrauchende Verhalten des Mißhandlers beeinflussen. Er mag ihr das Gegenteil sagen in dem Glauben, daß sie seine Mißhandlungen provoziert, aber das ist nicht wahr. Es ist nur eine Illusion, die ihr das Durchhaltevermögen gibt, Schläge um Schläge zu überleben und der Welt vorzumachen, daß sie glücklich verheiratet ist. In ihrer eigenen Vorstellung wird sie es schließlich sein.

Praktische Angelegenheiten haben weiteren Einfluß auf Frauen, die in Mißbrauchssituationen ausharren. Fragen, wer für sie und die Kinder aufkommt, wohin sie gehen soll, wenn sie ihn tatsächlich verläßt, wie sie mit den Fragen von Verwandten und Freunden umgehen soll, die Angst, allein zu leben, die Angst, unattraktiv zu sein und nie mehr eine andere Beziehung zu finden, die Angst vor Repressalien ihres Mannes, Sorge, daß die Kinder ohne Vater aufwachsen und die Angst vor dem Unbekannten kommen alle mit ins Spiel. Es ist daher leicht zu sagen, „ein Schlag und ich wäre auf und davon“, bis man das Thema gründlich bedenkt.

Wie in den meisten Bereichen von Co-Abhängigkeit liegt ein erster Schritt in Richtung Heilung in Information. Der Frau immer und immer wieder zu erklären, daß sie den Mißbrauch in keinster Weise verursacht, ist entscheidend. Nichts, was sie tut oder getan hat, rechtfertigt Gewalt. Selbst wenn sie noch so viel putzt oder abnimmt, wird das ihren mißbrauchenden Ehemann nicht ändern. Sie hat nur die Macht, sich selbst zu verändern, und durch diese Veränderungen kann sie ihr Leben heilen und möglicherweise ihre Ehe.

Grundlegend für diesen Prozeß ist, die Klientin zu unterstützen, ihren Blickwinkel zu verändern, so daß sie Verhalten ihr selbst gegenüber mit den gleichen Augen sieht wie das Verhalten anderen gegenüber. Wegen ihres niedrigen Selbstwertgefühls haben Gewaltopfer häufig unterschiedliche Maßstäbe für sich selbst und stufen Verhalten sich selbst gegenüber als harmlos ein, das sie anderen gegenüber als mißbrauchend betrachten würden.

Mißbrauchendes Verhalten identifizieren – Überblick

1. Die Klientin soll sich an mehrere schmerzhafte Situationen erinnern.
2. Lassen Sie sie detailliert beschreiben, wie sie sich an jede erinnert: die auditiven, visuellen und kinästhetischen Komponenten. Helfen Sie ihr, einige Kategorien zu entwickeln, um die Erfahrungen nach ihrem Zugang im Repräsentationssystem und dem Schweregrad einzuordnen.
3. Bitten Sie sie, sich ein Symbol oder ein Geräusch auszudenken, das jede Kategorie von Erlebnissen repräsentiert. Betrachten Sie dieses neue Bewußtsein als eine Ressource für Ihre Klientin. Wenn es künftig zu solchen Situationen kommt, wird ihr dieses Wissen helfen, die Beschaffenheit ihrer Interaktionen zu beurteilen und ihre Reaktionen bewußt zu entscheiden.

Mißbrauchendes Verhalten identifizieren – Schritte mit Beispielen

1. Bitten Sie Ihre Klientin, sich an eine Situation zu erinnern, als sie über das Verhalten ihres Partners ungehalten war oder verletzt wurde. Die Bandbreite könnte reichen von einer Erinnerung, als er zu spät zum Abendessen nach Hause kam, über ein nicht eingehaltenes Versprechen, oder er vergaß ein bestimmtes Ereignis, bis zu einer Situation, in der er sie körperlich oder emotional verletzte.

2. Lassen Sie sie identifizieren, wie sie weiß, daß sie verletzt wurde. Wo in ihrem Körper, ihrem Gesichtsfeld oder in ihrer auditiven Erinnerung erlebt sie es? Lassen Sie sie verschiedene Situationen von leichten Enttäuschungen bis zu schwerem Mißbrauch vergleichen und die Unterschiede in der Art, wie sie sie speichert, wahrnehmen. An welcher Stelle sind sie z.B. lokalisiert? Sind es Dias, Filme, Farbe, dreidimensional, nah, weit entfernt? Wie unterscheidet sie zwischen Mißbrauch und üblichem Versehen, oder unterscheidet sie überhaupt? Helfen Sie ihr, die Unterschiede herauszufinden und ihr bewußt zu machen.

Leslie fand verschiedene Beispiele. Einmal hatte ihr Mann sie wiederholt als „Hohlkopf" bezeichnet, als sie mit einem anderen Paar fürs Theater verabredet waren. Jedesmal, wenn sie eine Bemerkung machte, die Rob für falsch hielt, lästerte er: „Wo hast du denn das her, Hohlkopf?" Damals hatte sie darüber gelacht. Als sie es später beschrieb, nahm sie ein „hartes" Gefühl in ihrer Brust wahr, und als sie darüber nachdachte, „sah" sie ein Bild zu ihrer Linken, ungefähr zwei Meter vor sich. Das Bild war ein Standbild, schwarzweiß, und sie schien darin festzustecken. Sie sah es durch ihre eigenen Augen. Das assoziierte Geräusch war entfernt, wie durch einen Lautsprecher.

Leslie erinnerte sich daran, daß Rob sie ein anderes Mal über eine Stunde in einem Einkaufszentrum hatte warten lassen, nachdem er versprochen hatte, sich mit ihr zu treffen. Bei dieser Erinnerung merkte Leslie, daß das Bild weiter links war, mit mehr Farben, aber immer noch ohne Bewegung. Das Gefühl, das sie damit verband, war weicher, tiefer in ihrer Brust und weniger „fest". Sie konnte hören, wie sie innerlich mit sich debattierte, was sie tun sollte.

Die dritte Erinnerung hatte mit einer Situation zu tun, als Rob nach einer Dinner Party ein Champagnerglas nach ihr geworfen hatte. Er war betrunken, seine verbalen Äußerungen waren vor dem Wurf zunehmend gehässiger geworden. Diese Begebenheit sah Leslie direkt vor sich, unmittelbar vor ihrem Gesicht. Sie nahm die Situation wahr, als ob sie darin wäre, in natürlichen Farben und mit lebensechter Bewegung. Die Empfindung, die damit einherging, war ein Beben, das sich über den ganzen Brustraum erstreckte und scheinbar auf ihre Brust drückte. Um sich herum hörte sie Robs Stimme mit seinen Drohungen.

Nachdem sie die drei Arten von Verhalten bestimmt hatte, konnte sie die meisten anderen Begebenheiten in einen der drei Bereiche einordnen. Dies half ihr, zu sortieren und gab ihr eine neue Möglichkeit, zu beurteilen, wie sie in ihrer Beziehung behandelt wurde.

Möglicherweise werden Sie an dieser Stelle Rationalisierungen begegnen, wenn Ihre Klientin das Verhalten ihres Partners rechtfertigt. Das ist eine natürliche Tendenz, die der Frau dabei hilft, ein Gefühl von Kontrolle zu haben. Es hat zu tun mit ihrer Zuneigung für ihren Partner, ganz unabhängig davon, wie er sie behandelt hat. Vielleicht hören Sie Bemerkungen wie: „Er hätte mich nicht geschlagen, wenn ich das Essen fertig gehabt hätte." Oder: „Er hätte mir ein Geburtstagsgeschenk gebracht, wenn ich nicht letzte Nacht so gemein gewesen wäre."

Sie können diese Gelegenheit wählen, um zu bekräftigen, daß ihr Verhalten nicht seine Gewalt hervorrief und daß das Verhalten ihres Partners nicht in ihrer Kontrolle liegt. Oder Sie können sich diesmal darauf konzentrieren, ihr bewußt zu machen, was sie erlebt und auf die Rationalisierungen ein andermal eingehen.
Sie können eine nützliche Veränderung der Wahrnehmungsposition (perceptual shift) bewirken, indem Sie Ihre Klientin bitten, sich vorzustellen, daß ein Mißbrauch, den sie erlebt hat, ihrer besten Freundin von deren Mann zugefügt wird. Wahrscheinlich sieht sie die Situation dann realistischer.

3. Wenn Ihre Klientin sich wieder an die verschiedenen Beispiele, als sie verletzt wurde, erinnert, ist es wichtig, diese Erfahrung als eine Ressource zu deuten, die sie in Zukunft schützen wird. Bitten Sie sie, ein Bild oder ein Geräusch zu kreieren, das sie mit dem Gefühl, mißbraucht zu werden, verbinden kann, und das ihr helfen wird, automatisch Mißbrauchssituationen als solche zu identifizieren. Vielleicht mag sie noch ein Fragezeichen hinzunehmen als Symbol für die Situationen, die sie als mißbrauchend oder nicht identifizieren kann, und das sie daran erinnert, die Situationen Ihnen gegenüber anzusprechen. Erklären Sie ihr, daß Bewußtheit der erste Schritt ist, sich um sich selbst zu kümmern und daß sie zuerst nur darauf achten soll, was geschieht. Sie soll sich vorstellen, daß sie ein Bild oder ein Geräusch mit irgendeiner künftigen Mißbrauchsbegebenheit verbindet, damit sie sicher sein kann, daß sie bemerkt, wenn ihre Rechte verletzt werden.

Leslie wollte zuerst die Situationen, die ich sie zu identifizieren bat, „vergessen". Sie konnte keinen Sinn darin sehen, „in der Vergangenheit herumzustochern", weil sie sich in ihrem künftigen Leben auf Positives konzentrieren wollte. Allmählich merkte sie, daß ihr Leben nicht lebenswert werden konnte, solange sie in Angst und Unsicherheit lebte.
Leslie wählte für die Verhaltensweisen, als Rob sie im Einkaufszentrum warten ließ, ein „Vorfahrt gewähren"- Schild als Symbol. Es erschien als eine transparente Schicht über dem Bild, das sie von diesem Situationstyp hatte. Für das zweite Verhalten, als sie sich „emotional angegriffen" fühlte, konstruierte sie das Bild eines Pfeiles, den sie als „Geist" identifizierte, mit einer Flamme darunter. Auch dieses Bild war eine transparente Schicht über dem Bild der „Hohlkopf"-Szene. Für die dritte und körperlich gefährlichste Kategorie war Leslies Bild ein blutroter Schädel und gekreuzte Knochen. Zunächst schien der Schrecken vor dem dritten Bild so dramatisch, aber nachdem sie einige Alternativen ausprobiert hatte, entschied sie, daß dieses Bild die Essenz dieser Art von Verhalten am besten repräsentierte.

In dem Maß, wie das Bewußtsein der Klientin wächst, können Sie anfangen, alternative Reaktionen auf mißbrauchendes Verhalten anzusprechen. Gehen Sie behutsam vor. Gewalttätige Männer sind oft extrem unsicher und leicht aus der Fassung zu bringen. Eine Ehefrau, die plötzlich bestimmt ist, wird auf ihren besitzergreifenden und erschrockenen Mann wahrscheinlich bedrohlich wirken. Er könnte sie töten. Besprechen Sie sorgfältig zahlreiche Alternativen und ihre Konsequenzen, bevor ihre Klientin lang bestehende Verhaltensmuster ändert. Stellen Sie sicher, daß Ihre Klientin sich ihrer Wahlmöglichkeiten voll bewußt ist, bevor Sie sie ermuntern, in der Beziehung mit einem gefährlichen Mann offensichtliche Veränderungen zu unternehmen.

Vielleicht stellen Sie auch fest, daß Ihre Klientin sich dafür entscheidet, mit einem Partner zusammenzubleiben, den Sie für pures Gift halten. Selbst wenn eine Frau sich ihre Identität und eine gehörige Portion Selbstwertgefühl erworben zu haben scheint, wählt sie manchmal dennoch, mit einem gewalttätigen Partner verbunden zu bleiben. Manchmal ist sie überzeugt, daß er sich ändern wird; manchmal ist sie noch in die Beziehung in ihrer Phantasie verliebt; manchmal liebt sie den Mann noch. Solange sie sich bewußt ist, daß sie ihre Situation wählt und sie nicht glaubt, daß sie ihr auferlegt ist, hat sie das Potential, sie zu verändern.

Machen Sie sich vertraut mit den Ressourcen, die Frauen in Ihrem Wohnort zur Verfügung stehen. Die meisten Kommunen bieten Frauenhäuser für Frauen, die sich von gewalttätigen Partnern getrennt haben.* Einige Frauenhäuser bieten kostenlose Kurse in Erziehung, Selbstbehauptungstrainings, Selbstwert-Kurse und finanzielle Beratung. Eventuell wird für Frauen, die sich nach Arbeit umsehen, Kinderbetreuung angeboten. Frauen in Krisensituationen können sich an Sozialarbeiter wenden wegen persönlicher Betreuung. In einigen Kommunen gibt es kostengünstig rechtliche Beratung. Hilfreiche Informationen über Ressourcen für Frauen in mißbrauchenden Beziehungen bietet das Buch *Getting Free. A Handbook for Women in Abusive Relationships* von Ginny NiCarthy.[2]

* Hilfe und Unterstützung in Deutschland bieten die Vereine und Anlaufstellen: Wildwasser, Zartbitter (im Raum Köln), Frauen helfen Frauen, die Frauenbeauftragten der Kommunen, Notrufstellen für vergewaltigte Frauen. Literatur bietet der Fachverlag Donna Vita, Postfach 5, Post Husby, 24973 Ruhmark.

13 Spezielle Probleme behandeln

In vorangegangenen Kapiteln wurden Methoden aufgeführt, die Lebensbereiche Ihrer Klienten allgemein verbessern können. In diesem Kapitel sind spezielle Probleme beschrieben, denen Sie in der Arbeit mit Co-Abhängigen begegnen können, und Interventionen, die sich bei der Behandlung solcher Probleme als wirkungsvoll erwiesen haben. Hier werden Sie Methoden, die in früheren Kapiteln schon genannt wurden, für spezielle Probleme anwenden.

Depression

Co-Abhängige sind sich sehr oft ihrer Gefühle nicht bewußt. Diese fehlende Bewußtheit trägt dazu bei, daß sie sich zu wenig um sich selbst kümmern, was zu Depressionen führen kann. Zustände wie Schlafmangel, unzulängliche Ernährung, Bewegungsmangel und Streß können Depressionen verursachen. Die Prozesse in diesem Kapitel helfen Ihnen dabei, die verschiedenen Formen dieses Leidens zu identifizieren und transformieren.

Für Depressionen gibt es keine perfekte Lösung, und es sollte auch keine geben.
Das mag komisch klingen ... wir sollten froh darüber sein.
Es läßt uns menschlich bleiben. – Leslie Hazelton

Depressionen reichen von vorübergehender Traurigkeit bis zu akuten und chronischen Beschwerden. Eine Depression kann eine ernsthafte Erkrankung sein, die nicht auf die leichte Schulter genommen werden darf. Häufig ist ein vielschichtiger Zugang mit Medikamenten und Psychotherapie nötig. Die hier erwähnten Strategien helfen bei leichten bis mittleren Depressionen und können oft akute oder chronische Depressionen bessern.

In unserer „Schnellreparatur"-Gesellschaft muß man um jeden Preis vermeiden, sich traurig oder niedergeschlagen zu fühlen. Es wird erwartet, daß wir allzeit gesund, glücklich und „gut drauf" sind. Negativen Zuständen wird wenig Beachtung geschenkt. Eine Depression ist für viele ein furchterregender emotionaler Zustand, und Klienten werden Ihre Hilfe wünschen, ihn „loszuwerden". Sicherlich brauchen sie Ressourcen, um mit einer Depression umzugehen; doch unserer Meinung nach ist eine Depression „loszuwerden", ohne ihre Botschaft zu entschlüsseln und zu nutzen, kein verantwortungsbewußter Umgang mit Depressionen.

Die Botschaft hinter Depressionen

Es ist nützlich, davon auszugehen, daß eine Depression eine Botschaft hat. Indem Sie Reframing, beschrieben in Kapitel 11, anwenden, können Sie die positive Absicht einer Depression finden und erfüllen. Die Satzergänzungsmethode, die in Kapitel 7 beschrieben wurde, hilft auch dabei, die Ursache einer Depression herauszufinden.

Ihren Klienten vorzuschlagen, die Depression bereitwillig anzunehmen, statt zu vermeiden, mag riskant erscheinen. Es aber für einen begrenzten Zeitraum und mit der Einstellung eines Entdeckers zu tun, erlaubt ihnen sowohl, die Verantwortung zu übernehmen als auch, daß es ihnen Zeit gibt, deren potentielle Bedeutung zu entdecken.

Äußere Einflüsse

Jahreszeitlich bedingte Depression (SAD – *Seasonal Affective Disorder*) ist im Winter eine häufige Depressionsursache. Beinahe 10 Millionen Menschen in den Vereinigten Staaten leiden unter den dunkleren Wintertagen; sie leiden unter Lethargie, Gewichtszunahme, ziehen sich von anderen Leuten zurück und verlieren das Interesse an Sex. Das National Institute of Mental Health führt fünf Merkmale an, wenn Depressionen jahreszeitlich bedingt sind:

1. **Die Depression tritt in einem bestimmten Zeitraum von 60 Tagen auf, zwischen Anfang Oktober und Ende November.**
2. **Sie vergeht in einem bestimmten Zeitraum von 60 Tagen, zwischen Mitte/ Ende Februar bis Mitte April.**

3. **Diese Veränderungen treten jedes Jahr regelmäßig zur gleichen Zeit auf.**
4. **Jahreszeitlich bedingte Depressionen treten mehr als drei Mal so häufig auf als nicht jahreszeitlich bedingte.**
5. **Es liegen keine mildernden jahreszeitlich bedingten Streßfaktoren vor, wie im Winter arbeitslos zu sein.**

Auch wenn die Dunkelheit des Winters in allen Menschen ein Gefühl von Trägheit fördern kann, können tägliche Lichttherapie und Bewegung im Freien den Einfluß der Depression sehr mildern. Menschen, die an jahreszeitlich bedingten Depressionen leiden, sprechen innerhalb von 2 bis 4 Tagen auf Lichttherapie an, die in dem Buch *Seasons of the Mind* von Norman Rosenthal beschrieben ist.[1]

Die folgenden Techniken helfen, jahreszeitlich bedingte Depressionen zu mildern und verschaffen eine vorübergehende Erleichterung von den verkrüppelnden Auswirkungen einer nicht jahreszeitlich bedingten Depression.

Depressionen transformieren

„Ich fühle mich, als wäre ich in einem schwarzen Loch."

„Alles ist flach."

„Ich befinde mich in einem Nebel."

„Ich fühle mich zu schwer und langsam, um mich zu bewegen."

„Ich möchte in ein Loch kriechen und sterben."

Bemerkungen wie diese können ganz wörtlich die Gedanken eines depressiven Menschen beschreiben. Wenn Sie ihn fragen, wie seine innere Repräsentation der Depression ist, d.h. welche Bilder, Geräusche oder Gefühle damit verbunden sind, wird er Ihnen wahrscheinlich sagen, daß er am Grund eines tiefen schwarzen Brunnens ist oder daß er sich von dichtem Nebel umgeben sieht. Vielleicht fühlt er sich auch wie unter einem schweren Gewicht.

Unsere *internale Repräsentationen* (die Bilder, Geräusche und Gefühle, die wir innerlich erzeugen) beeinflussen unsere *inneren Zustände* (unsere Stimmung) und unser äußeres Verhalten (wie wir handeln, stehen, atmen, gehen). Unser *äußeres Verhalten* beeinflußt unseren inneren Zustand und unsere internale Repräsentation. Deshalb können Sie auf zwei Arten Ihren Klienten helfen, die inneren Zustände der Depression zu verändern: die Klienten können die Bilder, Geräusche und Gefühle, die sie erleben, verändern oder Sie können ihnen helfen, ihre Körperhaltung, Stimme und Bewegungen zu verändern.

Internale Repräsentationen ändern

„Ich sehe keinen Ausweg“, erklärt Phil. „Es fühlt sich so überwältigend und schwer an.“

Phil erzählt Ihnen gerade, daß er keine Zukunft sieht, ein Nichts hinter seiner Depression und daß er ein Gewicht spürt, das ihn nach unten drückt. Wenn er „Licht am Ende des Tunnels sehen“ oder seine Bilder „aufhellen“ kann, wird das seine „Last erleichtern“ (Wortspiel im Englischen ‚light at the end of the tunnel‘ und ‚brighten up‘ sind visuelle Ausdrücke; ‚lighten his load‘ kinästhetisch mit Anspielung auf ‚light‘: Licht und leicht. Anm.d.Ü.)

Depressionen transformieren – Schritte

1. Bitten Sie Ihren Klienten zu beschreiben, wie seine Depression aussieht, wie sie klingt und welche Gestalt und Beschaffenheit sie hat. Lassen Sie ihn diese Repräsentation in seine Hand nehmen und anschauen, fühlen, hören.

2. Wenn die Merkmale bestimmt sind, lassen Sie ihn z.B. die visuelle Repräsentation verändern: die Farbe heller, bunter machen. Fragen Sie ihn, ob sich das Geräusch oder das Gefühl dadurch ebenfalls ändert. Wenn die Farbänderung sich auch auf das Geräusch und Gefühl auswirkt, fragen Sie ihn, wie es ihm jetzt bezüglich seiner Depression geht.

3. Wenn die Farbveränderung sich nicht positiv auf das Geräusch oder Gefühl des Bildes auswirkt, lassen Sie ihn das Geräusch angenehmer machen und stellen Sie fest, ob das die Farbe und das Gefühl verändert; oder probieren Sie, ihn die Beschaffenheit und Form des Bildes verändern zu lassen und prüfen Sie, ob eine Veränderung der Farbe und/oder des Geräusches damit einhergeht.

4. Wenn eine positive Veränderung in allen drei Bereichen, Farbe, Geräusch und Form, erreicht ist, lassen Sie ihn die Repräsentation wieder nach innen nehmen.

Diese Technik kann das Gefühl von Traurigkeit in Momente der Hoffnung transformieren, und Ihr Klient kann diese einfache Übung immer machen, wenn er seinen Zustand unterbrechen will.

Äußeres Verhalten verändern

Eine andere Möglichkeit, die Macht Ihres Klienten über seinen eigenen Zustand zu demonstrieren, ist, seine Physiologie zu verändern.

Depression mit der Physiologie verändern – Schritte

1. Bitten Sie Ihren Klienten, daran zu denken, wie depressiv er ist und nehmen Sie wahr, wie er dabei auf dem Stuhl sitzt. Höchstwahrscheinlich wird er tief in seinen Stuhl gerutscht sein, seinen Blick gesenkt halten und häufig seufzen. Fragen Sie ihn, was er innerlich sieht, hört und fühlt. Achten Sie auf seine Beobachtungen.

2. Lassen Sie ihn weiterhin daran denken, wie deprimiert er ist, während er seinen Rücken aufrichtet, sein Kinn hebt, an die Decke blickt, seine Hände über seinen Kopf hebt und tief atmet. Fragen Sie ihn, was er nun innerlich sieht, fühlt und hört.

Menschen, die ihre Physiologie auf diese Art veränderten, meinten:

„Ich fühle, daß ich meine Gefühle mehr beeinflussen kann."

„Ich fühle mich jetzt obenauf."

„Ich sehe mehr Licht."

„Die Depression ist nicht mehr so überwältigend."

„Die Dinge sind wieder im Fluß."

Die Veränderung der Körperhaltung von zusammengesunken zu aufrecht ist im wahrsten Sinn des Wortes erhebend.

Laufen, springen, tanzen und Sport beeinflussen ebenfalls den inneren Zustand.

Ihr Klient kann zeitweilig auch seine Stimmung verändern, indem er ein fröhliches Lied singt oder summt. Das Mickymaus-Thema ist sehr wirkungsvoll. Brüllen wie ein Löwe, schreien, lachen oder singen wirken auf die Endorphine im Körper und bringen Menschen dazu, energetischer und optimistischer zu sein.

Wenn Ihr Klient verschiedene Möglichkeiten hat, seine Stimmungen zu verändern, wird eine Depression nicht so bedrohlich sein.

Phobien, Ängste, post-traumatischer Streß

Wenn ein Co-Abhängiger auch noch eine Phobie, eine irrationale Angst oder ein post-traumatisches Streß-Syndrom hat, wird sein Behandlungsablauf noch komplexer. Wenn Sie eine Möglichkeit haben, deren Wirkung zu reduzieren, werden Sie direkter an den zugrunde liegenden Selbstwert-Themen arbeiten können. Die folgenden Beispiele und die Strategie bieten eine Möglichkeit, den Einfluß dieser Beschwerden zu lindern.

Bud ist „lebenslänglich" in der Armee. Er geht gern mit seinen zwei Söhnen auf die Jagd und zum Angeln; aber seine Angst vor Schlangen ist so massiv, daß es ihm peinlich ist und er viele dieser Vergnügungen meidet.

Janes Höhenangst ist für ihren Mann und ihre Kinder ärgerlich, für sie selbst frustrierend. Wenn sie im Urlaub in die Berge fahren, kann sie nicht aus dem Auto steigen, um sich die Gegend anzuschauen.

Lance ist seit 15 Jahren nicht im Urlaub gewesen. Er behauptet, er habe in seiner Anwaltskanzlei zu viel zu tun, gesteht aber seinem Therapeuten, daß er panische Angst hat, in ein Flugzeug zu steigen.

Bud, Jane und Lance überwanden ihre Beschränkung in einer Sitzung mit der NLP Phobie-Technik, eine der dramatischsten und erfolgreichsten Techniken, die wir kennen. In 80% der Fälle wird sie eine einfache Phobie in einer Sitzung beseitigen und sie kann die Besserungsrate bei Agoraphobie beschleunigen.

Die Phobie-Technik verändert die internale Repräsentation der Phobie. Diese Übung ähnelt dem Trauma-Zerstörer in Kapitel 9, der noch zwei zusätzliche Schritte hat.

Phobie-Technik – Überblick

1. **Stellen Sie sich vor, Sie sitzen in Ihrem Lieblingskino.**
2. **Sehen Sie sich selbst auf einem Schwarzweißdia auf der Leinwand, in Sicherheit, vor dem phobischen Erlebnis.**
3. **Stellen Sie sich vor, aus Ihrem Körper im Kinositz heraus und in den Vorführraum zu schweben und dort hinter einer Plexiglasscheibe neben dem Projektor zu sitzen.**
4. **Im Projektor ist ein Schwarzweißfilm von Ihnen, der zeigt, wie Sie den Reiz, der die Phobie auslöst, erleben.**
5. **Beobachten Sie, wie das Selbst auf der Leinwand dieses Ereignis durchlebt.**
6. **Wenn der Film vorüber ist, kehren Sie in Ihren Körper im Kinositz zurück; begeben Sie sich dann in Ihren Körper auf der Leinwand. Während Sie das tun, läuft der Film ganz schnell rückwärts, in Farbe, Sie im Film.**

Phobie-Technik – Barbaras und Stans Geschichte

Die Moderatorin in einer Talk Show eines lokalen Radiosenders wußte, daß ich regelmäßig mit Phobien arbeite und bat mich, über die ungewöhnlichen Dinge zu sprechen, vor denen sich Leute fürchteten. Ich schlug vor, daß sie statt dessen Hörer mit einer Höhenphobie einlud, Versuchskaninchen eines Experiments zu sein. Da das Studio im 23. Stockwerk eines Bürogebäudes war, würde es leicht sein, das Ausmaß der Angst und die Wirkung der Technik zu testen. Es wurden zwei Interessenten eingeladen und aufgefordert, sich mit mir im Studio zu treffen.

Die Angestellten in der Rundfunkstation waren Zeugen, und wir testeten zuerst, wie stark die Höhenphobie der beiden war. Weder Stan, ein 39jähriger Verkäufer, noch Barbara, eine 52jährige Hausfrau, konnten näher als anderthalb Meter an die hüfthohen Fenster, die Aussicht auf die Stadt boten, herangehen. Sogar im Abstand von anderthalb Metern wurden sie noch blaß, ihre Hände wurden feucht und der Herzschlag beschleunigte sich.

Die Moderatorin interviewte sie dann in der Sendung. Stan hatte Höhenangst seit jeher, und Barbara merkte an, daß sich ihre Phobie mit zunehmendem Alter verstärkt hatte. Anrufer hatten Mitgefühl mit beiden und erzählten, wie sie selbst in Aufzügen mit Fenstern erstarrten, auf Brücken verlegen wurden oder von Familienmitgliedern wegen ihrer Ängste schikaniert wurden.

Als die Moderatorin auf andere Themen zu sprechen kam und ihren Zuhörern mitteilte, daß wir in einer Stunde mit einem angstfreien Stan und einer furchtlosen Barbara zurück sein würden, ging ich mit ihnen in ein Büro, das uns dafür zur Verfügung gestellt wurde. Ich arbeitete zuerst mit Barbara. Ich fragte sie, wie sie sich fühlen wollte, wenn sie im 23. Stock aus dem Fenster schaut. Sie sagte, sie wolle sich sicher, neugierig und distanziert fühlen.

„Gut, dann lassen Sie uns das machen", sagte ich.

Ich gab Barbara folgende Anweisungen:

Phobie-Technik – Schritte mit Beispiel

1. Stellen Sie sich vor, Sie sitzen in Ihrem Lieblingskino. Sie können das Gewebe des Stoffs auf Ihrem Stuhl spüren, riechen, wie der Geruch von Popcorn durch die Luft zieht, und Sie sehen eine große Leinwand vor sich. Sie fühlen sich sehr behaglich.

2. Sehen Sie sich selbst in einem schwarzweiß-Dia auf der Leinwand, in Sicherheit, vor dem phobischen Erlebnis.
Barbara nickte und blickte auf die Stelle im Raum, wo sie sich die Leinwand vorstellte.

3. Stellen Sie sich vor, daß Sie aus Ihrem Körper im Kinositz heraus- und in den Vorführraum hineinschweben und dort hinter einer Plexiglaswand neben dem Projektor sitzen.
Ich steigerte Barbaras Sicherheitsgefühl, indem ich neben ihr saß, als ich ihr die Instruktionen gab. Ich erklärte ihr, daß ich mit ihr im Vorführraum wäre und daß wir beide in Sicherheit wären, während wir einen Film anschauen, der gezeigt werden sollte. Ich berührte sie beruhigend am Arm, um ihre Sicherheit und meine Anwesenheit zu ankern.
Ihre Gesichtsmuskeln waren entspannt und sie atmete regelmäßig, ich setzte meine Arbeit fort.

4. Im Projektor ist ein Schwarzweißfilm von Ihnen, der zeigt, wie Sie den Reiz, der die phobische Reaktion auslöst, erleben.
„In einem Moment, Barbara, können Sie hinlangen und den Projektor einschalten. Es ist ein Schwarzweißfilm eingelegt, der zeigt, wie Sie das Haus verlassen, in die Berge fahren, aus dem Auto aussteigen und über den Rand eines umzäunten Berghügels schauen. Sie steigen dann wieder ins Auto, fahren nach Hause und kehren zu Ihrer sicheren Umgebung zurück."

5. Schalten Sie nun den Projektor ein, und schauen Sie hier mit mir an Ihrer Seite das Selbst auf der Leinwand an, wie es dieses Ereignis erlebt. Sie können sich sicher und distanziert fühlen, während Sie zuschauen.
Als sie den Film anschaute, beobachtete ich sie aufmerksam, um sicherzustellen, daß sie sich im Vorführraum sicher fühlte, distanziert von der Barbara im Film. Als sie andeutete, daß Sie am Ende angelangt war, fuhr ich mit meinen Instruktionen fort.

6. Wenn Sie am Ende des Filmes angekommen sind, hört er mit dem letzten Bild auf (auf dem Sie wieder in Ihrer sicheren Umgebung sind). Wenn der Film vorüber ist, schweben Sie in Ihren Körper im Kinositz zurück und gehen dann in Ihren Körper auf der Leinwand. Während Sie das tun, läuft der Film mit Ihnen sehr schnell und in Farbe rückwärts. Sie hören, wie die Musik rückwärts spielt, sehen, wie die Dinge um Sie herum rückwärts laufen und fühlen sich zum Anfang zurückgezogen.
Barbara nickte und ich beobachtete sie, wie sie die Anweisungen befolgte. Ich sah, daß ihr Kopf leicht zuckte, als sie sich vorstellte, rückwärts durch das Ereignis zum Anfang gezogen zu werden. Der Teil schien länger zu dauern, als mir wirkungsvoll erschien, deshalb bat ich sie, an das Ende des Films zu gehen, wieder hineinzusteigen und ihn mit sich noch einmal in ein bis zwei Sekunden rückwärts laufen zu lassen. Ich atmete durch meine geschürzten Lippen ein, um das Geräusch und die Zeitdauer anzudeuten, die für die richtige Durchführung nötig sind. Sie stellte es sich noch einmal in wenigen Sekunden vor. Ich sah, wie sie sich nach dieser letzten Erfahrung entspannte.
„Wie fühlen Sie sich?"
„Gut", sagte sie verdutzt.
„Würden Sie jetzt gern aus dem Fenster schauen?"
„Ich weiß nicht. Ich habe gar kein Gefühl dazu. Ich schätze, ich bin bereit, es auszuprobieren."
Wir gingen aus dem Büro auf ein Fenster zu. Sie ging langsam darauf zu, vorbei an der anderthalb Meter-Marke, bei jedem Schritt überrascht. „Das ist merkwürdig!" rief sie aus, als sie sich auf das Fensterbrett lehnte und hinunterblickte. „Ich kann es nicht glauben. Es macht Spaß zu sehen, wie sich die Leute und die Autos da unten wie Ameisen bewegen!"
Stan beobachtete sie, und schaute uns beide an, als ob wir von Sinnen wären. Als nächstes arbeitete ich mit ihm. Fünfzehn Minuten später schüttelte er ungläubig seinen Kopf, als er über die Stadt blickte. „Das ist großartig. Ich kann gar nicht erwarten, es meiner Frau zu erzählen. Die wird das nie glauben."
Wieder auf Sendung waren die Moderatoren erstaunt, als Stan und Barbara aufgeregt im Studio herumwuselten und lachend aus jedem Fenster blickten und so das Ergebnis unserer kurzen Zeit miteinander demonstrierten.

Bei schweren Phobien kann es notwendig sein, den Prozeß mehrfach zu wiederholen. Wenn das der Fall ist, tun Sie es.

Stellen Sie sicher, daß Ihr Klient die Anweisungen versteht, bevor Sie anfangen. Achten Sie auf seine physiologischen Reaktionen, während er den Film anschaut. Wenn er sich nach vorn lehnt, seine Atmung sich verstärkt, er errötet oder seine Muskeln anspannt, ist er wahrscheinlich mit dem Geschehen im Film assoziiert. Unterbrechen Sie und lassen Sie ihn stärker dissoziieren, indem er den Film noch einmal von vorn laufen läßt und ihn nach den Vorschlägen, die in Kapitel 9 beim Trauma -Zerstörer aufgeführt sind, verändert.

Ängste

Angst ist die Reaktion des Körpers auf unterbewußte Sorgen. Co-Abhängige leiden oft unter frei flotierenden Ängsten. Wenn sie ins Bewußtsein gebracht werden, können sie häufig reduziert oder aufgelöst werden. Die Satzergänzungsmethode, beschrieben in Kapitel 7, bietet eine Möglichkeit, unterbewußte Kommunikation aufzudecken. Andere Prozesse wären z.B. die Veränderung von Submodalitäten, beschrieben unter „Depressionen transformieren“, die „positive Absicht“ finden, „Körperbewußtsein und Wertschätzung des Körpers“.

Nun eine weitere Möglichkeit, die Ihrem Klienten helfen wird, seine Ängste in den Griff zu bekommen.

Angst-Auflöser

1. Bitten Sie Ihren Klienten, die Empfindungen, die mit der Angst einhergehen, zu beschreiben.

2. Als nächstes soll er den Gefühlen Form und Farbe geben, dann ein Geräusch hinzufügen, das zu den Empfindungen paßt. Lassen Sie ihn diese Repräsentation aus seinem Körper herausnehmen und vor sich plazieren.

3. Lassen Sie ihn die Farbe und das Geräusch so verwandeln, daß sie auf ihn beruhigend wirken. Wenn die Änderung der Farbe auch das Geräusch verändert, oder die Änderung des Geräusches sich auch auf die Form oder Farbe auswirkt, fragen Sie den Klienten, wie sich seine Gefühle verändert haben. Wenn er sich ruhiger fühlt, soll er die transformierte Repräsentation in seinen Körper hineinnehmen. Wenn ihm die resultierende Empfindung gefällt, erinnern Sie ihn daran, den Prozeß wenn nötig immer anzuwenden. Wenn die Repräsentation nicht angenehmer ist, soll er sie wieder nach außen vor sich plazieren und die Geräusche und Farben so lange verändern, bis er einen Zustand erreicht, der für ihn besser ist.

Angst – Sprache und Erfahrung

Ein beunruhigender Aspekt von Angst ist, daß sich der Mensch außer Kontrolle fühlt. Ihm geschieht etwas, das er nicht versteht, und er fühlt sich hilflos im Griff der Angst. Achten Sie darauf, wie er über sie spricht. Vielleicht stellen Sie fest, daß seine Worte diesen Glauben widerspiegeln:

„Sie überfällt mich ohne Vorwarnung."

„Ich habe Angst, daß sie mir einen Herzinfarkt verursacht."

„Ich kann sie nicht kontrollieren."

Bitten Sie Ihren Klienten, die mit der Angst einhergehenden Empfindungen zu beschreiben. Als nächstes soll er diese Manifestationen so beschreiben, als ob er sie erzeugt. Zum Beispiel:

„Ich lasse mein Herz schneller und schneller schlagen."

„Ich enge meine Brust ein."

„Ich lasse mich schnell atmen."

Vielleicht stellt er fest, daß er seinen Körper stärker unter Kontrolle hat, wenn er beschreibt, was er tut. Dieser Prozeß kann auch das Bewußtsein über die Quelle der Spannung erhöhen.

Unsere Sprache *reflektiert* und *beeinflußt* unseren geistigen Zustand. Wenn wir die Art, wie wir über unsere Empfindungen sprechen, verändern, verändern wir unsere Empfindungen selbst.

Zwänge und Suchtverhalten

„Ich merke, wie ich immer erregter werde, wenn ich an meinen nächsten Drink denke. Es ist so ähnlich wie bei der ersten Fahrt in der Achterbahn. Wenn man erst einmal darin ist, gibt es keine andere Möglichkeit, als sich von der Schwerkraft nach unten tragen zu lassen. Man kann nun einmal nicht mehr aussteigen, wenn man merkt, daß man auf dem Weg nach oben ist. Dann hat man sich schon verpflichtet. Oh, ich verspreche mir selbst wirklich morgens, daß ich nicht trinken werde, aber wenn ich erst einmal daran denke, übernimmt der Autopilot die Regie. Es ist nur eine Frage der Zeit. Wann werde ich allein sein? Wann werde ich Zugriff auf eine Flasche haben? Wann werde ich genug geleistet haben, um eine Belohnung zu verdienen? Bald."

Julia beschreibt den Blick von innen bei einer ernsten Sucht. Sie könnte genauso leicht eine Reihe von Aktivitäten oder Substanzen beschreiben. Sie könnte ihre nächste Zigarette vorwegnehmen, ein Aerobic-Training, eine Verabredung, einen

Tag im Büro, eine sexuelle Begegnung, einen Dope, eine Süßigkeit oder das Anziehen anderer Kleidung. Was immer es ist, es kontrolliert ihr Leben und sie richtet ihren Zeitplan so ein, daß sie es unterbringt. Sie ist besessen von seiner Existenz. Ihre Gedanken kreisen darum, es zu kontrollieren: vermeiden oder bekommen.

Süchte/Zwänge wurden definiert als etwas, worüber man keine Kontrolle hat, etwas, das man tun muß, etwas, weswegen man lügt, oder, nach dem Doubleday-Wörterbuch, als „ein unwiderstehlicher Drang, eine Handlung auszuführen ohne rationalen Zweck". Zwänge reichen in ihrem Ausmaß von leicht ärgerlich – den rechten Schuh zuerst anziehen müssen – bis zu extrem behindernd – jeden Morgen, bevor man das Haus verläßt, alle Kleider im Schrank bügeln zu müssen. Co-Abhängige kümmern sich beispielsweise zwanghaft um andere Menschen oder kontrollieren sie, und zusätzlich überessen sie sich, rauchen, sind extrem religiös, arbeiten zwanghaft usw.

Einer der schwierigsten Aspekte bei der Arbeit an Zwängen ist, daß sie den Klienten scheinbar von innen her kontrollieren. Der Zwang ist wie ein rebellisches Kind, das auf die Forderung aufzuhören, antwortet: „Wetten?" Je stärker der Wille einer Person ist, mit einem Zwang aufzuhören, desto stärker ist der Drang weiterzumachen, und so kommt es im Klienten zum Bürgerkrieg. Je festgefahrener eine Seite ist, desto schwieriger ist es, irgendeine zu bewegen.

Wie auch jedes andere Verhalten haben Zwänge eine positive Absicht. Obwohl sich Ihre Klientin dieser Vorstellung wahrscheinlich widersetzt, hilft sie ihr doch, aus der Sackgasse herauszukommen, wenn Sie ihr helfen, die positive Absicht wahrzunehmen. Überessen kann beispielsweise mehrere positive Absichten erfüllen: es bietet der Klientin eine Möglichkeit, sich zu trösten; es ist etwas, das sie für sich selbst tun kann, wobei sie keine Unterstützung oder kein Opfer von anderen braucht; Essen gibt ihr ein Gefühl von Erfülltsein, wenn sie sich bedürftig oder leer fühlt, Erfülltsein, das sie nicht durch emotionale Unterstützung bekommen kann; Essen bietet durch Geschmack und Beschaffenheit ein breites Spektrum an Genuß, wie nur wenige andere Aktivitäten; übergewichtig zu sein schützt sie davor, sexuell attraktiv sein zu müssen und vor den Risiken, die mit sexuellen Begegnungen verbunden sind; eine Fettschicht isoliert sie davon, anderen entweder emotional oder körperlich nahe sein zu müssen und hält sie warm; dicke Menschen gelten als ungefährlich und fröhlich; dicke Menschen sind nicht bedrohlich und sie werden ohne Beweis ihrer Kompetenz akzeptiert; dicke Menschen sind angenehm zu umarmen und können eine Umarmung annehmen, ohne ihr Selbst, das innen versteckt ist, bloßzustellen.

Um mit der Arbeit an einer unerwünschten Zwangshandlung zu beginnen, ist es entscheidend, daß Ihre Klientin ihre positive Absicht aufdeckt, und dem „zwanghaften“ Teil dafür dankt, daß er so wirksam diese Bedürfnisse erfüllte (siehe Wertschätzung von Teilen – Kapitel 7). Die Aufrichtigkeit Ihrer Klientin bezüglich der Wertschätzung des Teils mag an diesem Punkt gezwungen sein. Seien Sie ausdauernd. Sie muß diesen Teil aufrichtig wertschätzen, sonst wird er mit nichts, was Sie tun, kooperieren. An dieser Stelle ist es auch hilfreich, Affirmationen vorzustellen für die Liebe Ihrer Klientin zu sich selbst, so wie sie ist. Die meisten Klienten mit Zwangsverhalten reservieren ihre Selbstbejahung für die Zeit, wenn sie ihre Zwangshandlungen überwunden haben, und verfestigen so das unerwünschte Verhalten.

Zwangshandlungen können geheilt werden, indem man alternative Verhaltensweisen findet, die dieselben positiven Absichten erfüllen wie die Zwangshandlung und diese Verhaltensweisen in einer Fülle von Kontexten einübt. (Siehe Reframing – Kapitel 11.) Im Fall von Überessen sind die positiven Absichten so komplex und umfassend, daß zahlreiche Alternativen benötigt werden.

Zusätzlich hilft es, derzeit akzeptable Verhaltensweisen zu identifizieren, die Ihrer Klientin „angemessen“ erscheinen – z.B. Zähne putzen oder ins Kino gehen. Untersuchen Sie, wie die Motivation, diese angemessenen Verhaltensweisen auszuführen, sich von den Motiven, dem Zwang nachzugeben, unterscheidet. Experimentieren Sie damit, die internale Repräsentation des Zwangsverhaltens in die eines erwünschten Verhaltens zu verändern. Wenn sich die Klientin beispielsweise eines hellen Bildes einer Zigarette bewußt ist, die sie zum Mund führt, unmittelbar bevor sie den Drang verspürt, sich eine anzuzünden, könnten Sie damit experimentieren, das Bild der Zigarette durch einen Strohhalm in einem Glas Fruchtsaft oder durch einen Kaugummi zu ersetzen. Das Bild eines Sonnenuntergangs wäre wahrscheinlich nicht wirksam, da es keine Möglichkeit bietet, die „Berührungs“-Komponente des Rauchens zu erfüllen. „Reiz-Substituierungen“ wie diese wirken meist am besten, wenn sie mit anderen Interventionen einhergehen wie z.B. dem Herausfinden der sekundären Gewinne der Zwangshandlungen und wie diese Bedürfnisse ebenfalls befriedigt werden können.

Es kann sehr hilfreich sein, mit der Klientin die externalen zwangauslösenden Stimuli zu identifizieren, denen sie häufig begegnet – beispielsweise: Freunde, die ebenfalls Drogen nehmen, die Telefonzelle, von der aus sie ihren Dealer anruft, Drogenzubehör, und Gerüche, die sie mit der Droge oder dem Essen verbindet – und dann diese Reize durch das Verketten von Ankern in das Gefühl von Gleichgültigkeit oder Abscheu zu verwandeln. (Siehe Verketten von Ankern – Kapitel 3.)

Ermuntern und unterstützen Sie kleine Erfolge. Ihre Klientin wird dazu neigen, jeden „Ausrutscher" als Versagen zu sehen. Helfen Sie ihr, das große Bild zu sehen und verstärken Sie alle kleinen Veränderungen. Fokussieren Sie sich hauptsächlich darauf, daß die Bedürfnisse Ihrer Klientin erfüllt werden. Denn wenn die Änderung des Zwangsverhalten dazu führt, daß die Klientin fühlt, daß ihr etwas fehlt, wird das Zwangsverhalten wieder auftreten.

Weil Zwänge so komplex, wahrscheinlich in allen Repräsentationssystemen kodiert sind und sich gewöhnlich schon über einen langen Zeitraum erstrecken, sind eine Reihe von Interventionen nötig, bis die Zwänge sich schließlich verändern. Es ist beispielsweise wahrscheinlich, daß die Zwangshandlung mit der Identität der Klientin verwoben ist. „Ich bin ein dicker Mensch; ich bin schon immer dick. Meine Familie würde mich nicht erkennen, wenn ich abnehmen würde. Natürlich schwimme ich nicht. Stellen Sie sich mich mal in einem Badeanzug vor!" Sie werden auch die Hinweise auf den Sekundärgewinn in der Aussage erkennen. Sie wissen vielleicht nicht, daß die Mutter der Klientin ebenfalls übergewichtig ist, und daß die Klientin es als respektlos empfinden würde, schlank zu werden. Oder die Mutter der Klientin ist schlank, und das Übergewicht ist die einzige Möglichkeit, Mutters Aufmerksamkeit zu bekommen. Die Klientin kann eine ganze Menge von Glaubenssätzen haben, die ihren Kampf mit ihrem Gewicht verlängern: dünne Menschen sind ärgerlich und frustriert; dicke Menschen sind freundlich und lustig; Leute über 30 ändern sich nicht; mein Mann würde wieder versuchen, mich zu berühren, wenn ich schlank wäre; es hat keinen Sinn, es zu versuchen. (Siehe Veränderung von Glaubenssätzen – Kapitel 6.)

Wenn Sie an Zwängen arbeiten, empfehlen wir Ihnen, zuerst am Selbstgefühl des Klienten zu arbeiten. Ein schwaches Selbstwertgefühl des Klienten sabotiert beinahe alle möglichen Interventionen. Die Strategien zur Heilung des inneren Kindes (Kapitel 9) werden Ihnen zustatten kommen bei allen Zwangsverhalten. Reframing, Anker verketten und die Veränderung von Glaubenssätzen werden im Verlauf der Arbeit hilfreiche Techniken sein. Unterstützen und ermuntern Sie Ihre Klienten fortwährend. Denken Sie daran, Ihrem Klienten immer wieder zu sagen, daß er das Verhalten als die beste Wahlmöglichkeit, die ihm zum damaligen Zeitpunkt möglich war, entwickelte und daß es bestimmte positive Absichten erfüllte. Für die Heilung des Zwangsverhaltens ist es entscheidend, daß zwischen dem Klienten und dem Zwang Frieden herrscht.

Wenn Sie mit den Übungen dieses Buches vertraut werden, werden Sie sie zweifellos in einer Kombination und einer Reihenfolge anwenden, die Ihrem persönlichen Stil entsprechen und sowohl das Syndrom im Zusammenhang mit Co-Abhängigkeit als auch bestimmte Probleme lösen. Wir stellten fest, daß die beschriebenen Prozesse in so vielen Kontexten nützlich waren, daß wir versucht sind, Ihnen zu empfehlen, mehrere davon bei einem bestimmten Problem auszuprobieren – aber wir überlassen das Ihrer Imagination.

14 Ihren Klienten Aufgaben stellen

Es genügt nicht, sich zu beschäftigen .... die Frage ist:
Womit beschäftigen wir uns?
– Henry David Thoreau

Tonys Geschichte

John Grinder erzählte die Geschichte von Tony, einem jungen Mann, der unbedingt eine Freundin haben wollte. Jedesmal jedoch, wenn Tony sich in Gesellschaft einer geeigneten Dame befand, wurde sein Mund trocken, seine Hände feucht und seine Gedanken gerieten durcheinander. Er geriet in Panik und lief davon, aus Angst, sich lächerlich zu machen.

Statt das Thema offen anzugehen, entschied sich John dafür, Tony eine Aufgabe zu stellen und das Problem so zu behandeln. Er bat Tony, ihm bei einer Umfrage zu helfen, bevor sie an seinem Beziehungsproblem arbeiteten. John dachte sich für Tony die Aufgabe aus, vor der Tür eines Kaufhauses zu stehen und junge Frauen im Alter zwischen 18 und 25 über ihre Wahl von Feuchtigkeitscremes zu interviewen. John gab ihm einen Fragebogen und eine Zielgröße, wie viele Frauen er pro Stunde zu befragen hatte. Wie John geplant hatte, befragte Tony am ersten Tag ohne Anstrengung zwischen 25 und 30 Frauen und eine ähnliche Anzahl an den folgenden drei Tagen. Als er die fertigen Fragebogen an John zurückgab, berichtete Tony, daß er keine Schwierigkeiten hatte, mit den jungen Frauen vor dem Kaufhaus zu sprechen. John bedankte sich für seine Hilfe und schickte ihn weg. Als Tony fragte, wann sie an seinem ursprünglichen Thema arbeiten würden, antwortete John: „Das haben wir bereits. Sie sind letzte Woche mühelos beinahe 100 Frauen begegnet und haben mit ihnen gesprochen."

Der Sinn von Aufgaben

Das Ziel von Aufgaben ist, die bewußten Widerstände oder Ängste des Klienten zu „umgehen“, indem man ihm eine Aufgabe stellt, deren Ausführung die Bewältigung des Problems beweisen wird. Weil das Unbewußte so rasch auf Metaphern reagiert, sind Aufgaben, die metaphorisch mit dem Thema zu tun haben, am wirkungsvollsten und für den bewußten Verstand schwieriger zu „sabotieren“.

Larrys Geschichte – Impotenz behandeln

Ein Mann kam wegen Impotenz zu mir. In mehreren Sitzungen mit Larry trat sein Problem mit Kontrolle zutage. Seine Lebensziele waren z.B. auf einer einzigen Seite aufgelistet, und auf den folgenden Seiten wurde jedes ausführlicher beschrieben. Larry begann seinen Tagesablauf jeden Tag damit, diese Punkte durchzugehen. Sie regierten alles, von seinen Zielen in seiner Beziehung bis zu seiner Gesundheit. Er ernährte sich äußerst gesundheitsbewußt – kein Alkohol, kein Koffein, keine Milchprodukte, kein Fleisch, keinen Fisch, kein Geflügel, keine Süßigkeiten und keinen Kuchen. Er hatte vor, sich sein Zahnpastalächeln zu erhalten, und zu diesem Zweck reinigte er seine Zähne zweimal täglich mit Zahnseide, ganz abgesehen davon, daß er Zucker mied. Um seine Haut zu schützen, vermied er es so sehr, sich Sonnenbestrahlung auszusetzen, daß er selbst am Strand ein langärmeliges Hemd, lange Hosen und einen Hut trug.

Als Sohn eines Berufsoffiziers bei der Marine hatte Larry eine Militärakademie besucht, die sich auf die Einhaltung von Disziplin konzentrierte. Wie es nicht verwunderlich war, zeigte sich Larrys Beherrschtheit in seinem Verhalten und seinen Gesprächen. Schwache oder unfähige Menschen machten ihn wütend, und er betrachtete jede Aktivität, die nicht seinen Lebenszielen nutzte, als Zeitverschwendung. Er hatte nichts übrig für Bedürftigkeit oder Unwissenheit.

Es schien mir vorhersagbar, ja geradezu angemessen, daß Larry sich als impotent erlebte, als er versuchte, mit einer Frau zu schlafen, die er als seine mögliche Ehefrau betrachtete. (Er hätte nie daran gedacht, eine Frau zu berühren, die dieser Qualifikation nicht entsprochen hätte.) Es kam mir so vor, als hätte Larrys Unterbewußtsein die Nase voll von all der Reglementierung und als hätte es eine geniale Möglichkeit gewählt, dies Larry mitzuteilen. Obwohl Larry den Fettgehalt seiner Ernährung und die Höhe seines Bankkontos absolut kontrollieren konnte, konnte er eine Erektion nicht durch reine Willenskraft aufrechterhalten. Sobald er potent sein sollte, schwand seine Erektion. Teilweise hielt Larry seine Partnerin für verantwortlich, doch weil er ein Mensch war, der die Verantwortung übernahm, beschloß er, in Therapie zu gehen, um das zu beheben.

Hätte ich Larry meine Einschätzung seiner Situation mitgeteilt, hätte das wahrscheinlich sein Kontrollproblem noch verschlimmert und ihn angestachelt, noch mehr Willenskraft aufzuwenden, um sein Problem zu besiegen. Da ich wußte, daß Larry Besuch von der Frau erwartete, mit der er liiert war, folgte (pacing) ich zunächst seiner Neigung, Autoritäten zu gehorchen. Ich wies ihn an, während ihres Besuchs nicht mit seiner Freundin zu schlafen. Ich schlug vor, seine Zärtlichkeiten mit ihr auf Liebkosungen über der Gürtellinie und Massagen zu beschränken. Während des Besuchs rief Larry an und sagte, daß er sicher sei, daß er den Verkehr vollziehen könne; ob er es bitte versuchen dürfe! In der Hoffnung, daß er erstmals in seinem Leben eine Regel übertreten würde, blieb ich hart und sagte nein. (Mittlerweile war ich davon überzeugt, daß Larrys Unterbewußtsein es brauchte, daß er auf seine eigenen spontanen Bedürfnisse achtete und danach handelte trotz einer Regel.) Ich wies Larry weiterhin an, einige geräucherte Austern zu kaufen, weil ich mich an seine frühere Anspielung auf die ihnen zugeschriebene aphrodisierende Wirkung erinnerte, und sie mit seiner Geliebten zu essen. Dies würde seinen Ernährungsregeln zuwiderlaufen. Damit versetzte ich Larry in einen Double-Bind. Um meinen Anweisungen zu folgen, mußte er seinen Regeln zuwiderhandeln.

In der nächsten Sitzung berichtete Larry, daß er widerwillig drei Austern gegessen habe, „als ob sie in Arsen getränkt gewesen wären". In dieser Nacht hatte er mit seiner Freundin den Geschlechtsakt befriedigend erlebt.

Karens Geschichte – Ein Trauma überwinden

Nach einer Abtreibung befand sich Karen in einem Schockzustand. Sie hatte aus freien Stücken gewählt, die Schwangerschaft zu beenden, war aber auf die folgende Depression nicht vorbereitet. Sie war wütend auf ihren Partner und fühlte sich distanziert von ihm, der, so kam es ihr vor, es versäumt hatte, sie während der Zeit der Operation zu unterstützen. Sie fragte sich, ob sie die Beziehung fortsetzen sollte, obwohl sie spürte, daß sie ihn liebte.

Karen war von einer alkoholsüchtigen Mutter und einem hilflosen Vater aufgezogen worden, der sich jahrelang den gewalttätigen Ausbrüchen seiner Frau fügte. Karen verachtete die Schwäche ihres Vaters und identifizierte sich mit ihrer Mutter als Möglichkeit zu überleben, die wenigstens Stärke besaß. Verständlicherweise traf Karen in ihrer Kindheit eine Entscheidung, nie jemand zu brauchen. Sie hatte auch Respekt entwickelt für Entschlossenheit, Unabhängigkeit und Beharrlichkeit, und sie gebrauchte häufig das Wort „solide", um Ziele und wünschenswerte Merkmale zu beschreiben.

Karen erwähnte eines Tages beiläufig, daß sie ein bestimmtes Lebensmittelgeschäft haßte, weil der Verkäufer einmal unverschämt zu ihr war, und daß sie dieses Geschäft „niemals" mehr betreten würde. „So bin ich nun einmal", merkte sie an. „Wenn mich einmal jemand schlecht behandelt, will ich nichts mehr mit ihm zu tun haben." Karen mußte nun jedes Mal acht Kilometer weiter fahren, wenn sie Lebensmittel brauchte.

Es ist leicht zu sehen, wie Karens Entschluß sich entwickelte, aber da sie jedes Mal so reagiert, geht diese Entscheidung oft auf ihre eigenen Kosten. Wenn sie aus so einem starren Rahmen heraus handelt, hat sie keine Möglichkeit, sich mit ihrem Partner wieder zu versöhnen oder wieder in dem Laden mit dem „unverschämten" Verkäufer einzukaufen.

Da ich wußte, daß Karen auf dem Weg zu meiner Praxis an dem Lebensmittelgeschäft vorbeifuhr, bat ich sie, mir etwas zu besorgen. Sie wand sich, stimmte aber zu. Diese kleine Aufgabe, die Karen die Erfahrung vermitteln sollte, sich nur ein klein wenig zu beugen, um neue Informationen zuzulassen, genügte, um ein Gegenbeispiel zu liefern zu einer andernfalls unüberprüfbaren Annahme. Zum Glück war der Angestellte, der am Tag unserer Sitzung bediente, liebenswürdig und ungewöhnlich freundlich.

Diese Aufgabe für Karen war nur ein Teil der Behandlung, die ihr helfen wird, die Fähigkeit zu entwickeln, sich auch mit Mehrdeutigkeit wohlzufühlen, statt die Dinge nur schwarz oder weiß zu sehen. Ihr Schock nach der Abtreibung resultierte größtenteils daher, daß sie erwartet hatte, nach dem Eingriff nichts zu fühlen, und ihre emotionale Reaktion war verheerend gewesen. Das führte dazu, daß sie plötzlich die Abtreibung, die sie als vorteilhafte Maßnahme angesehen hatte, als schlimm betrachtete.

Die Tatsache, daß Karen eine so simple Aufgabe, wie das gemiedene Geschäft zu betreten, ausführen konnte, demonstriert ihre Fähigkeit, ihre Rigidität abzulegen, die vorher ihre Wahlmöglichkeiten eingeschränkt hatte.

Aufgaben entwerfen

Dr. Milton Erickson war ein Meister von wirkungsvollen versteckten Aufgaben. Seine Hinweise für das Entwerfen von Aufgaben beinhalten u.a.[1]:

1. Bestimmen Sie für sich selbst (als Therapeut) genau, was im Problemkontext angemessenes Verhalten wäre und welche Veränderung in der Wahrnehmung dieses Verhalten zur Folge hätte.

2. Identifizieren Sie für sich, welche Erfahrung aus dem täglichen Leben in beinahe allen Menschen den Glauben oder die Perspektive erzeugen würde, den bzw. die Sie für Ihren Klienten wünschen.
3. Identifizieren Sie, welches Verhalten Sie Ihren Klienten ausführen lassen könnten, das die vorher identifizierte Erfahrung fördern könnte UND, wenn möglich, utilisieren Sie als Katalysator die Eigenschaft oder das Verhalten, das der Klient als „Ursache" des Problems identifiziert.
4. Utilisieren Sie Rapport und alle nötigen Veränderungen im Referenzrahmen, um Ihren Klienten zu motivieren, das Verhalten auszuführen.

Dieser Prozeß des Tasking ist elegant in einer Geschichte demonstriert, die von Erickson erzählt wird und in *Phoenix, Therapeutische Strategien von Milton H. Erickson* [1] berichtet ist:

Ich hatte einmal einen Arzt, der mir sagte: „Ich gehe gegen 11 Uhr ins Bett und schlafe nicht vor 5 Uhr oder 5.30 Uhr ein, und ich muß um 7 Uhr in meiner Praxis sein. Während meiner ganzen Jahre am Gymnasium und an der Universität versprach ich mir selbst, Dickens, Thackeray und Dostojewski, Voltaire und Scott zu lesen. Ich arbeitete hart, um das Studium zu schaffen, und dann heiratete ich und arbeitete hart, um meine Familie zu unterstützen. Ich habe sechs Kinder. Und ich habe das nie gelesen und ich leide unter Schlaflosigkeit. Mit meiner Arbeit und damit, für die Familie zu sorgen und mit der Schlaflosigkeit geht es mir einfach miserabel." Ich sagte ihm: „Doktor, wenn Sie Ihre Schlaflosigkeit überwinden wollen, weiß ich dafür einen sicheren Weg. Haben Sie einen Kaminsims in Ihrem Haus?" Er sagte: „Ich habe einen Kamin mit einem Kaminsims." Ich sagte: „Befestigen Sie ein Licht auf dem Kaminsims und beschaffen Sie sich eine Gesamtausgabe von Dickens. Falls Sie von 11 bis 5 wach bleiben, dann bleiben Sie wach, und lesen Sie im Stehen neben dem Kaminsims Dickens." Nachdem er den ersten Band gelesen hatte, sagte er: „Kann ich mich bitte zum Lesen hinsetzen?" Ich antwortete: „Ja." ... dann kam er wieder zu mir und sagte: „Ich schlafe ein im Stuhl." Ich sagte: „Gut, besorgen Sie sich eine Uhr mit beleuchtetem Zifferblatt. Gehen Sie wie gewöhnlich zu Bett und 15 Minuten später, wenn Sie diese Zeit auf der Uhr sehen, stehen Sie auf und lesen Sie im Stehen neben dem Kaminsims Dickens." Er lernte zu schlafen. Er fand auch Zeit, Dickens, Voltaire, Scott und Dostojewski zu lesen.

Allgemeine Aufgaben

Je mehr Ihr Klient außerhalb Ihrer Praxis lernen und experimentieren kann, desto schneller kann er Fortschritte machen. Die folgenden Bücher und Filme können Ihren Klienten helfen:

Familie, Kindheit, Heilung
Wenn Scham krank macht von John Bradshaw
Bradshaw on: The Family von John Bradshaw
After the Tears von Jane Middleton-Moz und Lorie Dwinell

Co-Abhängigkeit
Co-Abhängigkeit. Die Sucht hinter der Sucht von Anne Wilson Schaef
Unabhängig sein von Melody Beattie
Choicemaking von Sharon Wegsheider-Cruse
It Will Never Happen to Me von Claudia Black

Selbstwertgefühl
Ich liebe mich auch. Selbstvertrauen lernen von Nathaniel Branden
Wie würde es Konfuzius anstellen, eine Gehaltserhöhung zu bekommen? Von Carol Orsborn
Der Weg zur inneren Quelle von Connirae & Tamara Andreas

Intime Beziehungen
Intimate Partners von Maggie Scarf
Romantic Love Question and Answer Book von Nathaniel Branden
Ich dachte meine Ehe sei gut, bis meine Frau mir sägte, wie sie sich fühlt von Augustus Napier

Männlichkeit
Man(n) bleibt Mann von Herb Goldberg
Eisenhans von Robert Bly

Verhaltensänderung
Don't shoot the Dog: How to Improve Yourself and Others Through Behavioral Training von Karen Pryor
Wohin mit meiner Wut? Und *Zärtliches Tempo;* Bücher und Kassetten von Harriet Goldhor Lerner

Mißbrauchssituationen
Getting Free. A Handbook for Women in Abusive Relationships von Ginny NiCarthy

Inzest
Secret Survivors: Uncover Incest and Its Aftereffects in Women von E. Sue Blume
Trotz allem von Ellen Bass und Laura Davis

Modelle für neue Verhaltensweisen

Filme und Bücher mit Protagonisten, die Modelle für nützliche Eigenschaften oder Fähigkeiten sind, können für eine ganze Reihe von neuen Verhaltensweisen Anleitung geben. Wir führen die, die uns am besten gefallen, unter dem Thema an, das sie behandeln.

Veränderung, Mut
Buch – *Die Farbe lila* von Alice Walker
Buch – *Auntie Mame* von Patrick Dennis

Neue Männlichkeit
Film – *Cousins*
Buch – *Eisenhans* von Robert Bly

Flexible Verhaltensweisen
Film – *Harold and Maude*
Buch – *Anleitung zum positiven Denken* von Shad Helmstetter

Nachher

Als sich dieses Buch entwickelte, stellten wir fest, daß es eine eigene Identität annahm und sich in Richtungen entfaltete, die wir anfangs nicht für möglich gehalten hatten. Wir hoffen, daß Sie im Laufe Ihrer Arbeit mit diesem Buch die beschriebenen Techniken an Ihren Stil und Ihre Persönlichkeit anpassen können und die Fähigkeiten und Erkenntnisse, über die Sie schon aus Ihrer eigenen Erfahrung verfügen, damit verbinden.

Wir wollen Sie gern mit der entscheidenden Idee zurücklassen, daß die „Antwort" immer im Klienten liegt und dort ist es, wo man immer nach Führung suchen muß, um einen Weg zur Heilung zu finden. Keine Strategie in diesem Buch paßt für jeden Klienten und einige werden Ihnen mehr liegen als andere. Es bleibt Ihnen überlassen, die Techniken mit respektvollem Ermessen anzuwenden, die nach Ihrer professionellen Einschätzung die besten Ergebnisse zeigen werden.

Wir beschließen dieses Buch mit einer Metapher über das Erleben einer schreckenserregenden Kindheit.

Metapher: Eine Maus namens Sly*

Sly lebte in der Mohavewüste. Kurz nach seiner Geburt war seine Mutter von einem Adler erfaßt worden, ein traumatisches Erlebnis, das Sly aus nächster Nähe beobachtete. Tagelang hatte er sich mit seinem Bruder und seinen Schwestern im Nest eingebuddelt und versteckt. Ohne eine Mutter, die ihn fütterte, bekam Sly großen Hunger. Er wußte nicht, was er tun sollte, doch als seine kleinste Schwester im Nest verhungerte, stellte er fest, daß Daheimbleiben keine Lösung war. Ängstlich wagte er sich von seinem Geburtsort weg, beschnupperte die dürre

* Sly als sprechender Name; ‚sly' schlau, gewitzt (Anm. d. Ü.)

Umgebung und blinzelte in die gleißende Sonne. Bald darauf merkte er, daß sich im Sand etwas bewegte.

Vorsichtig kauerte er sich mit seiner schmächtigen Gestalt hinter einen Kaktus und beobachtete, wie eine geschmeidige Klapperschlange durch den Sand glitt und das geometrische Muster ihrer Haut sich je nach ihrer Bewegung veränderte. Die gespaltene Zunge schnellte aus dem Maul der Schlange und schien direkt auf Slys versteckte Gestalt zu zielen. Bevor Sly Zeit hatte zu entscheiden, ob er davonlaufen oder sich eingraben sollte, ringelte sich die Schlange plötzlich wie eine Feder zusammen, zog ihren Kopf zurück und begann zu summen. Ein Blick über die Schulter zeigte Sly, worauf die Schlange ihre Aufmerksamkeit richtete. Ein gewaltiger Adler stand hoch über ihm, seine Greifer auf die Schlange gerichtet. Der Kampf, der nun folgte, ließ einen zitternden Sly zurück, der dankbar war für seine Größe und nun wußte, daß Schlangen und Adler für Mäuse gefährlich sind.

Schließlich trieb der Hunger Sly dazu, sich hinter dem Kaktus hervorzuwagen. Bräunliche Grasbüschel wuchsen hier und da in der Sandwüste, und Sly beschloß, einen Bissen davon zu probieren. Nicht schlecht, und überraschenderweise war das Gras auch feucht genug, Slys wachsenden Durst zu stillen. Als er sich auf sein winziges Hinterteil setzte und kaute, bemerkte er ein Kaninchen, ungefähr dreimal so groß wie er selbst, das vorsichtig hinter einem Fels hervorhoppelte. Hier spürte er einen Verbündeten. Die Nase des Kaninchens zuckte schnell, als es nach Feinden schnüffelte. Seine Ohren rotierten wie Antennen auf der Suche nach gefährlichen Geräuschen. Mit Gras im Maul erstarrte Sly instinktiv, um seinen neuen Nachbarn zu beobachten. Der Fels hinter dem Kaninchen bewegte sich plötzlich, oder es schien zumindest so, als eine Eidechse, die ihre Farbe der rötlichbraunen Oberfläche des Steins angepaßt hatte, zwischen Sly und dem Kaninchen auf ein Insekt zuschoß und es mit ihrer klebrigen Zunge aufspießte. Teile des Käfers schauten aus dem Maul der Eidechse heraus und verschwanden dann allmählich, als sie das zappelnde Geschöpf schluckte.

„Weitere Information“, dachte Sly. Halt dich von Eidechsen, Schlangen und Adlern fern. Friß Gras, triff dich mit Kaninchen. Paß genau auf. Sei dankbar, daß dich der Adler vor der Schlange gerettet hat.“

Im Laufe der Zeit sah Sly viele furchterregende Begebenheiten. Oft kam er mit knapper Not davon. Ohne Mutter lernte er die Lektionen des Lebens durch die Erfahrung, und die Erfahrung war eine harte Lehrerin. Nach einem Jahr wußte Sly viel über das Leben in der Wüste. Er wußte, welche Tiere er zu fürchten hatte und wo sie lebten. Er wußte, wo er Freunde, Nahrung und Schutz finden konnte. Er nutzte seine Größe und seinen Verstand, um zu überleben. Wenn er an sich als die winzige Maus dachte, die er war, als er sich voll Hunger und verängstigt loswagte vom Nest der hungrigen und sterbenden Geschwister, dann erschauerte er. Es war ein Wunder, daß er nicht in diesem Nest oder kurz nach seinem Aufbruch umgekommen war. Schließlich hatte er die Ressourcen, sich in der Mohavewüste zu Hause zu fühlen, trotz seines traumatischen Lebensanfangs.

Tatsächlich hätte er – seiner Meinung nach –, ohne seinen brutalen Start ins Leben, die Chance verpaßt, seine eigene Identität als geschicktes und gewitztes Geschöpf zu entwickeln.

Anmerkungen

Einleitung

1. Campbell, Joseph *The Masks of God: Creative Mythology.* The Viking Press, New York 1968; dt.: *Die Masken Gottes,* Bd. 4: *Schöpferische Mythologie.* Hugendubel, München 1992.

Kapitel 1

1. Bradshaw, John *Healing the Shame That Binds You.* Health Communications, Deerfield Beach 1988; dt.: *Wenn Scham krank macht.* Knaur, München 1993
2. Erikson, Erik *Identity and Life Cycle.* W.W. Norton Co., New York 1980; dt.: *Identität und Lebenszyklus.* Suhrkamp, Frankfurt 1976

Kapitel 2

1. Grinder, J. & Bandler, R. *The Structure of Magic, Vol. 1 and 2.* Science and Behavior Books, Palo Alto 1975 & 1976; dt.: *Metasprache und Psychotherapie. Die Struktur der Magie I.* Junfermann, Paderborn 1981, und *Kommunikation und Veränderung. Die Struktur der Magie II.* Junfermann, Paderborn 1982
2. Lewis, B. & Pucelik, F. *Magic of NLP Demystified.* Metamorphous Press, Portland 1990
3. Peck, M. Scott *The Road Less Traveled.* Phoenix Press, New York 1985; dt.: *Der wunderbare Weg. Eine neue Psychotherapie der Liebe und des spirituellen Wachstums.* Goldmann, München 1996

Kapitel 3

1. Bandler, R. & Grinder, J. *Reframing: NLP and the Transformation of Meaning.* Real People Press, Moab 1981; dt.: *Reframing. Ein ökologischer Ansatz in der Psychotherapie (NLP).* Junfermann, Paderborn 1985
2. Grinder, J. & Bandler, R. *Structure of Magic Vol. 1* & *2.* Science and Behavior Books, Palo Alto 1975 & 1976; dt.: Siehe Kap. 2/1
3. Grinder, J. & Bandler, R. *Trance-formations.* Real People Press, Moab 1979; dt.: *Therapie in Trance.* Klett-Cotta, Stuttgart 1984
4. Grinder, J. & Bandler, R. *Frogs into Princes.* Real People Press, Moab 1979; dt.: *Neue Wege der Kurzzeit-Therapie. Neurolinguistische Programme.* Junfermann, Paderborn 1981
5. Laborde, G. *Influencing With Integrity.* Syntony Publishing, Palo Alto 1983; dt.: *Mehr sehen • Mehr hören • Mehr fühlen. Praxiskurs Kommunikation.* Junfermann, Paderborn 1997
6. Cameron-Bandler, Leslie *Solutions.* (Formerly They Lived Happily Ever After) Future Pace, San Rafael 1985; dt.: *Wieder Zusammenfinden.* Junfermann, Paderborn 1991

Kapitel 4

1. Laborde, G. *Influencing With Integrity;* s. Kap. 3/5
2. Bentov, Itzhak *Stalking the Wild Pendulum.* E.P. Dutton, New York 1977
3. Richardson, J. *The Magic of Rapport.* Meta Publications, Cupertino 1987; dt.: *Erfolgreich kommunizieren. Eine praktische Einführung in die Arbeitsweise von NLP.* Kösel, München 1994

Kapitel 5

1. Black, C. *Repeat After Me.* M.A.C. Printing and Publishing, Denver 1985
2. Wegsheider-Cruse, S. *Choice-Making.* Health Communications, Pompano Beach 1987
3. Satir, V. *People Making.* Science and Behavior Books, Palo Alto 1972; dt.: *Selbstwert und Kommunikation. Familientherapie für Berater und zur Selbsthilfe.* Pfeiffer, München 1975
4. McGoldrick, M. & Gerson, R. *Genograms in Family Assessment.* W.W. Norton Co., New York 1985; dt.: *Genogramme in der Familienberatung.* Huber, Bern 1990 (siehe auch: Nerin, W. *Familienrekonstruktion in Aktion. Virginia Satirs Methode in der Praxis.* Junfermann, Paderborn ^{2}1992

Kapitel 6

1. Bandler, R. & Grinder J. *The Structure of Magic, Vol. 1 & 2;* s. Kap. 2/1
2. Dilts, R., Hallbom, T. & Smith, S. *Beliefs: Pathway to Health and Well-being.* Metamorphous Press, Portland 1990; dt.: *Identität, Glaubenssysteme und Gesundheit. Höhere Ebenen der NLP-Veränderungsarbeit.* Junfermann, Paderborn 1991

Kapitel 7

1. Branden, Nathaniel *How to Raise Your Self-Esteem.* Bantam, New York 1987; dt.: *Ich liebe mich auch. Selbstvertrauen lernen.* Rowohlt, Reinbek 1989
2. Gordon, David *Therapeutic Metaphors.* Cupertino, Meta Publications 1978; dt.: *Therapeutische Metaphern.* Junfermann, Paderborn 1985
3. Branden, Nathaniel *If You Could Hear What I Cannot Say.* Bantam, Toronto 1983

Kapitel 8

1. Lerner, Harriet Goldhor *The Dance of Anger,* Harper & Row, New York 1985; dt.: *Wohin mit meiner Wut?* Kreuz, Zürich 1987

Kapitel 9

1. Dilts, R., Hallbom, T., Smith S. *Beliefs: Pathway to Health and Well-Being;* s. Kap. 6/2

Kapitel 10

1. Ewing, L. Ewing & Assoc.: Box 918, Indian Hills, Colorado, ist eine international bekannte Spezialistin für Darstellung und Kommunikation

Kapitel 11

1. Bandler, R. & Grinder, J. *Reframing;* s. Kap. 3/1

Kapitel 12

1. Pryor, K. *Don't Shoot the Dog. How to Improve Yourself and Others Through Behavioral Training.* Simon & Schuster, New York 1984
2. NiCarthy, G. *Getting Free.* The Seal Press, Seattle 1982

Kapitel 13

1. Rosenthal, Norman *Seasons of the Mind: Why You Get the Winter Blues and What You Can Do About It.* Bantam Books, New York 1989

Kapitel 14

1. Gordon, D. & Meyers-Anderson, M. *Phoenix, Therapeutic Patterns of Milton H. Erickson.* Meta Publications, Cupertino 1981; dt.: *Phoenix, Therapeutische Strategien von Milton Erickson.* Iskopress, Hamburg 1986

Anhang

Wenn Sie mehr Informationen über NLP und über NLP-Ausbildungen in den USA wünschen, wenden Sie sich an:

NLP Comprehensive
4895 Riverbend Road Suite A
Boulder, Colorado 80301, USA
Tel: 001 303 442 1102

Anchor Point
346 South 500 East
Salt Lake City, Utah 84102, USA
Tel: 001 801 534 1022

Über die Autorinnen

Jan Prince ist Kommunikationsberaterin und Therapeutin und hat seit 1984 eine Praxis in Denver, Colorado. Neben ihrer Tätigkeit als Therapeutin und Beraterin führt sie Workshops zu den Themen Konfliktmanagement, Neurolinguistisches Programmieren, Kommunikation, Kreativität, das Erreichen von Zielen und die Veränderung von Glaubenssätzen durch.

Sally Chamberlaine, NLP Master Practitioner, hat seit 1983 eine Praxis für Psychotherapie in Boulder, Colorado. Die frühere Englischlehrerin mit Magisterabschluß hält zur Zeit auch NLP-Seminare, arbeitet mit Klienten und erforscht das faszinierende Gebiet menschlicher Entfaltungsmöglichkeiten.

Um mit den Autorinnen Kontakt aufzunehmen wenden Sie sich bitte an:

Sally Chamberlaine, 1830 Lehigh Street, Boulder, Colorado 80303, USA; Tel. 001 303 494 1908. Ansprechpartnerin im deutschsprachigen Raum: Isolde Seidel, Herrenstraße 18, 90599 Dietenhofen; Tel. 09824 12 46; Fax: 09824 201

JUNFERMANN

Muster der Exzellenz

296 Seiten, kart.
DM 44,-
ISBN 3-87387-313-3

Die Beiträge, aus denen sich dieser Sammelband zusammensetzt, sind Berichte von engagierten Anwendern der Kunst des NLP. Es handelt sich dabei nicht um distanzierte, leidenschaftslose Darstellungen der besten Leistungen, derer diese Anwender fähig sind, sondern um Berichte von Menschen, die voll mit der Anwendung einer Technologie (NLP) beschäftigt sind, um einen lohnenden Beitrag für die Verbesserung von Lebensqualität zu leisten.
Der Zweck dieser Aufsatzsammlung besteht darin, den Leser dazu anzuregen, in der Anwendung des NLP in seinem Leben Herausragendes zu leisten. Die transparente Qualität der Darstellung erlaubt es dem Leser, die Wahrnehmungsposition des jeweiligen Autors/Handelnden einzunehmen und sowohl das zu erleben, was der betreffende Anwender wahrnahm, dachte und tat, wie auch - was noch wichtiger ist - das, was der Anwender hätte wahrnehmen, denken und tun *können*.
Die enorme Spannweite verschiedener Kontexte bietet dem Leser ein weites Feld der Würdigung von Anwendungen der gleichen Art der Musterbildung - Muster der Exzellenz, wie sie durch die Prinzipien der NLP-Modellbildung identifiziert und kodiert worden sind.

Die Herausgeber dieses Buches gehören zum großen Teil zur Gründergruppe des NLP. Sie sind allesamt bedeutsame Weiterentwickler des NLP in den USA.

JUNFERMANN VERLAG ● Postfach 1840
33048 Paderborn ● Telefon 0 52 51/3 40 34

JUNFERMANN

Angewandte Neurodynamik

148 Seiten, kart.
DM 29,80
ISBN 3-87387-362-1

In diesem Buch von Richard Bandler geht es darum, individuelle Kontrolle über den eigenen Zustand und das eigene Bewußtsein zu gewinnen und anderen Menschen die gleiche Art von Kontrolle vermitteln zu können. Hypnosetechniken spielen bei dieser Arbeit eine wesentliche Rolle. Die in diesem Buch vorgestellten Techniken und Übungen sind sehr effizient und führen in kurzer Zeit zu nachhaltigen Ergebnissen.

„Führt die Menschen nicht in die Vergangenheit zurück, führt sie nach vorn. Die Welt wird auf die Dauer für alle angenehmer, wenn wir die Menschen in die Zukunft orientieren, mit einem Fetisch für mehr und mehr Erfolg, Glück, Kompetenz, Freundlichkeit.

Wir wollen Menschen, die versessen darauf sind, erfolgreich zu sein, Spaß zu haben, gut zu leben und mitfühlend zu sein – die Art von Dingen, die jeden Tag zu einem Abenteuer machen.“ – *R. Bandler*

Richard Bandler ist Mitbegründer des NLP. In seinen Seminaren haben bisher weltweit über eine Million Menschen von ihm gelernt.

Seine zahlreichen Bücher sind in über vierzig Sprachen übersetzt worden. Die meisten seiner auf deutsch vorliegenden Bücher sind im Junfermann Verlag erschienen.

JUNFERMANN VERLAG • Postfach 1840
33048 Paderborn • Telefon 0 52 51/3 40 34